BAYERISCHE AKADEMIE DER WISSENSCHAFTEN

BAYERISCH-ÖSTERREICHISCHES WÖRTERBUCH

II. Bayern

BAYERISCHES WÖRTERBUCH (BWB)

Herausgegeben
von der
Kommission für Mundartforschung
Bearbeitet von Josef Denz, Edith Funk, Alexander Glück,
Anthony R. Rowley, Andrea Schamberger-Hirt
und Michael Schnabel.

Heft 21 (4. Heft des 3. Bandes)
prüglicht – Bund

DE GRUYTER
AKADEMIE FORSCHUNG

ISBN 978-3-11-044829-0

Library of Congress Cataloging-in-Publication Data
A CIP catalog record for this book has been applied for at the Library of Congress.

Bibliografische Information der Deutschen Nationalbibliothek
Die Deutsche Nationalbibliothek verzeichnet diese Publikation in der Deutschen Nationalbibliografie; detaillierte bibliografische Daten sind im Internet über http://dnb.dnb.de abrufbar.

Genthiner Straße 13, 10785 Berlin, Deutschland

Satz: Typodata GmbH, Pfaffenhofen
Druck und Bindung: Hubert & Co. GmbH & Co. KG, Göttingen

♾ Gedruckt auf säurefreiem Papier
Printed in Germany

MIX
Papier aus verantwortungsvollen Quellen
FSC www.fsc.org FSC® C016439

www.degruyter.com

5 schwer od. grob, von einer Arbeit, °OB vereinz.: °*des is a priglate Arbeit* Schwindkchn MÜ.
6: °*a briglate Hitz* „starke Hitze" Auerbach ESB. A.S.H.

Prügling
M. **1** Prügel, längliches Holzstück, °NB vereinz.: °*dera Kuah muaß ma an Prüglön ohänga* Bogen; *Do is der oite Mo mitn Prieglen außakemma* KÖZ BJV 1952,33.
2 Rundholz, (dünner) Stammabschnitt, NB vereinz.: *d'Briglön* Frauenau REG; „kurzes Rundholz ... *prīglen*" Drachselsrd VIT nach SNiB VI,258.

Komp.: [**Bruck**]**p.** lange, dicke Kartoffelnudel, °NB vereinz.: °*Bruckbregleng* Winklsaß MAL.

[**Reitel**]**p.** Reitel: °*Roadlprigleng* Außernzell DEG; *roadlbriglen* Bernrd BOG nach SNiB VI,222.

[**Schmalz**]**p.** wie →[*Bruck*]*p.*: °*Schmoizprüglön* Bogen.

[**Schweibel**]**p.,** [**Schweib**]- wie →[*Reitel*]*p.*: °*Schwoiprügling* Schönau VIT; *da šwåiwebrīglen* „war Birkenholz, denn der musste sich biegen" Gossersdf BOG nach SNiB VI,222.– Zu →*schweibe*(*l*)*n* 'reiteln'.

[**Waag**]**p.** Zugscheit, an dem die Ortscheite angebracht sind, °NB (KÖZ, VIT) mehrf.: *Wobriglön* Arrach KÖZ; *da wōprīglen* Drachselrd VIT nach SNiB VI,160. A.S.H.

-brühach, -brühets
N., nur in Komp.: [**Ab**]**b.** überbrühtes Viehfutter: °*host ea s Obräiads scho gem?* Bgmatting KEH.

[**An**]**b.** dass.: °*s Åbreja* Velburg PAR.

[**Auf**]**b.** dass.: °*s Afbreja* Hohenfels PAR. A.S.H.

Brühe
F. **1** flüssige, breiige Speise, Getränk.– **1a** Suppe, OB, NB, MF, °SCH vereinz.: °*des is a Brüihla* „gute Suppe" Monhm DON; *des is koa blinde* [fleischlose] *Brüah* MM 17./18.3.2001, J2; *ein schön dickes Brühlein* HAGGER Kochb. I,1,50.– Phras.: *sich eine* (*schöne* / *saubere*) *B. einbrocken* u.ä. sich in eine unangenehme Lage bringen, °OP mehrf., °OB, °NB, °MF, °SCH vereinz.: °*der hat si a schöns Brejerl eibrockt* Deggendf.– *Die B. auslöffeln* / *ausfressen* / *aussaufen* u.ä. die Folgen tragen, OB, NB, OP vereinz.: °*koana wi dö Brüah auslöffin* Inzell TS.– °*Döü Bröi is gschmalzn* „das ist eine teure Angelegenheit" Nabburg.– **1b** Soße, °OB, NB, °OP, °OF, SCH vereinz.: *Schwänas ön da Brej* Kötzting; *Ea nimmt von Brad'l 's gröißte Trumm, Und schütt de Breuih af's Tischtaouch* SCHUEGRAF Wäldler 30; *Und wemma aa koa Fleisch niat ho(b)m, sua ho(b)ma doch a Bröih* SINGER Arzbg.Wb. 43; *Wildu ein prüe dar auff machen* Rott WS 2.H.15.Jh. Münchner Kochbuchhs. aus dem 15.Jh., hg. von T. EHLERT, Frankfurt a.M. 1999, 256; *bis die brieh fein dicklecht wirt* PICKL Kochb.Veitin 130.– Phras.: *eine* (*schöne* / *saubere*) *B. anrühren* / *anrichten* u.ä. Unfrieden, Verwirrung, Schaden verursachen, °OB, °NB, °OP mehrf., °OF, °MF vereinz.: °*de håd a a richtige Brüah ogricht durch sei Ratscherei* Halfing RO; °*jetz, wo er d'Bröi ogröiat hot, will ers niat sa* Hahnbach AM.– *Die* (*alte*) *B. wieder aufwärmen* / *-rühren* / *-tischen* u.ä. etwas Unangenehmes wieder zur Sprache bringen, °OB, °NB, °OP, °SCH mehrf., °Restgeb. vereinz.: °*i ko mi ärgern, weils dö oit Brüa oimoi wieda aufwarmand* Garching AÖ; °*wos moußt den döi oalte Bröih wieda afröihan* Kchnthumbach ESB;– °*in der Bröi röihan* „eine unangenehme Geschichte ins Gerede bringen" Weiden.– *Die B. kostet mehr* / *kommt teurer als* / *wie der Braten* / *Fisch* / *das Fleisch* / *die Brocken* u.ä. der Aufwand ist größer, als die Sache wert ist, °OP, °OF, °SCH vielf., °Restgeb. mehrf.: °*do is d'Bröi mera wead wos Fläsch* Cham; *Daou kiint ... die Bröih teira wöi die Fisch* SINGER Arzbg.Wb. 43.– °*De ganze Brüa is net wert, daß ma dran schmeckt* „über eine unwichtige Angelegenheit" Aidenbach VOF.– °*Da kommt d'Brüah vorm Schmarrn* „er zieht Unwichtiges dem Wichtigen vor" Bayrischzell MB.– *Do könnst glei saur wern in der süßen Brüh* „das geht zu weit" Mering FDB, ähnlich WM HuV 15 (1937) 298.– *da wurdt ihr gar alle Brühe auf einmal verschitten* [die Sache verdorben] SELHAMER Tuba Rustica II,126.– *Ich hätt' die Brüə* [keinen Vorteil] *davon* SCHMELLER I,336.– **1c** Gericht aus Innereien, NB, OP vereinz.: *d'Bröih* „aus Gansjung oder Innereien vom Kalb" Naabdemenrth NEW; *Brejh* „saure Lunge" JUDENMANN Opf.Wb. 29.–

Auch in Phras. *saure B.* °OP vereinz.: °*sauerne Brih* „erster Gang des Hochzeitsmahls" Rottendf NAB.– **1d** minderwertiges Getränk, °OP mehrf., °Restgeb. vereinz.: °*was hamsn då füa a Brüah zamgsodn* „schlechtes Bier" Halfing RO; °*is des a lätschade Brüih* „dünner Kaffee" Parsbg; *Bröi(h* Braun Gr.Wb. 66.– **1e** mißratene, verkochte Speise: °*Brej* Tirschenrth; *Dem sei Frau konn kocha, wos'mog, s'werd oiwei a süaßsaure Brüah* Altb.Heimatp. 53 (2001) Nr.26,24.
2 überbrühtes Viehfutter: °*Bröi* „aus rauhen Stengeln, die durch kochendes Wasser weich werden" Kchnthumbach ESB.
3 Jauche, °OB, °NB vereinz.: °*da laft Bria weg* Thanning WOR.– Phras. *B. fahren* Jauche zum Düngen ausbringen: °*tuast d'Brüah fahrn* Walleshsn LL; *Bria'fahn* „Jauche ausfahren (früher)" Sojer Ruhpoldinger Mda. 7.
4 schmutziges Wasser, (schmutzige) Flüssigkeit.– **4a** schmutziges Wasser, Drecklache, °OB, °NB mehrf., °OP, °MF, SCH vereinz.: °*in dera Briah ling d'Sau am liaban* Metten DEG; °*sauf niat von dera Bröih* Sulzbach-Rosenbg; *bria* „trübes, verschmutztes Wasser od. Gewässer" Kilgert Gloss.Ratisbonense 49.– Phras.: *in der B. sitzen / hocken* u.ä. in einer unangenehmen Lage sein, °OB, °NB, °OP, °SCH vielf., °Restgeb. vereinz.: °*du kost leicht redn, oba i siz drin e da Bröi* Cham; °*dou hockscht schej in da Brej* Gungolding EIH; *in der Breih sā* „in Verlegenheit, in schwieriger Lage sein" Berthold Fürther Wb. 28; *ain jeder pleibt in seiner alten prüe stecken* Aventin I,214,3f. (Türkenkrieg);– *sich in die B. setzen / in die B. fallen / hineintappen* u.ä. in eine unangenehme Lage geraten, °OB, °NB, °OP, °MF, °SCH vereinz.: °*der Huaba hat si mit sein Hausbau sauba in Brüah gsetzt* Partenkchn GAP;– °*der hat mi sauwa neitunkt in d'Brej* „in eine unangenehme Lage gebracht" Wettstetten IN, ähnlich °WEN.– °*Jetzt schwimmt der Dreck auf der Brüah* „die üble Geschichte wird offensichtlich" Hohenpeißenbg SOG.– Übertr. Regenguß: °*iaz werd d'Brüa glei vürakemma* „wenn dunkle Wolken am Horizont sind" Winklsaß MAL.– **4b** flüssige Rückstände im Wassersack der Tabakspfeife, OB, NB, MF vereinz.: *Bröi* Hüttenbach LAU.– **4c**: *Bröihle* „der beim Brühen der Kutteln abgeschabte Hautabfall" Sechsämterld Braun Gr.Wb. 66.– **4d** Färbeflotte, OB, NB vereinz.: *blaue Bröi* Etzelwang SUL.– **4e**: *Braö* Käsewasser Fronbg BUL.
5 Blut, Körpersekret.– **5a** Blut, °OB, °NB vereinz.: °*er hot'n gschlågn, bis eahm Brüah obaglafa is* Neufahrn MAL.– Auch in Phras. *rote B.* °OB, °NB vereinz.: °*er hatn droschn, bis die rout Brüa kemma is* Mainburg; *de route Brejh is eahm owagrunna* Judenmann Opf.Wb. 29.– **5b** Eiter, NB, OP vereinz.: *dåu is d'Bröih assagrunna* Vohenstrauß.– **5c** Schweiß, OB, NB, OP vereinz.: *dea arwat, das eahm Brüa owalaft* Valley MB; *Is in Keglboum Bröih oigloffm voar lata Gwiarch mitn Aafsetzn* Heinrich Stiftlanda Gschichtla 25.– **5d** Nasenschleim, OB vereinz.: *laft da scho wieda dö Brüah runta* Mchn; *dee ganz Brüah mitsamt dee Schmalzlerbrocka* Queri Pfanzelter 50.
6 (unangenehme) Angelegenheit, °OB vielf., °NB, °OP mehrf., °Restgeb. vereinz.: °*hear doch amoi mit der oidn Bria auf!* Autenzell SOB; *dea haod a schejne Brej boaranana* „ist in großer Verlegenheit" Fürnrd SUL; °*di ganz Bräi kummt aff 100 Mark* Wendelstein SC; *verzählt sei'm Buab'n die ganze Brüah* Stemplinger Ovid 25.
7 Geschwätz, dummes Gerede, °OB, °OP vereinz.: °*dös is a Brüah, was du da daherredst* Kreuth MB; *Äer hout … a langa Breih rögmacht!* Berthold Fürther Wb. 28.

Etym.: Mhd. *brüeje*, Abl. von →*brühen*; Kluge-Seebold 155.

Ltg: *bria* OB, NB, südl.OP, SCH (dazu GUN), *brei* nördl.NB, OP, OF, MF (dazu IN).

Schmeller I,336.– WBÖ III,1151f.

Komp.: [**Adel**]**b.** **1** wie →*B.*3, °OB, °NB, °OP, °MF vereinz.: °*d'Odlbrejh* Neusorg KEM; *Oodlbräi* „Jauchebrühe" Maas Nürnbg.Wb. 186.– Phras. *schmecken wie (eine) A.* u.ä. sehr schlecht, °OB, °OP, °MF vereinz.: °*des Böia schmeckt wöi Odlbröih* Regelsbach SC.– **2** schlechtes, dünnes Bier, °OB, °NB, °OP, °MF vereinz.: °*was hast denn heit für a Odlbriah* „schlechtes Bier" Ascha BOG.

WBÖ III,1152.

[**An**]**b.** wie →*B.*2: °*Åbröi* „Kleeheu, Schrot und heißes Wasser" Klobenrth NEW; *As'n Groand fress'ns … d'Oanbröü* Bärnau TIR Schönwerth Leseb. 73.

[**Pfeifen**]**b.** wie →*B.*4b, °OB, °MF vereinz.: *Pfeifabrüa* Teising MÜ.

[**Braten**]**b.,** [**Brätlein**]**-,** †[**Brat**]**-** Bratensaft, daraus hergestellte Soße, OB, °NB, OP, SCH vereinz.: °*dö Bratlbrej britzlt* [brutzelt] *aber heut* Eschlkam KÖZ; *Bråunbröih* Naabde-

menrth NEW; *a resches schweinernes Bratl mit fettäugiger Bratlbrüah* Altb.Heimatp. 6 (1954) Nr.38,13; „einige Löffel *Bratenbrühe* daran geben“ SCHANDRI Rgbg.Kochb. 51; *Die ... brad briehe wirt aŭch also gemacht* PICKL Kochb.Veitin 162f.
WBÖ III,1152.

[**Tabak(s)**]**b.** wie →*B.*4b, °Gesamtgeb. vereinz.: *Dawagbria* Kchbg VIB.

[**Dreck**]**b.** wie →*B.*4a, OB, °NB, °OP, °MF vereinz.: *Dregbrüa* Westerndf RO; *Daou mou ma se als a ganza in a Dreekbröih leegn* HEINRICH Gschichtla u. Gedichtla 51.
WBÖ III,1152.

[**Erbs(en)**]**b.** Erbsensuppe, Erbsenpüree, OB, NB vereinz.: *a Oawasbrüa* Speisen am Karfreitag Straubing; „eine dicke *Erbsenbrüh* mit einem schwarzen Brotknödel“ CHRIST Werke 642 (Rumplhanni); *Arbeißenn brüe hat die selben krafft* Landshut 1.H.15.Jh. ObG 5 (1961) 355; *güsß dŭrch ein trächterlein, ein wohl geschmackte| erbes brihe darein* PICKL Kochb.Veitin 173.

[**Essig**]**b.**: °*Essöibrüh* Beize, Sur Pöcking STA.– Phras.: *der macht a Gsicht wia Essibrüa* langes, saures Gesicht Alberzell SOB.

[**Fleisch**]**b. 1** Fleischbrühe, °OB, NB, °OP, MF, SCH vereinz.: *Fleischbrüah* „Rindsuppe“ Passau; *flaišbria* „Brühe von ausgekochtem Fleisch und Knochen“ nach LECHNER Rehling 189; „kocht die *Fleischbrühe* langsam, bis das Fleisch weich ist“ SCHANDRI Rgbg.Kochb. 1; *Fleisch Briehe zŭ allen sŭppen* PICKL Kochb. Veitin 162.– **2** wie →[*Braten*]*b.*: *Fleischbrej* „Soße zum gebratenen Fleisch“ Fürnrd SUL.
WBÖ III,1152.

[**Germ**]**b.,** [**Gerb**]**- 1** wie →[*Adel*]*b.*2, °NB mehrf., °OB, °OP vereinz.: °*enka Bräu verzapft so a Germbrüah* Aidenbach VOF.– **2**: °*Germbrüa* „flüssige Bierhefe zum Teigansetzen“ Passau.

[**Hasen**]**b.** Gericht aus Haseninnereien: *und erst Hosenbreö ... dös war nach mein Gschmach* VIT Bayerld 48 (1937) 503.

[**Heinzel**]**b.** wie →[*Adel*]*b.*2, °OB, °NB, °OP vereinz.: °*Hoinzlbröih* „Abfallbier“ Aicha SUL.– Zu →*Heinzel* ‘dünnes Bier vom letzten Sud einer Maische’.

[**Hennen**]**b.** Hühnerbrühe: *Hennabrejh* JUDENMANN Opf.Wb. 78; *wird dir auch ein stinckende Käs-Suppen ... weit besser schmecken| als denen Edelleuten ihre Hennen-Brühlein* SELHAMER Tuba Rustica II,218.

[**Hutzel**]**b. 1** Brühe von od. mit Hutzeln, °Gesamtgeb. vereinz.: °*da is a Huzlbröi besser wia dös Bier* Laaber PAR; „eine *Zwetschgen-* und *Hutzelbrüah* (getrocknete Birnen, meist Holzbirnen)“ Bay.Wald Altb.Heimatp. 14 (1962) Nr.5,4; „die *Hutzelbrühe*, worin die Hutzeln gesotten wurden“ SCHANDRI Rgbg.Kochb. 294.– Phras.: *schmecken wie eine H.* u.ä. sehr schlecht, °OP vereinz.: °*da Kaffee schmeckt heind wöi a Hutzlbröih* Weiden.– °*Du kröigst a Hutzlbröi* „nichts“ Pertolzhfn OVI.– *Dös is so klar wia Huzlbrüah* „versteht sich von selbst“ Passau.– **2** übertr. minderwertiges Getränk, wässrige Suppe.– **2a** minderwertiges Getränk, °Gesamtgeb. vielf.: °*bei da Nachbarin ham ma a Hutzlbrüah kriagt, i glaab 2 Bohna – 16 Tassn* Inzell TS; °*do host a schöne Hutzlbröih zamgricht* Nittenau ROD; *dei Hutzelbriah konnst seiba trinka* GEHRKE I und der Ludwig 43.– **2b** dünne, schlechte Suppe, °OB, °NB vereinz.: °*dös war ma a Hutzlbrej* Wettstetten IN; *so a hutzlbria* KILGERT Gloss.Ratisbonense 191.

[**Kaffee**]**b.** dünner, schlechter Kaffee, °Gesamtgeb. vielf.: °*dei Kaffeebrüa konst selba saffa* Parsbg MB.
WBÖ III,1152.

[**Kletz(en)**]**b.,** [**Klotzen**]**- 1** wie →[*Hutzel*]*b.*1, °OB, °NB vereinz.: °*Reinuln* [Rohrnudeln] *und Glouznbriah* „kaltes Nachtmahl an Heiligabend“ Weildf LF; *Glöjtznbrejh* „Brühe mit getrockneten Birnen und Zwetschgen als Zuspeise“ JUDENMANN Opf.Wb. 64; „Sylvester ... *Händlein-Brot in Kletzenbrüh*“ OB BzAnthr. 13 (1899) 118.– Phras. *klar wie K.* klar verständlich, °OB, NB vereinz.: °*klar wia Kletznbrüah* Hzkchn MB; *Klar wie Klötzenbrüh* SCHLAPPINGER Bilder 13.– **2** übertr. wie →[*Kaffee*]*b.*: °*Kletznbrüah* „Zichoriekaffee“ Farrach WS.
WBÖ III,1153.

[**Kraut**]**b.** Brühe von Sauerkraut, °OB, OP, SCH vereinz.: *Kraudbria* „vom gesottenen Kraut“

Derching FDB; „die Milchsäure in der ungekochten *Krautbröi*“ STADLBAUER Heilpflanzen Opf. 29; *Wer láng Kraudbröy hintar'n Ũñfa-r* [Ofen] *ißt, wèrd an álds Màndla* Heideck HIP SCHÖNWERTH Sprichw. 1.

WBÖ III,1153.

[**Lefúzi**]**b.**, [**Lewúzi**]**-**, [**Lawútschi**]**-** wie →[*Hutzel*]*b.*2a, NB, OP vereinz.: *Lefuzibrüa* „schlechter Kaffee“ O'diendf PA; *Lawutsche bria* „schlechtes Getränk“ Spr.Rupertiwinkel 58.– Wohl zu einer Spielform von →*Luzifer*; WBÖ III,1153.

WBÖ III,1153.

[**Materie**]**b.** **1** wie →*B.*5b, OB, NB, OP vereinz.: *a Maderibria rint eam åwa* Mittich GRI.– **2** übertr.– **2a**: *Materibröi* „gelbe Eiersoße“ Wdsassen TIR.– **2b** wie →[*Hutzel*]*b.*2b: *Maddeeribrüah* „schlechte Suppe“ Passau.– Zu →*Materie* ‘Eiter’.

WBÖ III,1153.

[**Mist**]**b.** wie →*B.*3, °OB, OP, °MF vereinz.: °*der stinkt nach Mistbrüah* Bayersoien SOG; *mīs*[*d*]*brei* Regelsbach SC nach SMF V,424.

WBÖ III,1153.

[**Rannen**]**b.** Brühe von gekochten roten Rüben (→*Ranne*): *schenkt er ihr d'Raunabrüah ei* BILLER Garchinger Gsch. 29.– Phras.: *råud wia Rånabria* „intensiv rot“ Aicha PA.

WBÖ III,1153.

[**Scheiß**]**b.** **1** wie →*B.*3, °OB, °NB, MF vereinz.: °*der fahrt sei Scheißbria aus* Reit i.W. TS.– Phras. *in die S. fallen* in eine unangenehme Lage geraten, °NB, °OP vereinz.: °*da bin i in d'Scheißbrüah gfalln* Straßkchn SR.– Schüttelreim: °*Scheißbrüh fahrn – Preisschifahrn* Hohenpeißenbg SOG.– **2** wie →[*Adel*]*b.*2: °*Scheißbrüah* „schlechtes Bier“ Landshut.

[**Schleifer**]**b.** milchige Soße, die sich beim Kochen der Dampfnudeln bildet: „als Tunke … *šlaivəbriə*“ Kaufering LL nach SBS X,336.

[**Schnitz**]**b.** wie →[*Hutzel*]*b.*1: °*Schnitzbrüah* „von Birnenschnitzeln“ Weilhm; *Schnitzbrüeh* „Sauce, welche man durch das Sieden gedörrter Aepfelschnitten erhält“ STA 1861 OA 121 (1997) 142.

[**Schwammen**]**b.**, [**Schwämmelein**]**-** Pilzsuppe, OP, °OF vereinz.: °*Schwammalbräi* Thierstein WUN; *Er hot holt d' Schwammabrej so gern gessn* FRIEDL Geister 124.

WBÖ III,1153.

[**Spältlein**]**b.** Apfelkompott: °*Schbeiddlbrüa* „aus Apfelschnitzen“ VIB; *Schpaidaibria* „Kompott“ Spr.Rupertiwinkel 84.

WBÖ III,1153.

[**Wasch**]**b.**, [**Wäsche**]**-** Waschlauge, MF mehrf., OB, OP vereinz.: *d'Wåschbröi* Stadlern OVI.

[**Wutzel**]**b.** wie →[*Kaffee*]*b.*, °OB, °NB vereinz.: °*heit host vielleicht a Wuzlbriah gmacht* Germering FFB.

[**Zichorie(n)**]**b.** dass., °OB, °NB, °OP vereinz.: °*Zigoribrüa* Frauenau REG.

[**Zwetschgen**]**b.**, [**Zweschben**]**-** **1** Zwetschgenkompott, OB, NB, OP, SCH vereinz.: *gsone Zweschnbria* Baumgarten FS; *tſwętſnbrei* „Zwetschgenmuß“ DÜRRSCHMIDT Bröislboat 69; *Man soll … die purgirende Medicin … in die Zwetschen Brühe einnehmen* SCHREGER Speiß-Meister 141.– **2** Brühe aus od. mit gekochten Dörrzwetschgen, °OB vereinz.: °*Zwetschenbria* Siglfing ED; *grod in da Vorweihnachtszeit haout's naou oft Hutzl- oda Zwaatschgabröih gem* KRAUS lusti 55; *a Zwöschmbröih* SCHLICHT Altheimld 188.– Phras.: *brau wiara Zwöschbmbria* „sehr braun“ Aicha PA.– Gstanzl: *Nachha pfüat Gott adjöh, Nachha sauf Zwöschenbrüah, Sauf da no gnua no gnua – Und zahn* [weine] *dazua!* SCHLICHT Bayer.Ld 261.

WBÖ III,1154. A.S.H.

Brühel, Brühdel

M., Jauche, °NB (v.a. PA) mehrf., °OB, °OP vereinz.: *der Brüll wiad auf d'Wiesn gfoahn* Hengersbg DEG; *brül* Unterer Bay.Wald KOLLMER II,320; *Der Bri'l* „Mistjauche, die auf die Wiese ausgegossen wird“ Passau SCHMELLER I,373.– Phras. *B. fahren* Jauche zum Düngen ausbringen, °NB (PA) mehrf., °OB vereinz.: °*heut tan ma Brial fahrn* Neukchn a.Inn PA.

Etym.: Wohl Kontamination aus →*Brühe* u. →*Adel*; vgl. WBÖ III,1154.

SCHMELLER I,373.– WBÖ III,1154.

Abl.: *Brüheler, brüheln.* A.S.H.

Brüheler
M.: °*des is so a Briarler* „einer, der unglaubhafte Dinge erzählt“ Kchdf AIB.

Komp.: [**Ab**]**b.**: °*du moust n Obröla afmacha* „Verteiler am Jauchfaß“ Schnaittenbach AM.

A.S.H.

brüheln, brühdeln
Vb. **1** Jauche ausbringen, °NB (v.a. Bay.Wald) mehrf., °OB, °OP vereinz.: *grengt hats, müaß mar uns zun brüadln dumön* Passau.
2 nach Jauche riechen, °OB, °NB vereinz.: °*d'Fanne briald wieda sauba heit* Mittich GRI.
WBÖ III,1154..

Komp.: [**abher**]**b.**: °*der brialt wieder was aber* „redet viel Mist daher“ Kchdf AIB. A.S.H.

brühen
Vb., brühen, °OB, °MF, °SCH vielf., °Restgeb. vereinz.: *Aschn brian* beim Wäschewaschen Rechtmehring WS; °*zerst dan ma d'Sau pecha, dann braia* Wiesenfdn BOG; *brühte Bratwürsteln* Kilgert Gloss.Ratisbonense 50; *Na brüh'n s'di'aa – wie 's Katzel* Stieler Ged. 35; *briehs wohl, thŭe die schwarze haŭt ŭnd harr daŭon* Pickl Kochb.Veitin 163.

Etym.: Mhd. *brüejen, brüen*, germ. Wort idg. Herkunft; Kluge-Seebold 155.

Ltg: *bria(d)n* OB, NB (dazu R, RID; FDB, ND), *bria* SCH (dazu FFB, LL, SOG, WM; EIH), *brẽa(n)* (MB, TS), auch *breia* NB, OP, OF, MF, *brein* (IN; BOG, KÖZ, MAL, REG, VIT; RID; EIH), *-an* (NM).

Schmeller I,337.– WBÖ III,1154.

Abl.: *-brühach, Brühe, Brühling.*

Komp.: [**ab**]**b. 1** brühen, dadurch entfernen.– **1a** wie →*b.*, °NB, °OP, °OF vielf., °OB, MF vereinz.: *d'Wiascht åbbrian* Mittich GRI; *Kleehei obröia* Sulzbach-Rosenbg; *di Bfärsich oobräier, daß mer di Haud besser wechbringd* Maas Nürnbg.Wb. 185; *briehe die kleine pomeranzen ab* Pickl Kochb.Veitin 101.– Phras. *wie abgebrüht* glattrasiert, ohne Haare: „der sieht aus *wej obrejt*“ Pursruck AM; *Der is ja glatt wia'r a obrüahte Sau!* Altb.Heimatp. 53 (2001) Nr.4,25.– Übertr.: °*jetz host di obröit* „in Verlegenheit gebracht“ Pemfling CHA.– **1b**: °*d'Hoor obrüahn* „durch Brühen entfernen“ Hirnsbg RO.– **2**: °*de Wies is oobriat* mit Jauche gedüngt Wildenroth FFB.– **3** Part.Prät., abgebrüht, gewissenlos, °OB, °NB, °OP vereinz.: °*dös is a ganz a Obriada* Neufraunhfn VIB; *Wann oana no' so a a'brüahter Heidenmensch is* Franz Lustivogelbach 66.
WBÖ III,1154.

[**an**]**b. 1** wie →*b.*, °OB, NB vereinz.: °*Klei åbrian* Tandern AIC; „Der *Sied* ... ist *oabräiht worn* mit heißem Wasser“ Fähnrich M'rteich 109; *Dao is an ganz'n Dog a Wassa drin, fir's Vaih zin Oanbraya* Bärnau TIR Schönwerth Leseb. 70.– **2** durch Brühen herstellen, OB, OP vereinz.: *d'Lauch åbröüa* Nabburg.
WBÖ III,1154.

[**auf**]**b. 1** wie →*b.*, übertr. wieder zur Sprache bringen, °OB vereinz.: °*jetzt brüah do dö alte Gschicht nöt wieda auf* Weilhm.– **2** wie →[*an*]*b.*2, °NB, OP vereinz.: *d'Lauch afbröia* Lauterhfn NM.

[**aus**]**b.** mit kochendem Wasser ausspülen, OB vereinz.: *s Fohß ausbriahn* Wielenbach WM.
WBÖ III,1154f.

[**ein**]**b. 1** wie →*b.*, OB, NB, MF vereinz.: *eibröin* Theissing IN.– **2** mit kochendem Wasser füllen: *d'Sudpfann aibrüan* „mit Wasser auskochen“ Reisbach DGF; „Wem man will, daß ... das Faß ... wieder dicht wird, muß man es ... *ẹ̄ibriə*“ Daiting DON nach SBS XIII,632-634.
WBÖ III,1155.

[**ver**]**b. 1** durch Brühen verderben, OP vereinz.: *d'Seia* [Sauerteig] *vabraia* Etzenricht NEW.– **2** verbrühen: °*dea hod si an seina Hand vobriahd* Neufraunhfn VIB; *vabröi(h)a* Braun Gr.Wb. 739; *Alsô verbrüet mir hiute dise tiuvel mit den zeheren von iuwern ougen* BertholdvR II,73,3f.
WBÖ III,1155. A.S.H.

Brühl
M., F., N. **1** sumpfige od. tiefe Stelle, Gewässer.– **1a** sumpfige Stelle im Gelände, NB, °OP vereinz.: °*a Bröl* Sulzkchn BUL; *der ... brəl* Dinzling CHA BM I,73; *dö Platz vü so Prülna ... da is na oft oana bis a d Hüft ... an Dreck schteckn bliebm* Schlehdf WM HuV 15 (1937) 233.– Häufig als Fln.– **1b** tiefe Stelle im Gewässer, °OB,

°NB, °OP, °MF vereinz.: °*der is in an Bröl neikema* Winklarn OVI; *Prell* Delling I,95; *Prell* „Ein tiefer Ort in einem Bache“ Zaupser 60.– **1c** kleines stehendes Gewässer, Tümpel, °OP mehrf., °OB, °NB vereinz.: °*im Brelerl eantn san d'Gäns* O'nrd CHA; „*Bröhl* … Wassertümpel“ Brunner Heimatb.CHA 214; „Dann ziehen sie sich zurück in *die Prell*, in den bodenlosen schwarzen Dümpfel“ Schönwerth Opf. II,230; *Soll khein Gras mehr auf dem Priel, sonndern dem Nebenpächl gewaschen werdten* Lengenfd PAR 1593 Hartinger Ordnungen III,396.– **1d** übertr. Zielloch in Spielen, °OP (v.a. CHA) mehrf., °NB vereinz.: °*an Bärn in Bröll treibn* Nabburg; „das Kugelschlagen, welches *Fadl in Prell treiben* heißt“ Winkler Heimatspr. 62.

2 Vertiefung, in der sich Jauche sammelt, °OP vereinz.: °*Bröil* „bei Kleinbauern ohne Jauchegrube“ O'wildenau NEW.– Phras.: *dea lust wöi d Sau, wens in Bröl soicht* „horcht gespannt“ Stadlern OVI.

3 Lache, größere Flüssigkeitsmenge.– **3a** Lache, °OB, °NB, °OP vereinz.: °*du hoscht an scheana Brial gmacht* Wildenroth FFB; *Dà hàst ja ə~n ganz·n Bruəl vaər dir* „hast viel von Speise oder Getränk verschüttet“ M'nwd GAP Schmeller I,354.– Phras.: *In den Prell dreschen* [eine unpassende Bemerkung machen] Bauernfeind Nordopf. 151.– **3b** große Menge an Flüssigkeit, °OP vereinz.: °*wos haoust denn heint für an Pröll Kaffee hergricht!* „viel zu viel“ Poppenrth TIR.– Auch: °*a Brühl Milch* „eine kleine Menge“ Hahnbach AM.

4 minderwertiges Getränk, Pampf: °*heint host so an Prell* „sehr dünnen Kaffee“ Haselmühl AM; *brēl* „dicker Speisebrei“ nach Denz Windisch-Eschenbach 117.– Auch: *brei'al* … *brölal* „Klümpchen“ Kollmer II,72.

Etym.: Mhd. *brüel*, aus mlat. *bro(g)ilus*, gallorom. Herkunft; Kluge-Seebold 155.

Delling I,95; Schmeller I,354f.; Westenrieder Gloss. 61; Zaupser 60.– WBÖ III,1162f.

Abl.: *brühlen*, *-brühlens*, *Brühler*.

Komp.: [**Adel**]**b.** wie →*B.*2, °OB, °OP vereinz.: °*Odlbrial* Garching AÖ.

[**Docken**]**b.** Strudel über der Auslaufröhre (→*Docke*) des Weihers, °OP vereinz.: °*Doggabrell* Wdmünchen.

[**Fäcklein**]**b.** Zielloch im Spiel *Fäcklein* (→*Fack*) *treiben*: °*Fadlprell* „Kinderspiel, in dem ein Holzklötzen mit einem Holzstecken getrieben wurde“ O'nrd CHA.

[**Vor**]**b.**: *Vorbrühl* „angestautes Wasser vor der Mühle – aus ihm sollen die Kinder kommen“ Wdthurn VOH.

[**Rinnen**]**b.** Tümpel vor od. hinter der Auslaufröhre des Weihers: °*der Rinnabrüil* Wiesau TIR; „*Rinnenbröll* … Hier bleiben meistens kleinere Fische … liegen“ Unger Teichwirtsch. 17.

[**Röhrlein**]**b.**: *Realbrai* Brunnen Aicha PA.

[**Sau**]**b.**, [**Säue**]**-** Schweinepfuhl, °OP vereinz.: °*die Saubröhl* „Schwemme, in die man die Schweine an warmen Tagen treibt“ Wiefelsdf BUL; *Af-m Wåstlbaua(r)n seina Wies, dåu håut's a Saipröll* Braun Gr.Wb. 515.

Braun Gr.Wb. 515.

[**Wasser**]**b.** **1** wie →*B.*1a, °OB, °OP vereinz.: °*Wasserbrühln* Schlehdf WM.– **2** wie →*B.*1c: *Wåssabröil* „dort halten sich die Fische gerne auf“ Floß NEW; *uf daß der Prunnentroch unnd Wasser-Prill sauber und rhein gehalten* Lengenfd PAR 1593 Hartinger Ordnungen III,395.

A.S.H.

brühlen

Vb.: °*die Hirsch brühlan si* „wälzen sich in einer trüben Wasserlache“ Partenkchn GAP.

Komp.: [**her-um**]**b.**: °*brial net gar so rum* „verschütte nicht soviel“ Brunnen SOB. A.S.H.

-brühlens

N., nur im Komp.: [**An**]**b.** überbrühtes Viehfutter: °*Obrejlads* Essing KEH. A.S.H.

Brühler

M.: °*dös is a Brialer* „mit nassem Kot beschmutztes Pferd“ Tengling LF. A.S.H.

†Brühling

M., gekeimtes Gerstenkorn zur Malzherstellung: *die Prüeling zu sieden* Landshut 1486 Zils Handwerk 14.

WBÖ III,1163. A.S.H.

Brull, -i
M., Kater, °NB vereinz.: °*Brulle* Söldenau VOF.
Etym.: Wohl onomat. A.S.H.

brüllen
Vb. **1** brüllen (von Tieren), OB vielf., Restgeb. mehrf.: *da Kåu ira Brüln* Königstein SUL; „der Stier *briǫit*" BRÜNNER Samerbg 75; *liefen sie wie brüllende Löwen in Stall hinab* SELHAMER Tuba tragica II,251.
2 laut schreien, °Gesamtgeb. vereinz.: *prüll niert sou!* Nagel WUN; *all's z'samm ... brüllt voll Freud'* STEMPLINGER Ovid 11.– Phras.: *b. wie ein Ochse / Stier* laut brüllen, OB vereinz.: *er brüllt wia an Ox* Wasserburg; *brülln ... wia a Stier* WAGNER Zuwanderung 6.– *So dum, daß a brejd* „sehr dumm" Aicha PA, ähnlich VIT.
3 laut u. heftig weinen, OB, NB, OP, MF vereinz.: *brölln* Solnhfn WUG; *Öitza häia nea(r aaf zan greina, du håust lang soot brüllt!* BRAUN Gr.Wb. 67.
Etym.: Mhd. *brüelen*, wohl onomat. germ. Bildung; KLUGE-SEEBOLD 155.
Ltg: *bria(l)n* (EBE, ED, RO, TS; KEH, REG, SR), *brean* (LA), auch *bröln* (RID; EIH, GUN, WUG), *bruln* (BOG, MAL; AM, R), *brln* nördl.OP, OF, ferner mit Ltg der Ugs. im Gesamtgeb. *brüln*, *-i-* u.ä., daneben *brülə*, *-e-*, *-u-* u.ä. (FFB, LL, SOG; DON, FDB), im Vokalisierungsgeb. *bruin* u.ä., daneben *brein* u.ä. OB, NB (dazu RID), *brūn* (BGD, RO, TS; PA, WEG, WOS; BEI; EIH, WUG; ND).
WBÖ III,1163f.

Abl.: *Brüller, Brüllerin*.

Komp.: [**an**]**b.** anschreien, OB, NB, OP, MF vereinz.: *tua mi net so abrülln* Haag WS; *da Stiegla, der brüjt d'Resl a* Deining NM Oberpfalz 88 (2000) 58.
WBÖ III,1164. A.S.H.

Brüller
M. **1** Schrei: *an Brülla tåu(n'* BRAUN Nordbair. 35.
2: °*Brüller* „Schreihals" mittl.OP.
3 brünstige Kuh, die nicht aufnimmt: °*Brülla* Geisenhsn VIB; *breia* Höhenrain WOR nach STÖR Region Mchn 916.
WBÖ III,1164. A.S.H.

Brüllerin
F., brünstige Kuh, die nicht aufnimmt: °„die Kuh *is a Brüllarin*" Harthsn M; *brilarin* Fdkchn ND nach SOB V,54f. A.S.H.

brumfeln
Vb. **1** murren, vor sich hinschimpfen, °NB mehrf., °OB, °OP vereinz.: °*was brumflst denn, paßt da was net* Schönbrunn LA; *„Bei dén fahlt-s en obə'n Stübl", brumflt s Wei*[b] nach SCHWÄBL altbayer.Mda. 100.– Schnaderhüpfel: °*enterhoi Oblfing* [DEG] *liegt d'Brumpfimöi* (Brumbachmühle), *laßt sö's nur brumpföin, ko brumpföin, wie's wöi* Lalling DEG.
2 undeutlich u. leise sprechen, murmeln, °NB mehrf., °OB, °OP vereinz.: °*der brumföt beim Betn* Bogen; °*bruvln* „von zahnlosen Leuten" Cham; *brumfen* „still brummen" FEDERHOLZNER Wb.ndb.Mda. 42.
3 mit tiefer Stimme singen, OB, NB vereinz.: *der brumpfölt* Haunzenbergersöll VIB.
WBÖ III,1164. A.S.H.

-brumfen
Vb., nur im Komp.: [**nach**]**b.**: *nochbrumpfa* nachmaulen Dfbach PA.
Etym.: Onomat.; vgl. WBÖ III,1164 (prumfeln).

Abl.: *brumfeln, Brumferer, brumfetzen, Brumfler, brumflicht*. A.S.H.

Brumferer
M.: °*dös is an older Brumferer* „Mensch, der gerne meckert und schimpft" Würding GRI. A.S.H.

brumfetzen
Vb. **1** murren, vor sich hinschimpfen: °*heid moane is a grante, wal a oiwei brumfatzt* Mittich GRI.
2: *brumvetzn* „murmeln, undeutlich sprechen" Unterer Bay.Wald KOLLMER II,320. A.S.H.

Brumfler
M. **1**: *a Brumfla* „brummiger Mensch" Plattling DEG.
2 jmd, der undeutlich spricht, °NB vereinz.: °*dös is a Brumfler, den versteht ma nöt!* Passau. A.S.H.

brumflicht
Adj.: *brumflat* brummig Plattling DEG. A.S.H.

Brummel
F. **1** brummiger Mensch, OB, NB, OP vereinz.: *oöde Brumö* Aicha PA.

2 auch M., brünstige Kuh, die nicht aufnimmt, °OB vereinz.: °*Brumml* Althegnenbg FFB; *bruml* Schöffau WM nach SBS XI,83.

WBÖ III,1164f. A.S.H.

brummeln, -ü-

Vb. **1** murren, vor sich hinschimpfen, °OB mehrf., °NB, °OP, SCH vereinz.: °*da Voda brummet und greit* Au AIB; *Geh, brummel net, Dirndl!* CHRIST Werke 679 (Madam Bäurin); *Jn lauter Brummin schaugt der Mo'… sein Stutzn o'* KOBELL Ged. 241; *Abă es ist 's Brummeln går máchti grouß g'west* Rgbg 1723 HARTMANN Hist. Volksl. II,234.

2 undeutlich u. leise sprechen, murmeln, °OB mehrf., °NB, °OP, MF, SCH vereinz.: °*wer brummit und murmit do oiwei* Wettstetten IN; *„Und woos gsundds", brummlad da Kessdla Hans* LODES Huuza güi 40.

3 einen langen dumpfen Laut von sich geben.– **3a** brüllen (von Tieren): *brummeln* „vom Stier" Traunstein; *Brummeln* „vom Rindvieh, nach dem Stier verlangen" DELLING I,101; *brümmelt da Bär* DINGLER Arntwagen 83.– **3b** schnurren (von der Katze): *d'Katz brumet* Taufkchn M; *brumen* O'neukchn MÜ SOB V,111.– **3c**: *do hintn brumlts* „donnert es leise" Hohenpeißenbg SOG.– **3d**: *brummin* murmelnd fließen Staudach (Achental) TS.– **3e** blubbern, dumpf platzende Blasen werfen: *brumön* Geräusch der aufsteigenden Luftblasen Aicha PA.– **3f**: *prummln* „leise brummen (z.b. gut brennender Ofen)" SCHWEIZER Dießner Wb. 156.

4 mit tiefer Stimme singen, OB, NB vereinz.: *dea brummit* U'menzing M.

DELLING I,101f.; SCHMELLER I,356.– WBÖ III,1165.

A.S.H.

brummen, †-ü-

Vb. **1** murren, vor sich hinschimpfen, °Gesamtgeb. vereinz.: *dea brummt heint ollaweil* Dietldf BUL; *Da brummt a wieda: „Sakradi, wia wer i s' jetza los?"* DINGLER bair. Herz 20; *Der Kerl fangt on z'brumma* MÜLLER Lieder 11; *Waß ist ir prumen und plecken* [schreien] … *nutz* AVENTIN I,206,20-22 (Türkenkrieg).– Phras.: *Tou näa niat brumma, es wird scha nu kumma!* SINGER Arzbg. Wb. 44.

2 undeutlich u. leise sprechen, murmeln, °Gesamtgeb. vereinz.: *dö brumt wida* Geiersthal VIT; *Gäih, brumm neat sua!* BRAUN Gr. Wb. 68.

3 einen langen dumpfen Laut von sich geben.– **3a** brüllen (von Tieren), °Gesamtgeb. vereinz.: *de Kou brummt* Selb; „Die Stimme des Stiers … *bruma*" Wollomoos AIC STÖR Region Mchn 917; *subare* [brünstig schreien] *.i. prumin* 12. Jh. StSG. II,337,23f.; *clamor leonum … brummen* 1. H. 15. Jh. Voc. ex quo 2330.– **3b** schnurren (von der Katze), NB, OP, MF vereinz.: *d'Katz brumt* Grainet WOS; *Hat im Bett mein Katzerl brummt* Mchn Lieder-Slg, München 1840, 88; *brūma* Winhöring AÖ SOB V,111.– **3c** knurren (vom Hund), OB, NB, OP, MF vereinz.: *da Hund brummt* Frauenau REG.– Auch keckern: *Er* [Dachs] *brummt nur a Bißl* DREHER Schußzeit 4.– **3d** (leicht) donnern (beim Gewitter), OB, NB, OP vereinz.: *s brummt umadum* Perasdf BOG; *ausn Brumma is a tüchtigs Donnawetta wordn* Mchn Bayer. Dorfztg 1 (1834) [177].– **3e**: *da Wind brummt* rauscht in den Wipfeln Ingolstadt.– **3f** summen, surren, OB, NB, OP, MF vereinz.: *da Ofa brummt* Vorzeichen für einen angenehmen Besuch Bernhardswd R; *Host as jetz ghört … des Zirpn und des Brumma?* H.M. BETZ, Am Wiesnroa, Baumgarten 2006[, 49]; *Die harliz* [Hornissen] … *promment grausenleichen mit iren stimmen* KONRADvM BdN 330,2-6; *Matz blausn Sock* [Dudelsack] *af, lausn wacka bruma* Neunburg 1782 Münchener Intelligenzbl. 1783, 90.– Phras. *so dumm sein, daß man brummt* u.ä. °OB, NB, °OP, MF vereinz.: *der brummt vor Dummheit* Wangen STA; *Der ist so dumm, daß er brummt* BAUERNFEIND Nordopf. 152.– Spiel: *Hiatl brumma* „ein nicht Eingeweihter muß einen Hut vors Gesicht halten, andere Kinder umkreisen ihn wie Hummeln summend, wobei eines versucht, ihn unbemerkt anzubiseln" Ambg, ähnlich SUL;– Phras.: *mit oin Höitl brumma* „mit ihm machen, was man will" Kchnbuch BUL, ähnlich °OP vereinz.– Auch einen summenden, surrenden Ton empfinden, OB, OP vereinz.: *d'Aoan brumma* Ohrensausen Fürnrd SUL;– Phras. *jmdm brummt der Kopf / Schädel* jmd hat heftige Kopfschmerzen, °NB, OP, OF vielf., OB, MF vereinz.: *heint brumt ma da Schel scho n ganzn Tå* Sossau SR; *i hau da oane eiche, daß da da Kupf brumd* Möning NM; *Mier brummt der Schēdl!* BERTHOLD Fürther Wb. 31.

4 summend, surrend ertönen lassen.– **4a** †(ein Musikinstrument) summend ertönen lassen: *An Sunta wird a … 'n Dudlsock brumma* SCHÖNWERTH Leseb. 260.– **4b** (einen Stein) auf den Boden werfen, daß er surrend weiterfliegt, °OB, °NB, °OP, MF vereinz.: °*douma Stoa brumma* Wettstetten IN.

5 mit tiefer Stimme singen, OB, OP, MF mehrf., Restgeb. vereinz.: *m doifm Baß bruma* Mittich GRI.
6 warten: *däa brummt ma lang gout* „den lasse ich lange warten" SINGER Arzbg.Wb. 44.
7 eine Haftstrafe verbüßen, °OB, °NB, °OP vereinz.: *°der måu bruma* Lohbg KÖZ; *Den mou e kröing, dea mou ma brumma* Wir am Steinwald 7 (1999) 144.

Etym.: Ahd., mhd. *brummen*, zur selben Wz. wie →*Breme*; PFEIFER Et.Wb. 176.

SCHMELLER I,356.– WBÖ III,1165f.

Abl.: *Brummel, brummeln, Brummer(er), Brummerin, Brummian, brummig, Brummler, Brummlerin, brummlicht.*

Komp.: [**an**]**b.** in brummigem Ton anfahren, OB, MF vereinz.: *oan åbrumma* Ingolstadt; *Af dees da Baua brummt 'n oo* SCHUEGRAF Wäldler 62.

WBÖ III,1166.

[**auf**]**b.** auferlegen: *s Gricht hat eam vier Johr afbrummt* Passau; *Dean håmm se a gråußa Stråuf aafbrummt* BRAUN Gr.Wb. 4.

WBÖ III,1166.

[**aufhin**]**b.** dass., °OB, °OP vereinz.: *°däi vom Finanzamt hom uns an Haffa Steian affebrummt* Weiden.

[**nach**]**b.** nachmaulen, OB, °OP, MF vereinz.: *nochbrumma* Walkertshfn DAH.

WBÖ III,1166.

[**Schädel**]**b.** N., Kopfschmerzen, OB, OP, MF vereinz.: *gal, heind hasd Schedlbrumma* Weiden.

WBÖ III,1166. A.S.H.

Brummer(er)

M. **1** von Menschen.– **1a** brummiger Mensch, OB, NB, OP, MF vereinz.: *Brummerer* Arnbach DAH; *Dees iis a ålta Brumma!* BRAUN Gr.Wb. 68.– **1b**: *Brumma* „dicke, stämmige Person" BINDER Saggradi 35.
2 von Tieren.– **2a** brünstige Kuh, die nicht aufnimmt: *°des is a Brumma* Lauterbach DAH; *bruma* Grafrath FFB nach SBS XI,83.– **2b** großes Insekt, °OB, °OP vereinz.: *°Brummer* „große Maikäfer" Luhe NEW; *i … hon im Weidenstrauch de Brumma … vanumma* DINGLER bair. Herz 54.
3 Musikinstrument, Spielzeug zum Blasen.– **3a** Baßgeige, OB, NB vereinz.: *da Brumma* Staudach (Achental) TS; *Trompeten … 'n Dudelsack … Und 'n großen Brumma* A. KRETZSCHMER, Dt. Volkslieder mit ihren Original-Weisen, Berlin 1840, II,593.– **3b** Dim., (aus Weidenrinde) gebasteltes Spielzeug zum Blasen: *°Brummerl, Brummerl, fluig ins Faß, werd mei Pfeiferl pitscherlnaß, s Brummerl, des ghört dir, s Pfeiferl des ghört mir* „Reim beim Losklopfen der Rinde" Kötzting; „Die Hütbuben lösten von … Weidenzweigenstücklein den Bast herunter, daß sie *Brummerl* hatten" SIEBZEHNRIEBL Grenzwaldheimat 81.– Phras.: *Də' Və'waltə' håt si' Brummə-ln g·schnid·n* „hat seinen Vortheil nicht vergessen" Bay.Wald SCHMELLER I,356.
4 Kinderkreisel, NB, OP vereinz.: *Brumma* Gottsdf WEG; *Brumal* Roding DWA XII,43; *Der Brummer* „Kreisel, Topf" SCHMELLER I, 356.
5 einmaliges Brummen, Brummton: *°dea haout koin Bruma dou, wöi i'n gfraougt ho* Kchnthumbach ESB; *der … duad nur gnädig an Brummara wenns eahm net schmeckt* Altb. Heimatp. 63 (2011) Nr.22,4; *Da hört ma kein Brumma, Wenn Trümpf net recht kumma* STURM Lieder 94.
6 Tadel, Rüge: *sie hat an schön Brumma kriagt* Haag WS.
7 Rausch, °OB, °OP vereinz.: *°Brummer* Wasserburg; „Rauschtafel … *Brummer*" SCHLICHT Bayer.Ld 417; „Weil den Rauschigen der Schädel brummt, heißt der Rausch *Brummer*" STEMPLINGER Altbayern 82; *Brummer* „des Rausches Anfang" HÄSSLEIN Nürnbg.Id. 54.

HÄSSLEIN Nürnbg.Id. 54; SCHMELLER I,356.– WBÖ III, 1167.

Komp.: [**Hut**]**b.,** [**Hütlein**]**- 1** dummer, eigenbrötlerischer Mensch, °OP vereinz.: *°du bist vielleicht a Höidlbrumma* Weiden; *Hejlbrummer* KOLLER östl.Jura 35.– Ortsneckerei: „die Mallerstetter sind die *Houtbrumma*" Heinsbg RID.– **2**: *°du bist ma vielleicht a Häidlbrumma* „langsamer Mensch" Lohnsitz TIR. A.S.H.

Brummerin

F. **1** brünstige Kuh, die nicht aufnimmt: *°des is a Brummarin* Dietramszell WOR; *brumərin* Kissing FDB nach SBS XI,82.
2 große Kuhglocke: „Ein besonders schönes Stück [Vieh] prahlt sich mit der *Brummerin*" Frasdf RO HuV 15 (1937) 221. A.S.H.

Brummian
M., brummiger Mensch, OB, NB vereinz.: *ein rechter Brummian* Kraiburg MÜ. A.S.H.

brummig, -icht
Adj. **1** brummig, MF vielf., OB, OP, mehrf., Restgeb. vereinz.: *dea schaugt sche brumi drai* Mchn; *bist a recht brummater Ding* Donaustauf R; *Mir frogt ja bloß, brummerta Teifi!* GRAF Dekameron 108.
2 †verrückt, närrisch: *brummiger vel ein vnsingnär mensch* Indersdf DAH 1419 Voc.ex quo 1083.
3 †brummend (vom Bären): *Auf eahm hii kimmt da brummat Bäa* SCHUEGRAF Wäldler 71.
4 ständig brünstig (von der Kuh): °*brumi* Spatzenhsn WM; *brume* N'taufkchn MÜ nach SOB V,55.
WBÖ III,1167.

Komp.: [**stier**]**b.** wie →*b.*4: „eine Kuh, die dauernd brünstig ist und trotzdem nicht aufnimmt ... *īs šdiabrumi*" Altkchn WOR nach SOB V,54. A.S.H.

Brummler
M. **1** brummiger Mensch, °OB mehrf., °NB, OP, SCH vereinz.: *dös is a so a Brummlar* Hohenpeißenbg SOG; *Wann jeda alte Brummler Müßt 'raus aus sein' Bau* DREHER Schußzeit 4; *Brummia* RASP Bgdn.Mda. 35.
2: „brünstige Kuh, die nicht aufnimmt ... *brumlər*" Merching FDB nach SBS XI,82.
3 einmaliges Brummen, Brummton: *eah håt an Brummia to* „einen brummenden Laut von sich gegeben" RASP Bgdn.Mda. 35; „Dieses Thier ... macht ein paar wüthige *Prummler*" Ruhpolding TS 1822 Zwiebelturm 5 (1950) 205.
WBÖ III,1167. A.S.H.

Brummlerin
F., brünstige Kuh, die nicht aufnimmt: °*des is a Brummlarin* Hadf STA; *brumlarin* Dießen LL nach SBS XI,83. A.S.H.

brummlicht, -lig
Adj., brummig, OB, OP vereinz.: *brummlat* Wenzenbach R. A.S.H.

brumseln
Vb.: °*da versteht ma nichts, die brumslt ja nur* murmeln, undeutlich reden Landsbg. A.S.H.

brumsen
Vb., murren, schimpfen: *brummsen* Hirschling MAL; *der in seim haus promsent ist als ein per* KONRADvM BdN 263,20f.
Etym.: Mhd. *brumsen*, Weiterbildung von →*brummen*; WBÖ III,1167.
WBÖ III,1167f.

Abl.: *brumseln*, *Brumser*. A.S.H.

†Brumser
M., brummiger Mensch: „die alten *Brumser* würden das just ausmachen [vollenden], was die liederlichen Wirthe anfangen" BUCHER Jagdlust XIV.
WBÖ III,1168. A.S.H.

Prünell, -u-
M., fester, schwarzer, glänzender Kammgarnstoff, °OB, °NB vereinz.: °„Zeugstieferl aus *Brinel*" Metten DEG.
Etym.: Frz. Lehnw.; WBÖ III,1168.
WBÖ III,1168.

Abl.: *prünellen*. E.F.

Brunelle, Pfln., →*Braunelle*[2].

Prünelle
wohl F., Prünelle, OB, NB vereinz.: *Prünellen* „auf einer Schnur aufgereiht" Mchn; *die geschelte, ausgebrennte und ausgedörrte Zwetschgen so man Prunellen nennet* SCHREGER Speiß-Meister 141.
Etym.: Aus frz. *prunelle*; DUDEN Wb. 3040.
WBÖ III,1168. E.F.

prünellen
Adj., aus →*Prünell*, °OB, °NB vereinz.: °*brinellene Schuah* „trug die Hochzeiterin" Bayrischzell MB.– Auch: *a brinelas Kopfdiahö* „aus Halbseide" Gottsdf WEG. E.F.

Brunft, -ü-, †Bruft
F., Brunft, OB mehrf., NB, OP, MF vereinz.: *da Hiasch is in da Brimft* Hessenrth KEM; *Schauts hi, der rollt d'Augn wia'ra Sechsabeckl bei der Brunft* Oberpfalz 68 (1980) 15; *Der gaizzl böckel habent grozzen chrieg vmb die gaizzel, wenn sie in der prünft lauffend* KONRADvM

BdN 154,1f.; *die Hirschen ... wann sie in der Pruft herumbrafflen* Selhamer Tuba Rustica II,353.

Etym.: Mhd. *brunft* stf., Abl. zur Wz. von ahd. *breman* 'brüllen'; Kluge-Seebold 156.

Schmeller I,351.– WBÖ III,1168f.

Abl.: *brunfteln, brunften, brunftig.*

Komp.: [**Hirsch**]**b. 1** Hirschbrunft, OB, NB vereinz.: *Hiaschbrumft* Aicha PA; *es is net lang vor da Hirschbrunft g'wen* Thoma Werke VII, 267 (Jagerloisl).– **2** Stinkmorchling (Phallus impudicus): *Hirschbrunft* Marzell Tiere in Pfln. 101.

WBÖ III,1169. E.F.

brunfteln

Vb., nach brünstigem Hirsch riechen od. schmecken, °OB vereinz.: °*dös Fleisch brunftlt* Partenkchn GAP.

WBÖ III,1169. E.F.

brunften, †-fen

Vb., brunften, ä.Spr., in heutiger Mda. nur im Komp.: *Um Egydi fanget der Hirsch an zu brunffen, oder zu brunften* Schreger Speiß-Meister 82.

WBÖ III,1169.

Komp.: [**ab**]**b.** aufhören zu brunften: *Weit is er amal ned, so obrunft wia der ausgschaut hot* G. Umrath, G'schichtn aus dem Isarwinkel, Lenggries 1998, 81; *dardurch die abgebrunffte Hirsch geschwecht/ vñ zum grundt abgejagt werden* Landr.1616 787.

WBÖ III,1169. E.F.

brunftig, -ü-, †bruftig

Adj., brunftig, °OB, OP vereinz.: *brumftö* O'audf RO; *Da Gump röhrt wier'a prumpftiga Hirsch* Biller Garchinger Gsch. 27; *brufti'* Schmeller I,351.

Schmeller I,351.– WBÖ III,1169. E.F.

brünieren

Vb., brünieren, OB, NB vereinz.: *Laf brenürn* Pfaffenbg MAL.

Etym.: Aus frz. *brunir*; WBÖ III,1169.

WBÖ III,1169. E.F.

†Brunn

(Genus?): *Brun* „Feuersbrunst" Delling I,102.

Etym.: Wohl Abl. zu einer Form von →*brinnen*.

Delling I,102. E.F.

†Brünne, -u-

F., Brustpanzer: *fiunfzec tûsent manne, mit brunnen bevangen* Kaiserchr. 215,7312f.; *pewarn lass ich euch mit prünn, hellem vnnd auch schillde* Füetrer Persibein 22,81.

Etym.: Ahd. *brunna, -î*, mhd. *brünne, brünje* st/swf., germ. Bildung idg. Herkunft, wohl verwandt mit →*Brust*; Kluge-Seebold 156.

Schmeller I,360. E.F.

brunneln, -ü-

Vb., urinieren: °*brundln* „Kindersprache" Bogen; *brunnl·n* Bay.Wald Schmeller I,359; *Brunnlen* Prasch 16.

Delling I,102; Prasch 16; Schmeller I,359.– WBÖ III, 1169. E.F.

Brunnen, Brunn

M. **1** Anlage zur Gewinnung, Förderung von Wasser.– **1a** (gefaßter) Brunnen, °Gesamtgeb. vielf.: °*Brindl* „ständig fließender Brunnen" Thanning WOR; °*dös Wossa vom gschlonga Brunn kost hoid nix* Wimm PAN; *Brina* „Mehrzahl" Derching FDB; *so trockn, daß ... koa Wasser mehr aus'm Brunn rinnt* Altb.Heimatp. 44 (1992) Nr.29,8; *Swer ... einen prunnen verrůnet* [versperrt], *daz man in niht geschepfen mack* 1310-1312 Stadtr.Mchn (Dirr) 258,3-6; *Lange zeit nit gerengt dz allent halben. die brünen aus gedrichnet* 1636 Haidenbucher Geschichtb. 120.– Phras.: *laufender B.* dass.: *lafada Brunn* O'audf RO; *„laufender Brunnen* im kleinen Hofraum" Die Bayer. Landbötin 5 (1834) 426.– *In den B. fallen* zerstört werden, vergehen: *dö Hoffnung is eam an Brunn gfain* Mittich GRI; *Mei Freud' is in Brunna gfalln* Winkler Heimatspr. 77; *Under disem ist das römisch reich im nidergang gar in brun gefallen* Aventin IV,1153,25f. (Chron.).– „Hat aber einer seine Sache nicht ganz intelligent angefangen ... *du hast wieder amal vom dappigen Brunna trunkn*" Altb.Heimatp. 6 (1954) Nr.17,8.– *Auch einen / den tiefsten B. kann man leer schöpfen* u.ä. auch ein großes Vermögen läßt sich durchbringen, OB, OP vereinz.: *a-r-an tiafstn Brunna kå ma laar schepfa* Fürstenfeldbruck; *Man kann auch an Brunnen ausschöp-*

fen Wdmünchn.Heimatbote 20 (1989) 67.– *Wenn das Kind / die Geiß / das Kalb in den B. gefallen ist, deckt man ihn zu* u.ä. OB, OP, °OF vereinz.: *da Baua deckt'n Brunna zou, wen's Kolb dasoffm is* Floß NEW; *Wenn d'Goaß in Brunna gfalln is, na deckt ma'n zua* „wenn es zu spät ist, werden Vorsichtsmaßregeln getroffen" WAGNER Zuwanderung 8.– *In dean Brunna, aas dean waou ma trunkn haout, derf ma niat speia* SCHEMM Dees u. Sell 247.– Spiele: *in den B. fallen* °OB vereinz.: °*in Brunna foin* „das Mädchen muß sagen, wie viele Klafter es gefallen ist, so viele Küsse muß ihm der Bursche geben, um es auszulösen" Hzkchn MB.– *In den B. fallen / B. graben / suchen* einen, der das Spiel noch nicht kennt, mit verbundenen Augen in ein Schaff Wasser setzen od. mit Wasser überschütten, °OB vereinz.: °*Brunngrabn* N'bergkchn MÜ; *Brunnen suacha* WILDFEUER Kchdf.Ld. 33;– Sachl. vgl. ebd.– *In den B. fallen* Drischlegspiel, bei dem einer mit Wasser übergossen wird: *In den Brunnen falln* Mühlrad 1 (1951) 97.– **1b** Pumpe, °Gesamtgeb. vielf.: °*da Brunn is hi worn* Garching AÖ; °*i muaß an Brunn richdn låssn* Eining KEH; °*da pumpt da Brunna* Sulzkchn BEI; „das Brunnengeschöpf ... *Der Brunn ist brocha*" LETTL Brauch 115.– **1c** Wasserleitung, -hahn, °OB, °NB vereinz.: °*geh an Brunna und wasch di* „Wasserhahn" Hohenpeißenbg SOG.– **1d** Wasch-, Spülbecken, °OB, °NB vereinz.: °*Bruna* „moderner Ausguß mit Auslaufventil" Mchn.

2 Quelle.– **2a** (Heil-)Quelle, Quellwasser, °OB, °NB, °MF vielf., °OP mehrf., OF, SCH vereinz.: *mo woscht sö d'Aung ön an Brindl bei a Woifåhrt* Zwiesel REG; *s Brinl* Altfalter NAB; *Bal ma bein Brünndl sand hinta da schwarzn Wand* DINGLER bair.Herz 61; *hol ə˜n Brunnə˜* „hole Trinkwasser" OP SCHMELLER I,359; *tau regan edo prunnun* 8./9.Jh.StSG. I,182,29-31; *Ez sind auch etzleich prunn, da von die låut cropfoht werdent* KONRADvM BdN 128,10; *Dass die Leith bey disen Brindl grosse Andacht verricht* Straubing 1624 Beytr. zur Gesch. u. Lit., hg. von J.CH. v.ARETIN, Bd 4, München 1805, 652.– Häufig in u. als Fln., ON u. Örtlichkeitsnamen.– **2b** übertr.– **2bα** Tränen: *a Brünnerl im Aug ham* Griesbach TIR.– **2bβ** †Ursache, Ursprung: *Sie* [Sonne] *ist ein prunne oder ein vrsprinch der hitz* KONRADvM BdN 86,12f.; *Homerus ... ein prun, vater und anfang aller schrift und kunst* AVENTIN IV,246,5-7.

3 Urin, in heutiger Mda. nur in Phras.: *wan ers ausgetrunken hat, und will den Brunnen lassen* ERNST Heilzauber u. Aberglaube Opf. 37; *daz tuch ... legn ůber di leber ... alsofft ... untz* [bis] *das der průnn weiz wirt* 1392 Runtingerb. II,24; *deß natürlichen Brunnen keinen Gang gehabt* Mchn 1628 BJV 1958,64.– Phras. *B. machen* urinieren, kindersprl.: °*dua scheh dein Brunna måcha* Ebersbg; *ə˜n Brunnə˜ ... machə˜* SCHMELLER I,359; *a Brünnerl machn* SINGER Arzbg.Wb. 44.

4 †Salzwerk: *die gen Hall in den prünn arbaitend* 1400 Stadtr.Mchn (DIRR) 573,5.

Etym.: Ahd. *brunno* swm., mhd. *brunne, burne* sw/stm., germ. Wort idg. Herkunft; KLUGE-SEEBOLD 156.

Ltg, Formen: *bruna, -ū-*, daneben *brun* OB, NB, OP, *-ū-* OB, NB (dazu CHA, R, ROD, WÜM; HEB, N), *brund* (FFB, FS; DGF, LA, MAI, MAL; ROD), vgl. Lg. § 27j, *brū* (TS), *brum* (PA), vgl. Lg. § 23a4.– Pl. gleichl. *bruna* (ED, M, WS; BT), ferner *-i-* (ED, LL, TÖL; NEW; FDB), *brinan* (MB), *brin* NB.– Dim. *brindl* OB, NB, *brinl* NB (dazu EBE, ED, GAP, TS; NAB, R), *brinal* OP (dazu M, MB, RO, WS; GRI), *brindla* (EIH), *brinla* (AIC, FFB, TÖL; BT; FÜ, SC, WUG; FDB), *-ala* (WM; LAU; FDB), *brīl* (ED, IN).

SCHMELLER I,359.– WBÖ III,1169-1173.

Abl.: *brunneln, Brunner(er), Brunz, Brunze, brunzeln, brunzen, Brunzer, -brunzerin, Brunzet, brünzleinen, Brunzlet(s), brunzlicht.*

Komp.: [**Adel**]**b.** Jauchepumpe, OB vereinz.: *Oulbruna* Haimhsn DAH; *ōlbrunə* Thierhaupten ND nach SBS XII,155.

WBÖ III,1173f.

[**Augen**]**b.** Dim., Heilwasser gegen Augenleiden: *Aug'nbrünnl* Simbach PAN; „Den meisten altbayrischen Wallfahrtsbrünnlein wird eine besondere Heilkraft für erkrankte Augen zugeschrieben ... *Augenbründl*" KRISS Gnadenstätten III,68.

WBÖ III,1174.

[**Pump(en)**]**b.**, [**-ps(en)**]**-**, [**-pf**]**-**, [**-pern**]**-** **1** Brunnen mit Pumpe, °OB, °NB, °OP, °MF mehrf., OF, °SCH vereinz.: *Pumpfbrunna* Pfrombach FS; *Pumpsnbrunn* Rinchnach REG; *am Pumpbrunna löscht ma sein Durscht* R. LEXA, Boarische Versln, St. Ottilien 1999, 23; *neben dem Haus ein Pumpbrunnen* 1760 Chron.Kiefersfdn 394.– **2** wie →*B.*1b, °NB, °OP vereinz.: °*der hot an naien Pumpbrunn kriagt* „ein neues Geschöpf" Pfarrkchn.

WBÖ III,1174.

GOGGOLORI

Aus der Werkstatt des Bayerischen Wörterbuchs

„GOGGOLORI“ erscheint zusammen mit den einzelnen Heften des Bayerischen Wörterbuchs. Die Redaktion stellt darin einige der Themen der bairischen Wortforschung nochmals in lockerer und allgemein verständlicher Form dar und kommentiert sie. Sie berichtet zudem über Tätigkeiten und Bestrebungen auf dem Gebiet der Mundartpflege und Mundartforschung in Bayern.

Die achtzehnte Nummer von GOGGOLORI setzt den in den bisher erschienenen Heften eingeschlagenen Weg fort und stellt Themen und Fragen aus dem Bereich bairische Dialekte und bairischer Wortschatz in lockerer Form dar.

Änderungen in den Wortartikeln aufgrund einer Evaluierung des Bayerischen Wörterbuchs

Im Herbst 2014 ließ die Bayerische Akademie der Wissenschaften ihr Projekt des „Bayerischen Wörterbuchs“ durch auswärtige Gutachter evaluieren. Am 16. und 17. Oktober fand eine Begehung der Arbeitsstelle statt. Die Gutachter empfahlen der Akademie nachdrücklich die weitere Förderung und Fortsetzung des Projekts. Sie hatten auch einige Anregungen zur Beschleunigung der Redaktionsarbeiten, die die Redaktion von Heft 21 an, dem diese Nummer von GOGGOLORI beiliegt, umsetzen wird. Insbesondere werden in Zukunft am Schluss des Artikels nur noch Schmeller und andere ältere Wörterbücher des Bairischen sowie das Wiener Schwesterwörterbuch „Wörterbuch der bairischen Mundarten in Österreich“ angeführt; Verweise auf weitere großlandschaftliche Dialektwörterbücher, auf historische Wörterbücher des Deutschen und auf kleinere Dialektwörterbücher entfallen, ebenso die Angabe der Fragebögen, in denen nach dem behandelten Wort gefragt wurde. Innerhalb der Wortartikel finden sich feste Fügungen, Vergleiche, Redensarten und Sprichwörter nun unter dem einzigen Stichwort „Phraseologie“ (Abkürzung „Phras.“) zusammengefasst. Es erfolgt eine noch strengere Belegauswahl. Um eine weitere Beschleunigung der Redaktionsarbeiten zu erreichen, wird außerdem die elektronische Erfassung und Auswertung von Originalfragebogen durch die Akademie gefördert. Die Redaktion ist zuversichtlich, dass trotz dieser maßvollen Kürzungen, die das Erscheinen des Werks beschleunigen, die philologische Akribie erhalten bleibt.

Anschrift der Redaktion:

Prof. Dr. A. R. Rowley
Bayerisches Wörterbuch
Kommission für Mundartforschung
Bayerische Akademie der Wissenschaften
Alfons-Goppel-Straße 11
(ehemals Marstallplatz 8)

80539 MÜNCHEN

Tel.: (089) 23031-1178
(Sekretariat)
Fax: (089) 23031-1100
e-mail: post@kmf.badw.de
Schauen Sie unter
www.bwb.badw.de vorbei!

Fragen an das Bayerische Wörterbuch

Im Laufe der Jahrzehnte hat die Redaktion des Bayerischen Wörterbuchs wohl einige hundert Anfragen von verschiedenster Seite zu Herkunft und Bedeutung bairi-

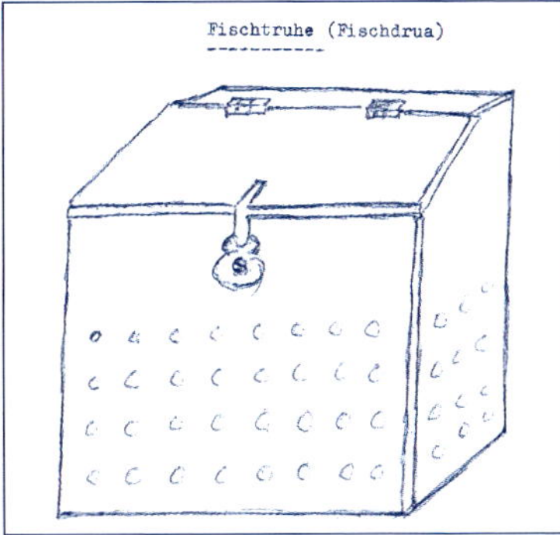

Abb. 1: Zeichnung einer Fischdrua *(Fischtruhe) aus Luhe, Opf.*

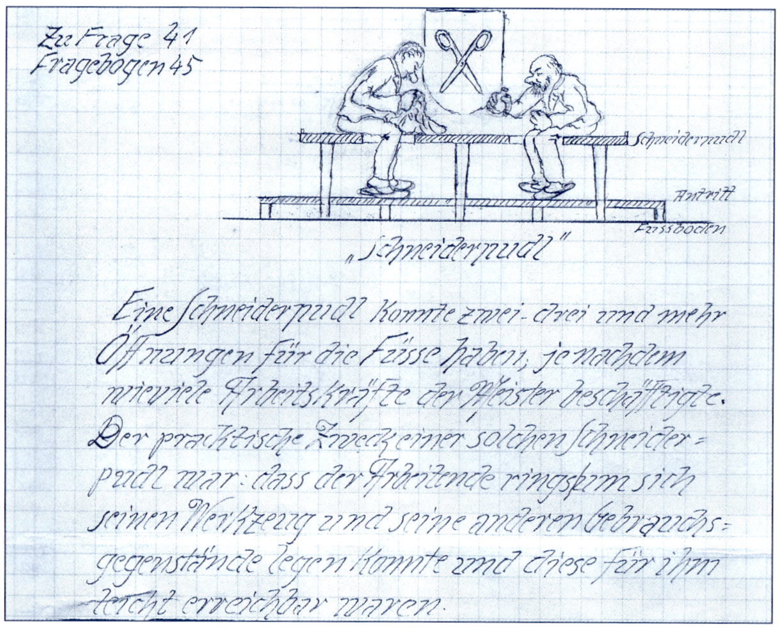

Abb. 2: Schneiderbudel, *Angaben eines Sammlers aus dem Lkr. Tölz*

scher Dialektwörter beantwortet. Hier wieder eine kleine Auswahl.

Warum sagt man, wenn etwas sehr trocken ist, es sei *blousndrucka*? H., Griesbach.

drucka entspricht dem schriftdeutschen Wort „trocken", althochdeutsch *truckan* (mit *-u-* wie im heutigen Dialekt). *blousen* hat nichts mit dem Verb *blasen* zu tun, und erst recht nichts mit der Blase, die ja in der Mundart *Blodan* genannt wird, sondern es ist verballhornt aus *brousn* 'Brosame'. *brousndrucka* bedeutet also „so trocken wie Brösel, wie Brosamen" und ist in dieser sprachhistorisch richtigen Form auch noch in manchen Dialekten erhalten.

Was ist ein *Baamhackl*? A., München.

Der *Baamhackel* ist zunächst ein Mundartwort für den Specht, der auf der Suche nach Insekten an Baumstämmen hackt. Auch entzündete Hautrisse und Schrunden an Händen und Füßen werden *Baamhackel* genannt, vermutlich weil die stechenden Schmerzen der Hautrisse an das Hacken eines Spechts erinnern.

Können Sie uns erklären, warum die Tannenzapfen bei uns *Butzküh* heißen? M., Maisach.

In *Butz-* steckt das gleiche Wort drin wie in *Butzen*, dem Dialektwort für das Kerngehäuse des Apfels. Die Grundbedeutung ist 'Klumpen', außerdem werden verschiedene Früchte *Butzen* genannt. Weil Kinder früher kaum Spielzeug hatten, machten sie sich die Spielgegenstände selber; Nadelbaumzapfen nahmen sie zum Beispiel als Rinder für einen Spielzeugbauernhof, darum sagt man dazu *Butz-* oder *Butzelkühe*.

Alte Regensburger kennen noch das Wort *Moadeschba* für 'Maikäfer'. Was ist das für ein Wort? Z., Regensburg.

Das Wort ist auch sonst in der südlichen Oberpfalz belegt. *Moa* ist eindeutig der 'Mai'. Unter dem Stichwort *Tester* führt das „Wörterbuch der bairischen Mundarten in Österreich" (IV,1796f.) eine große Vielfalt von Aussprachevarianten an. Auch die Regensburger Aussprache *Deschba* gehört hierher. Die Grundbedeutung ist „Kopf", es handelt sich letztlich um ein Lehnwort aus lat. *testis* 'Gefäß, Topf, Hirnschale'.

Der Marienkäfer heißt bei uns *Achatznkousal*. Woher kommt diese Bezeichnung? G., Edelsfeld.

Für den Marienkäfer gibt es in der Oberpfalz eine Vielzahl an Dialektnamen, unter anderem auch *Arwats-* und *Afafs-käferl*, die erkennbar Varianten des von Ihnen genannten Dialektworts darstellen. *Kouserl*, das ist eine mundartliche Verkleinerung der *Kou*, der Kuh, hier auf den Käfer übertragen. Der erste Wortteil *Achatzn-* ist aus *Herrgotts-* entstanden, ursprünglich war es also ein *Herrgottskäfer*. Aber als das Wort stark verschliffen und die ursprüngliche Benennung vergessen wurde, war es leicht, die Benennung volksetymologisch neu zu motivieren. Der Marienkäfer heißt nämlich auch *Frauenkäferl*, und man setzte die sieben Punkte gewisser Arten mit den sieben Schmerzen Marias in Beziehung. Bei Marias Schmerzen kann leicht ein Seufzer aufkommen – *achetzen* heißt im Dialekt 'seufzen, stöhnen, immer wieder *ach* sagen'. Ein weiterer Grund, dass dem Mundartsprecher beim Marienkäfer gleich das Wort für Stöhnen einfallen könnte, liefert ein bekanntes Volkslied, in Bayern oft vom Maikäfer auf den Marienkäfer umgemünzt. In einer Version aus der Oberpfalz aus den Sammlungen des „Bayerischen Wörterbuchs" werden die Katastrophen der ersten Strophe folgendermaßen aufgezählt: *da Vata is in Krejch, de Mouda is in Kummaland, Kummaland stejt ganz in Brand*. Auch da hätte man allen Grund zum *Achetzen*.

Aufgeschnappt

Für diesen Mitarbeiter wäre der Dialekt also eine Art Zusatzqualifikation?
Das sind Dialekte immer. Nach dem ersten Pisa-Test haben die süddeutschen Bundesländer ihre guten Ergebnisse auch darauf zurückgeführt, dass dort mehr Kinder Dialekt sprechen. Sie gehen deshalb bewusster mit Sprache um und können Umgangs- und Standardsprache besser trennen. Wer einen Dialekt und außerdem Hochdeutsch spricht, dem fällt es in der Regel auch leichter, eine Fremdsprache zu lernen.

Abb. 3: Der Leipziger Germanist Beat Siebenhaar in einem Interview mit der Süddeutschen Zeitung vom 30. 10./1. 11. 2014.

Der Ländername Bayern im neuen Bayerischen Wörterbuch

Band 1 des neuen „Bayerischen Wörterbuchs" enthält Wortartikel für *Bayer* (Sp. 1531 f.) und *Bayern* (Sp. 1535). Über die Herkunft der Namen wird ausgeführt, dass sie germanischer Herkunft sind. Der Ländername ist aus dem Dativ Plural des Völkernamens entstanden: das Land *bei den Bayern* erhielt selber den Namen *Bayern*. In der Mundart ist der Name des Lands sächlichen Geschlechts, wie die im Artikel des neuen „Bayerischen Wörterbuch" zitierte Stelle aus einem Gedicht Franz von Kobells aus der zweiten Hälfte des 19. Jahrhunderts zeigt: *Daß'd wieder in's Boarn kimmst.*

Etym.: Ahd. *beiara* Pl., mhd. *beier* stm., aus germ. **baia-warjōz*, wohl 'Männer aus dem Lande *Baia*', d. h. vermutlich Heimat der kelt. *Boii* (Reindel in: Handb. der bayer. Gesch., Bd. I, [2]München 1981, 101-116, v. a. 104-113); vgl. auch Reiffenstein in: Beitr. zur Erforschung der dt. Spr. 6 (1986) 96-107.

Abb. 4: Abschnitt „Etymologie" im Wortartikel Bayer *(BWB I, 1532).*

Im 6. Jahrhundert hören wir zum ersten Mal von den *Bayern*. Venantius Fortunatus, nach 600 Bischof von Poitiers, schreibt um 565 in seiner *Vita Sancti Martini* von einer Reise, die er in seiner Jugend um 540 herum gemacht hat. Er fuhr von Italien zum Grab des Heiligen Martin nach Frankreich und berichtet über die Rückreise, dass man in Augsburg die Gebeine der Heiligen Afra besuchen und dann den Weg auch in die Alpen fortsetzen kann, „neque te Baoivarius obstat" – wenn dir nicht der *Baiovarius* im Wege steht. Und in der Gotengeschichte des Jordanes, verfasst anno 551, aber berichtend, was in einer verlorenen Quelle aus dem Jahre 520 über einen Krieg in der Zeit um 469/470 stand, liest man von den Nachbarstämmen der Schwaben: „ab oriente báioras habet ab occidente fráncos" – im Osten *baioras* und im Westen *francos*. In der Vita des heiligen Columbanus (verstorben anno 615) schließlich: „ad boias, qui nunc Baioarii vocantur", die *boias*, jetzt *Baioarii* geheißen.

Über diese spärlichen Berichte hinaus haben wir keine Quellen aus dem 6. Jahrhundert. Die herkömmliche Namensdeutung führt den Stammesnamen auf germ. **baia-wari-* zurück, das wäre 'Männer aus *Boio*'. Auf was sich *Boio* genau bezieht, ist unklar; es könnte ein Name für Pannonien sein oder wahrscheinlicher für Böhmen. Die *Boier* waren ein keltisches Volk aus Belgien, die zeitweilig in Böhmen ansässig waren. Der römische Historiker Tacitus schreibt, sie seien von den germanischen Markomannen vertrieben worden. Der Name ist aber offensichtlich geblieben, denn das Land selber heißt germanisch *Boio-hemia* (> *Böhmen*, dazu siehe BWB II, 1596 f.), die „Heimat der Boier". Es gibt eine Reihe von entsprechenden Bildungen als Völkernamen, am bekanntesten die *Ripuarii*, die an der *Ripa* (lateinisch für 'Ufer'), also am Rheinufer wohnten, und sogar (aus dem 5. Jahrhundert) *Raetobarii* 'Männer aus Rätien'. **warius* könnte letztlich zu einer Wurzel mit der Bedeutung 'Mann' gestellt werden. Andere meinen, da stecke eine Wurzel **warion* 'wehren' drin, welche auf die Kämpfer, die Wehrmänner aus Böhmen, verweise.

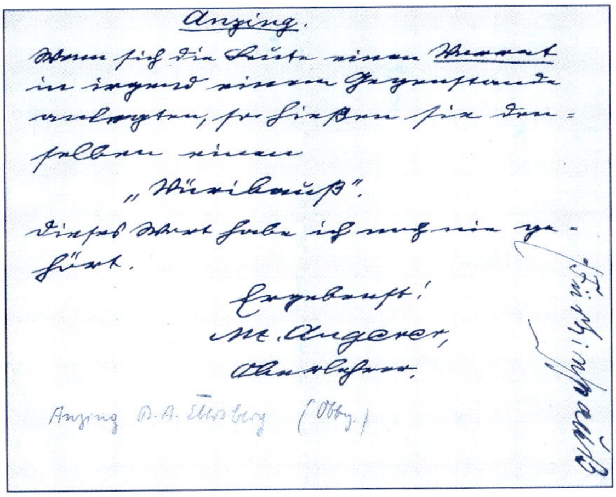

Abb. 5: Vüribauß 'Vorrat', Angaben aus Anzing, Lkr. Ebersberg.

Es gibt eine Vielfalt von weniger plausiblen alternativen Erklärungen. Über die neuesten berichtet W.-A. von Reitzenstein im Beitrag „Neue Etymologien des Baiern-Namens“ in der Zeitschrift „Blätter für oberdeutsche Namenforschung“ 42/43 (2005/2006), 5-17.

Die Oberpfalz und das neue „Bayerische Wörterbuch“

Josef Denz

Da im „Bayerischen Wörterbuch“ Wörter mit *P-* unter solchen mit *B-* mitbehandelt werden, ist nicht nur der Ländername *Bayern*, sondern auch der Wortartikel *Pfalz* bereits publiziert. Und da sich Zusammensetzungen dem Grundwort anschließen, folgen auf den Wortartikel *Pfalz* (II, 459 f.) verschiedene Zusammensetzungen wie [*Erd-äpfel*]*pfalz*, [*Geiß*]*pfalz*, [*Jung*]*pfalz*, [*Kur*]*pfalz*, [*Stein*]*pfalz*. Schon Schmeller (Bayerisches Wörterbuch Bd. I, 426 ff.) ging in seinem Artikel *Die Pfalz* ausführlich auf die Oberpfalz und den Oberpfälzer ein. Noch heute ist *Pfalz* als Mundartausdruck für die Oberpfalz überall bestens bekannt, sicher nicht zuletzt deshalb, weil der Oberpfälzer Dialekt mit seinen „gestürzten Diphthongen“ innerhalb des Bairischen besonders auffällt.

„Der Altbayer versteht unter *Pfalz* zunächst die obere Pfalz“, dazu ist mit „*Pfälzer, Pfälzler* … zunächst der Ober-Pfälzer“ gemeint, stellt Schmeller lapidar fest. Und dies war lange vor ihm so. Als in der Zeit vor Weihnachten und Neujahr Türmer mit Trompeten von Ort zu Ort zogen, um gegen ein Entgelt zu spielen, vermerkt der Glashüttengut-Besitzer Franz Poschinger in seinen Aufzeichnungen (hg. von H. Wagner, Sauerlach 1985, hier 107): „den 29. Nov. [1696] seindt von Winckhling aus der Pfalz zween Turner mit trumpethen alhie gewest, hab ihnen also nach etlichen stickhlen zu plasen geben 10 kr.“. Und was den Oberpfälzer betrifft, dem die Artikel *Pfälzer, Pfälzler, Pfalzner* (II, 461 ff.) gewidmet sind, so schreibt Fortunat Hueber in seinem Mirakelbuch des Wallfahrtsortes Neukirchen bei Heilig Blut (Zeitiger Granat=apfel, München 1671, 81), dass Maria außerhalb des kurbayerischen Teils der Oberpfalz „von denn vilen andächtigen Pfältzlern werde verehrt vnd haimbgesucht“.

pfälzeln, -a-
Vb. **1** Oberpfälzer Dialekt reden, °NB vielf., °OB, °OP mehrf., °Restgeb. vereinz.: °*der pfälzlat anschtändi* Peiting SOG; °*der pfoizlt gscheit* Söldenau VOF; *pfälzln touts scho, ez kema hoam* „sagten die Erntearbeiter beim Zurückwandern aus Niederbayen“ Fronau ROD; *Die Khammauəʳ pfálzln* „sie reden teilweise oberpfälzisch“ Dinzling CHA BM I,61; „man *pfaitslt*“ VHO 87 (1937) 157.

2 pfälzisch reden, °OB vereinz.: °*pfälzeln* „die Sprechweise der Großkarolinenfelder aus der Rheinpfalz“ Tuntenhsn AIB.

Ltg: *bvåltſln* u.ä. (WM; BOG, KEH, VIT; KEM, RID, TIR), im Vokalisierungsgeb. des *-l-* auch *bvǫi-* u.ä. (FFB, MÜ, SOG, STA; PA, VIT, VOF), mit Uml. *bvęltſln* u.ä., auch *bvęi-* u.ä., *-lαn* (SOB, RO), vereinz. *bvą-* (BOG, MAL; CHA, ROD, WÜM).

Suddt.Wb. II,275.– W-20/24.

Abb. 6: Artikel pfälzeln *(BWB II,460f.).*

Als Besonderheit teilte uns ein Gewährsmann aus Fürnried (Altlkr. Sulzbach-Rosenberg) mit, dass mit *Pfalz* und *Pfälzer* nur „die 1628 an Bayern zurückgekommenen Teile der oberen (kurfürstlichen) Pfalz“ und deren Bewohner bezeichnet werden. Dazu ein Sammler aus Neualbenreuth (Lkr. Tirschenreuth), auf ältere Siedlungsverhältnisse eingehend: *üwan Wald drüwan han d Pfalzner in Woundara und Margn* [Wondreb und Mehring], *herüwan oba* [im Fraischgebiet] *han mia d Egalanda bis 1846*. In Cham sind die *Pfaalzler* „die Leute nördlich der Grafschaft Cham“, und so schreibt Johann Brunner (Heimatbuch des Bezirksamtes Cham, München 1922, 143) in einer Erzählung über eine Fahrt aufs Oktoberfest: *Z Schwandorf bi i in àn Wogn ei(n) kema, wou lauddà Pfalzlâ drin gwen hân.* Andererseits wird aus Staubing, Altlkr. Kelheim in Niederbayern, als Ortsneckerei für die Bewohner von Nachbarorten gemeldet: *Pfalza* „Bewohner von Arnhofen und Hienheim wegen ihrer Sprache“.

Unter den Komposita sind die Übernamen *Erdäpfelpfalz, Steinpfalz, Steinpfälzer* zu finden, nicht nur scherzhaft abwertend verwendet: *'Stoapfälzer' sagns, die dumma Leut!* (Die Oberpfalz 3 (1909) 154), sondern 50 Jahre später sogar mit einem gewissen Stolz: *d'Stoapfolz, des is mei Hoamat,* so ein Sammler aus Amberg, und *mir san Stoapfalzer,* so ein Sammler aus Matzersreuth, Lkr. Tirschenreuth. Aus dem 19. Jahrhundert ist weiterhin in der Landes- und Volkskunde des Königreichs Bayern „Bavaria“ (4 Bde, München 1860–67, Bd. II, 169) belegt: *am Jura, um Hemau und im Velburger Distrikt, der sog. Geispfalz.*

Für „Oberpfälzer Dialekt sprechen“ finden sich die Stichwörter *pfälzeln, pfälzen, pfälzern* (II, 460–462). Als Sammlerbelege, die teilweise für sich sprechen, sind u. a. zitiert: *pfälzln touts scho, ez kema hoam* „sagten die Erntearbeiter beim Zurückwandern aus Niederbayern“ Fronau, Altlkr. Roding; *der pfoizlt was z'samm* Hohenpeißenberg, Altlkr. Schongau; *der pfoizlt gscheit* Söldenau, Altlkr. Vilshofen. Für sich spricht der Kurzartikel *Pfälzlerei,* in dem man liest: *heid kann 's wieda a Pfeizlarei göm* „da gibt es wieder Streit“ Frauenau, Altlkr. Regen. Der Vollständigkeit halber seien auch noch die Adjektive *Pfälzer* und *pfälzerisch* für „oberpfälzisch“ genannt, wozu Otto Schemm, Mundartschriftsteller aus dem Sechsämterland, folgenden Beleg liefert: *Vier: eins! Gecha döi Pfaalzer Köihbaierla!* (Dees und Sell, Hof 1987, 117).

(Leicht abgeänderte und gekürzte Fassung eines Beitrages aus „Die Oberpfalz“, Jahrgang 92)

Essen und Trinken im bairischen Dialekt

Was der Bayer isst, verrät viel über die Geschichte seiner Heimat. Man erkennt zum Beispiel, wie die alten Römer den barbarischen germanischen Horden die kulinarische Grundausstattung eines Kulturvolks mitgaben. Lateinischen Ursprungs sind in der bayerischen Küche die Bezeichnungen für *Semmel* und *Brezen*, *Butter* und *Käse*, *Birnen*, *Kirschen*, *Pfirsiche*, *Pflaumen* und *Zwetschgen*, *Pfeffer*, *Radi*, *Kohl*, ferner für Getränke wie *Wein* und *Most*. Einige Kollegen sind sogar der Meinung, dass auch *Bier* als höherwertiges Kulturgetränk ein Lehnwort aus dem Lateinischen sein muss; mittellateinisch *biber* bedeutet letztlich nichts anderes als „wås z'tringga“.

Ein weiteres Lehnwort aus dem Latein ist *der Butter*, sogar mit dem maskulinen Genus der ursprünglichen Gebersprache Griechisch. Früher hat man statt *Butter* vielerorts *Schmalz* gesagt, in Oberbayern auch *Anken* (BWB I, 433). Dieses alte germanische Wort ist in der Schweiz im Dialekt noch sehr lebendig. In Bayern dagegen ist es von *Butter* fast völlig verdrängt worden.

Es waren natürlich nicht nur die alten Römer, die die bayerische Speisekarte bereicherten. Aus der slawischen Nachbarschaft haben die Bayern schon im 13. Jahrhundert den *Kren* entlehnt. Später kam aus dem Tschechischen *Powidl* dazu. Von den Franzosen haben wir unter anderem das *Boeuf à la mode* (*Bifflamott)*, nach den Amerikanern benannt sind die *Amerikaner*. Von den Italienern stammen *Antifi*, *Brockeln* (Rosenkohl), *Karfiol*, *Maroni* und der *Salat.*

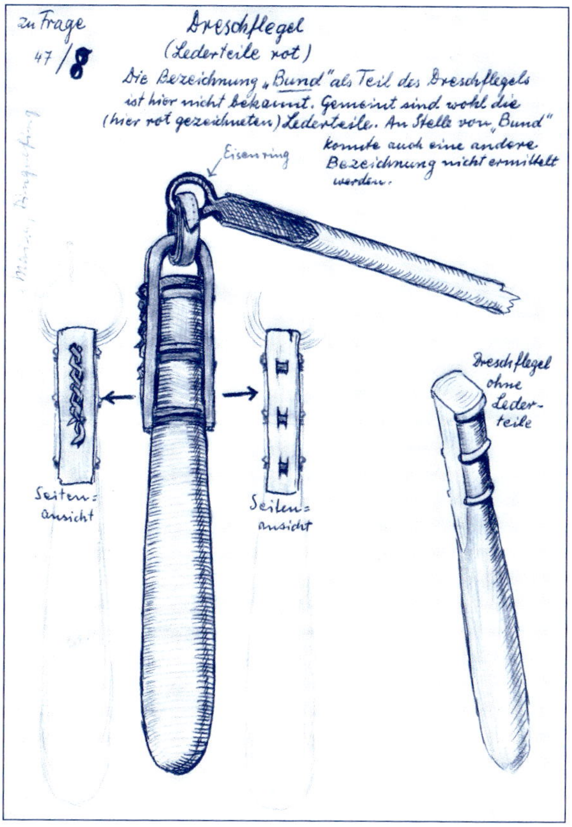

Abb. 7: Angaben eines Sammlers aus Dingolfing zum Thema Dreschflegel.

Im neuen „Bayerischen Wörterbuch“ sind bereits einige Namen von Mahlzeiten, Speisen, Getränken und Behältnissen enthalten, hier eine Auswahl:.

Mahlzeiten: [*Halber*]*abend* (Nachmittagsbrotzeit), *Bankett*, *Pflumpf* (Hochzeitsmahl), [*Dengel*]*boß* (Erntemahl), [*Drei*(*er*)]-, [*Enker*]-, [*Neune*]*brot*, *broteln* (Brotzeit machen).

Speisen: [*Horn*]*affe*, *Amerikaner*, *Ananas* (auch Erdbeere), *Anguilotti*, *Anis*, *Anken* (Butter), *Apfel*, z.B. [*Brat*]-, [*Dunst*]*apfel*, [*Erd*]*apfel*, [*Ochsen*]*auge*, *Bachen* (Speckseite), *Pafese*, *Palatschinken*, [*Schnee*]-*ballen* (Schmalzgebäck; Knödel), *Pampf* (Brei), *Panadl*, *Banane* (*bayerische B.* Weißwurst), *Bani* (Pferdefleisch), *Papp* (Brei), *Barras* (Kommissbrot), *Pastete*, *Bauge*, *Baunze*, *Baunzer*(*er*), allerhand *Beeren*, [*Kuh*]*peter* (Speise mit Biestmilch), *Petersil*, [*Los*]*bett* (Hefenudel als Erntespeise), *Pfännling* (Mehlspeise), *Pfeffer*, *Pfiffer*, *Pfifferling*, *Pfirsich*, *Pflaume*, *Biest* (Speise mit Biestmilch), *Pilz*, *Birne*, *Biskotte*, *Platz*, [*Apfel*]-, [*Butter*]-, [*Eier*]*platz* (Kuchen, Fladen), *Blunze*, [*Gänse*]*blut*, *Boeuf à la mode*, *Bohne*, *Polenta*, *Bolz* (Mehlspeise), *Powidl* (Zwetschgenmus), *Brät*, *Braten*, *Brei*, [*Ein*]*brenn*, *Brenzel* (gebräunter Teil von Gebackenem), *Breze*, *Brod* (Suppe), [*Topfen*]- und [*Semmel*]*brösel*, *Brot* …

Getränke: *After* (Branntwein), *Papst* und *Bischof*, *Bier*, *Bock* (Bockbier), *Brühe*.
Mengen: *Bäch*, *Bachet*, *Bächt*, *Back*, *Becke* (auf einmal Gebackenes).
Behältnisse: *Aser* (Provianttasche), *Panzen*, allerhand *Pfannen*, *Bottich*, *Bouteille*.
Zustände: [*fütter*]*antig* (futterneidig), [*ur*]*äs* (satt), [*klieb*]*äßig* (heikel), *bitzlig* (heikel).
Tätigkeiten: *ätzen*, *backen*, *bähen*, *pampfen* (mit vollen Backen essen), *beißen*, *beizen*, *braten*, *prellen* (kurz anbraten), *brutzeln*.
Ferner: *Bäcker*, *Bäckerei*, *Beck*, [*Bier*]*panscher*, *Bauch*, *Pfister*.

Manche Wörter sind regional stark eingeschränkt – *Gänseblut* (BWB II, 1453) scheint vor allem eine Oberpfälzer Spezialität zu sein, *Baugen* (BWB I, 1408f.) gibt es vor allem in Niederbayern. Manchmal gehen die Bedeutungen eines einzigen Wortes auch ziemlich auseinander, was überhaupt typisch ist für den deutschen Sprachraum. Mancher bundesdeutsche Gast wundert sich, wenn ihm in Österreich *Ananas mit Schlag* angeboten werden (Erdbeeren mit Schlagrahm), mancher Bayer hat gestaunt, was er in Berlin bekommt, wenn *Pfannkuchen* angekündigt sind (nämlich Krapfen). Dieselbe Erscheinung gibt es innerhalb der Dialekte Altbayerns: *Schneeballn* (BWB I, 969) etwa sagt man in Oberbayern eher für eine Krapfenart, in Niederbayern für eine geflochtene Schmalznudel, in der Oberpfalz sind *Schnäiballn* Knödel.

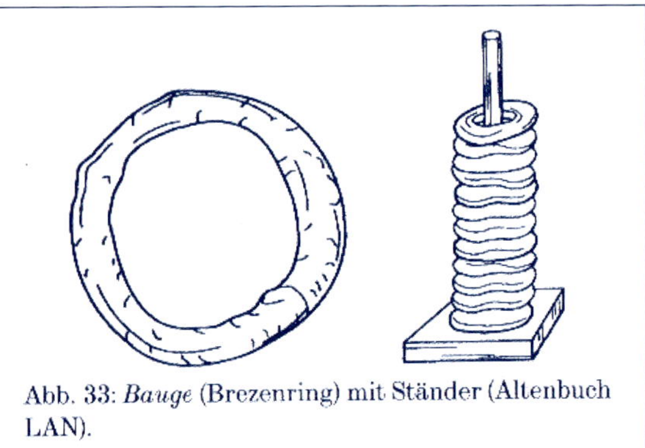

Abb. 8: Bauge *'Brezenring' nach BWB I,1409.*

Unter den kulinarischen Besonderheiten, die das „Bayerische Wörterbuch" behandelt, sind etwa *Baugen*. Die häufigste Bedeutung ist 'Brezenring'. Unter dem Stichwort „Volkskunde" werden im Artikel des „Bayerischen Wörterbuchs" Aussagen über die Termine zitiert, an denen es *Baugen* gab. Weitere Bedeutungen sind 'Nusshörnchen' und 'Brotwecken'. Am Ende des Wortartikels vor den Komposita stehen Angaben über die Wortherkunft. Man lernt hier, dass die *Bauge* letztlich von der gleichen Wortwurzel abgeleitet ist wie *biegen*. Ganz am Schluss des Wortartikels stehen Hinweise auf andere wichtige Dialektwörterbücher, die das Wort behandeln – hier erfährt man zum Beispiel, in welcher Spalte Johann Andreas Schmeller in seinem „Bayerischen Wörterbuch" aus dem 19. Jahrhundert das Wort behandelt.

Das Wort *Pafese* ist ebenfalls bereits im „Bayerischen Wörterbuch" enthalten (I, 885), da die Wörter mit *P*- unter denen mit *B*- angeführt werden. Ein Sammler aus Stefling im Altlandkreis Roding erklärt dort, was für ihn eine *Pavesn* ausmacht: „zwischen zwei in Milch und Ei getauchte Semmelschnitten kommt z.B. Zwetschgenmus, das Ganze wird in schwimmendem Schmalz herausgebacken". Neben Zwetschgen war auch Kalbshirn eine beliebte Füllung, wie auch Michael Kollmer in seinem Wörterbuch der Bayerwaldmundarten ausführt. Einleuchtend daher die zitierte Erklärung Schmellers in seinem „Bayerischen Wörterbuch" für die Redensart *Pafesen im Kopf haben* 'klug sein': *Pafesen im Kopf haben* heißt eigentlich im Kopf haben „das, womit die Pavesen gefüllt werden, nemlich: Gehirn, und folglich, Verstand". Über die Wortherkunft ist dem Abschnitt „Etymologie" zu entnehmen, dass es sich um eine Entlehnung aus dem Italienischen handelt, wo die Wortbedeutung 'Schild' ist; Bedeutung 2 des „Bayerischen Wörterbuchs" belegt, dass diese auch in Bayern die ältere und ursprüngliche Wortbedeutung war.

Die Wörterbuchphilologie ist oft eine trockene Wissenschaft. Der Wortartikel *Wein* des neuen „Bayerischen Wörterbuchs" steht noch aus, obwohl in GOGGOLORI Nr. 14 und 16 ausführlich über *Wein* und *Wasser* berichtet worden ist. Schmellers „Bayerisches Wörterbuch" enthält dazu einen umfangreichen Wortartikel (II, 924–928). Hier schreibt er: „Heutzutage zwar kommt über hunderttausende gemeiner altbayrischer Lippen Jahr aus und ein kein andrer, als etwa der *Johannis-Wein* … Aber ehmals war es anders." (Der Johanniswein wird am Johannistag, dem 27. Dezember, in der Kirche geweiht.) Es folgt eine ausführliche Darlegung der Aussage historischer Quellen zum Weinbau in Altbayern. Enthalten ist im neuen „Bayerischen Wörterbuch" bereits der Wortartikel *Bier* (II, 763–768). Es gibt zwei Bedeutungsnuancen **1a** 'Bier' und **1b** 'eine bestimmte Menge Bieres'. Es gibt ferner eine Bedeutung **2**, nämlich scherzhaft 'Odel'. In Spalte 766 finden Sie eine kurze Erläuterung der sachlichen Voraussetzungen fürs Bierbrauen in der Zeit vor der Einführung künstlicher Kühlung; daraus erklären sich Wendungen wie „das alte Bier" für ein Fest, bei dem die Vorräte des Sommers weggetrunken wurden – eine ziemlich lustige Angelegenheit –, um Platz für den Wintersud zu machen. Man versteht auch, warum *Märzenbier* stärker ist als *Winterbier* – es musste sich im wärmeren Wetter länger halten. Was uns der Artikel außerdem zeigt, ist, dass ein Alltagswort wie *Bier* in der Mundart zur Quelle für viele sprachlichen Bilder, für Redensarten und Sprichwörter wird. Ein Mädchen „zum Bier führen" bedeutet, ihr erklärter Liebhaber zu sein. Da stehen Vergleiche wie: *ein Geriss haben wie das sauere Bier*, für unbeliebt sein, *der is bekannt wia s saure Bier*, wenn einer einen schlechten Ruf hat; und Redensarten und Sprüche wie *der kann's Bier im Maul nicht derleiden* (das heißt, er trinkt es sofort hinunter) oder *er lasst kein Bier sauer werden* (ebenso).

Dialekt in der Schule in Schleswig-Holstein

In Schleswig-Holstein wurde im Schuljahr 2014/2015 27 Grundschulen Unterricht im Fach Niederdeutsch zugesprochen. Es hatten insgesamt 44 Schulen einen Antrag auf zusätzliche Niederdeutschstunden gestellt. An weiteren 18 Schulstandorten wird auch die Minderheitensprache Friesisch unterrichtet.

Quelle: http://www.schleswig-holstein.de/Bildung/DE/Rund_um_Schule/Unterricht/Niederdeutsch/Niederdeutsch_node.html

Rätsel aus den Sammlungen des Bayerischen Wörterbuchs

Mancher Belegzettel des Wörterbuchs enthält mehr als nur das reine Wort. Hier eine Auswahl an Rätseln, die uns die Sammlerinnen und Sammler eingeschickt haben. Die Auflösungen kann man den Originalzetteln entnehmen.

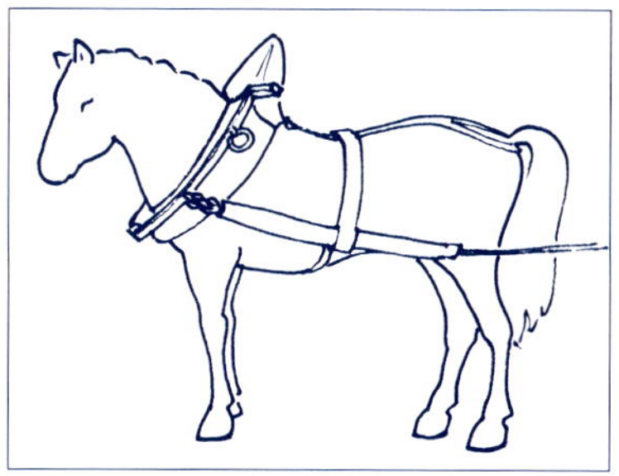

Abb. 9: Abbildung einer Bruach *(Riemenwerk des Zugtiergeschirrs) nach Angaben eines Sammlers aus dem Lkr. Traunstein.*

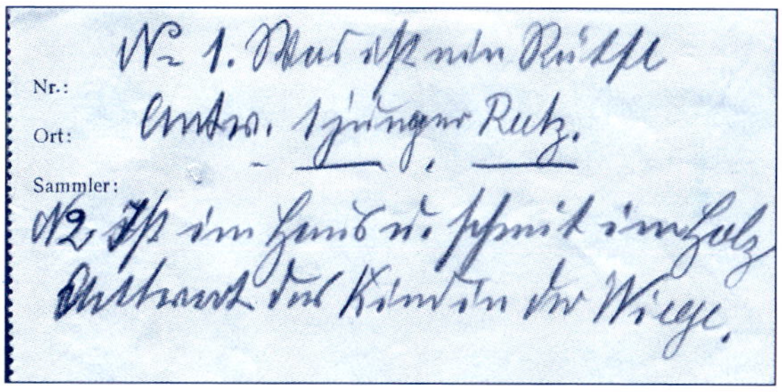

Nr.:
Ort:
Sammler:
Nr 1. Was ist ein Rätsl
Antw. Junger Ratz.
N2. Ist im Haus u. schreit im Holz
Antwort Das Kind in der Wiege.

Nr 1. Was ist ein Rätsl?
Nr 2. Ist im Haus u. schreit im Holz
(Niederbayern)

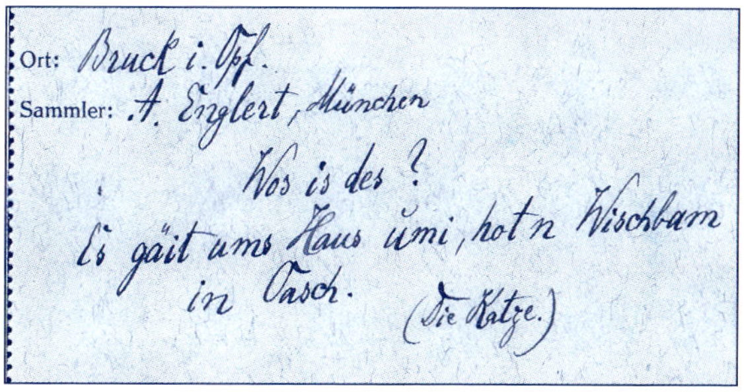

Ort: Bruck i. Opf.
Sammler: A. Englert, München
Wos is des?
Es gäit ums Haus umi, hot n Wischbam in Oasch.
(Die Katze.)

Es gäit ums Haus umi, hot n Wischbam in Oasch
(Bruck, Opf.)

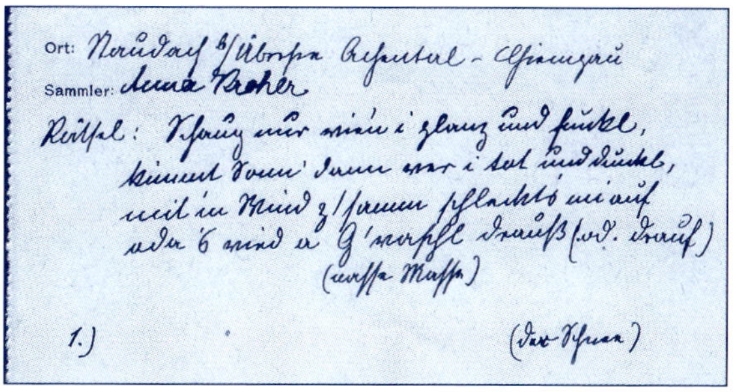

Ort:
Sammler:
Rätsel: Schaug nur wie'n i glanz und funkl, kimmt Sonn' dann wer i tot und dunkl, mit in Wind z'samm schlecks mi auf oda 's wird a G'waschl drauß (od. drauf)
1.)

Schaug nur wie'n i glanz und funkl kimmt Sonn' dann wer i tot und dunkl mit in Wind z'samm schlecks mi auf oda 's wird a G'waschl drauß
(Staudach i.Achental, Oberbayern)

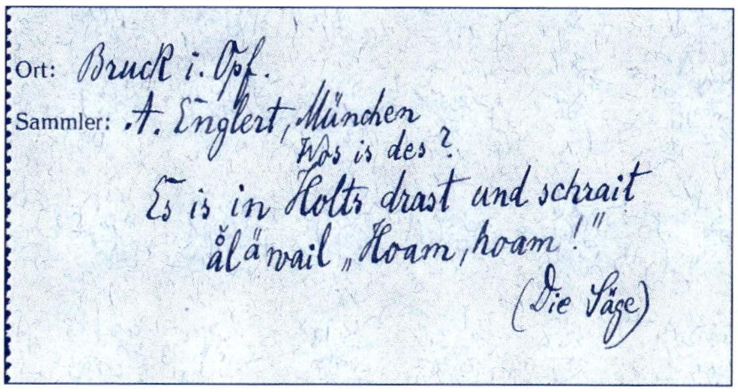

Ort: Bruck i. Opf.
Sammler: A. Englert, München
Wos is des?
Es is in Holts drast und schrait åläwail „Hoam, hoam!"
(Die Säge)

Es is in Holts drast und schrait åläwail „Hoam, hoam!"
(Bruck, Opf.)

Bayerisches Wörterbuch

Herausgegeben von der Kommission für Mundartforschung der Bayerischen Akademie der Wissenschaften.
Das Werk erscheint jährlich in 1 – 2 Heften. Je 8 oder 9 Hefte ergeben einen Band, zu dem später Einbanddecken geliefert werden. Geplant sind insgesamt 10 Bände.

Bisher erschienen:

Band I: A – Bazi
(enthält die Hefte 1–8)
2002. 812 Seiten mit 1.538 Spalten
ISBN 978-3-486-56629-1

Band II: Be – Boxhamer
(enthält die Hefte 9–17)
2012. 896 Seiten mit 1.772 Spalten
ISBN 978-3-486-70703-8

Band III: Prä – prüglicht
(enthält die Hefte 18–20)
2013–2015

Orts- und Quellenverzeichnis nach dem Stand des 1. 7. 1993
1995. 105 Seiten.
ISBN 978-3-486-56055-8

Einbanddecken:
Band I:
ISBN 978-3-486-56664-4
Band II:
ISBN 978-3-486-58143-0

Ja, ich bestelle

Bayerisches Wörterbuch

☐ Band I: A – Bazi
2002. 812 Seiten mit 1.538 Spalten, Leinen € 219,– ISBN 978-3-486-56629-1

☐ Band II: Be – Boxhamer
2012. 896 Seiten mit 1.772 Spalten, Leinen € 219,– ISBN 978-3-486-70703-8

☐ Band III: Heft 18 Prä – brechenhaftig
2013. XIV, 94 Seiten mit 188 Spalten, Broschur € 29,95 ISBN 978-3-486-74711-9

☐ Band III: Heft 19 brechenlich – [auf]bringen
2014. II, 94 Seiten mit 188 Spalten, Broschur € 24,95 ISBN 978-3-11-034831-6

☐ Band III: Heft 20 bringen – prüglicht
2015. II, 94 Seiten mit 188 Spalten, Broschur € 24,95 ISBN 978-3-11-039979-0

☐ Band III: Heft 21 prüglicht – Bund
2016. II, 94 Seiten mit 188 Spalten, Broschur € 24,95 ISBN 978-3-11-044829-0

☐ Johann Andreas Schmeller: Bayerisches Wörterbuch.
7. Neudruck der von G. Karl Frommann bearb. 2. Ausgabe München 1872-77.
Mit einer wissenschaftlichen Einleitung zur Ausgabe Leipzig 1939 von Otto Maußer und mit einem Vorwort von Otto Basler.
2008. 2 Bände, Leinen im Schuber, 1.703 Seiten, € 109,95 ISBN 978-3-486-58520-9

Name

Anschrift

Ort/Datum Unterschrift

[Dach]b. Behältnis für Regenwasser vom Dach, OB vereinz.: *Dachbrunnen* „für Nutz- und Trinkwasser" Valley MB; *Dachbrunnen* Mchn SCHMELLER I,359; *wie ein tachbronnen, mit Ziegl ... heraußgemauert* Weyarn MB 17.Jh. Cgm 3720,fol.12v.

SCHMELLER I,359, 481.– WBÖ III,1174.

[Dorf]b. Dorfbrunnen, Gesamtgeb. vereinz.: *Doafbrun* „gemeinsam benützt" Iggensbach DEG; *Dö zwe Doafbrünn hand nej aasbliem* KERSCHER Waldlerleben 143.

WBÖ III,1174.

†**[Tränk]b.** Brunnen zum Tränken des Viehs: *daß nyemandt bey den Kharn* [Schöpfbrunnen] *wasch, noch bey den Trenckhprunnen* Hauzenbg WEG 1480 HARTINGER Ordnungen III,56.

[Dreh]b. Ziehbrunnen, OP, OF vereinz.: *Drahbrunna* Bodenwöhr NEN; *Hofraith, mit einem Drehbrunnen* Allg. Anzeiger für das Königreich Bayern 11 (1843) 484.

WBÖ III,1174.

†**[Trink]b.** Trinkwasserbrunnen: *Es soll keiner beim Trinkbrunnen ... ein ... schäbiges Pferd trinken lassen* Hauzenbg WEG 1802 HARTINGER ebd. 63.

WBÖ III,1174.

[Eimer]b., [Emer]- wie →*[Dreh]b.*, OB, NB vereinz.: *Emmabrunn* U'höft EG; *Stadel und Wagenschupfe ... Backofen, Eimer-Brunnen* Königlich Bayer. Intelligenz-Bl. von Niederbayern 1849, 45.

WBÖ III,1174.

[El]b. tiefer Brunnen: °*Öibrunna* Gögging KEH.– Zu →*El* 'dass.'.

[Fisch]b. Brunnen, Teich für Fische: „bey den *Fischbrunnen* ... den fremden Fischern die Fische abkaufen" G. DÖLLINGER, Repertorium der Staats-Verwaltung des Königreichs Baiern, Bd 6, München 1817, 117; *Mein gut zu Egkentobl mit sambt den Sechs Vischprunnen* Passau 1497 MB XXXI,705.– In heutiger Mda. häufig als Örtlichkeitsname.

WBÖ III,1175.

[Fluß]b. 1 von einer Quelle gespeister Brunnen, °OB, °OP vereinz.: °*Flußbrunna* Utzenhfn NM.– **2** wie →*B.*1b: °*Flußbrunna* „einfache Kolbenpumpe" Batzhsn PAR.– **3** wie →*B.*2a: °*Flußbründl* „auftreibende Quelle" Rettenbach WS.

[Galg(en)]b., [Gal(t)]- wie →*[Dreh]b.*, °OB vereinz.: °*Gallbrunna* U'ammergau GAP; „Das Anwesen besteht ... in einem Bakofen ... in einem *Gallbrunnen*" M'rfels BOG Königlich Baier. Intelligenz-Bl. für den U'donau-Kreis 1825, 228; *Von den galtprunnen an den gassen. Swenn ein galprůnn zerprist* 1372 Stadtr.Mchn (DIRR) 513,21f.

SCHMELLER I,359, 902.– WBÖ III,1175.

[Gump]b. wie →*[Pump(en)]b.*1, °OB, °NB, MF, SCH vereinz.: °*Gumpbrunn* „mit Hebel zum Pumpen" Teisendf LF; *Gumpbrunna san heuer am Lechl alli verfall'n* Münchener Volks-Ztg 2 (1873) 42[,4]; *1 grien angestrichener Gumpbrunnen* Erding 1758 MITTERWIESER Weihnachtskrippen I 27.– Zu →*gumpen* 'pumpen'.

WBÖ III,1175 (Gunten-).

[Haus]b. Hausbrunnen: *da Hausbrun* Mittich GRI; „Der Bauer streut Brotbrösel in den *Hausbrunn*, daß er *nit ausbleibt*" SIEBZEHNRIEBL Grenzwaldheimat 267.

WBÖ III,1175.

[Heil]b. Heilquelle, OB, OP vereinz.: *a Heilbrunn* „meist mit Votivsäule oder Kapelle" Naabdemenrth NEW; *die zwey haylbrunnen zu Newkirchen* HUEBER Granat-apfel 169.– Häufig als Fln., ON u. Örtlichkeitsname.

DELLING I,257; SCHMELLER I,359.

[Hof]b. Brunnen in einem Hofraum, OB, NB vereinz.: *Hofbrunn* Staudach (Achental) TS; *daß im Johr 1800 da Urugroßvadda ... si im Hofbrunna drunt vasteckt hod* Dinkelshsn ND BÖCK Sagen Neuburg-Schrobenhsn 241.

WBÖ III,1175f.

[Hunds]b. wie →*[Pump(en)]b.*1: *Hundsbrunna* Schnaitsee TS.– Sachl.: Die Pumpe wurde wohl von einem im Kreis laufenden Hund betrieben; vgl. WBÖ III,1176.

WBÖ III,1176.

[Hunger]b. Hungerquelle: *a Hungerbrunna* Mchn; „In der quellenarmen Moränenzone finden sich ... die sogenannten *Hungerbrunnen*" HÖFLER Isar-Winkel 96.

SCHMELLER I,1132.– WBÖ III,1176.

[Keck]b., [Kelch]-, [-i-]-, [Koch]- ständig fließende Quelle, °OB, °NB, °OP vereinz.: °*da kimmt a Kejbrunn auffa* Taching LF; °*Kickbrunna* „Quelloch, in dem man versinken kann" Aidenbach VOF; *Da kracht's im Eis … Es hat an Schub* [Sprung] *dort und viel Kelchbrünn aa* STIELER Ged. 252; *kain pannigs wasser oder kochprunn nye ist gewesen in dem gericht* Prien RO 1498 BREIT Verbrechen u.Strafe 56; *Von dem haylsamen Keckbrunnen/ welcher … in dem Ackerfeld herfür quellet* HUEBER Granat-apfel 177.

SCHMELLER I,359, 1222.– WBÖ III,1176.

[Ketten]b. Ziehbrunnen mit Kette, °OP, °MF vereinz.: °*Kettenbrunna* „Ziehbrunnen" Schwandf; „die Errichtung … zweckmäßiger Brunnen, statt der alten *Zieh-* oder *Ketten-Brunnen*" Münchener Conversations-Bl. 3 (1831) 679; *Im Erdgeschoß ein Speisgewölb, ein Ketten- oder Schloßbrunnen* Pfreimd NAB 1661 Oberpfalz 61 (1973) 72.

WBÖ III,1176.

†**[Klepf]b.** best. Brunnen: *auf dem untern und obern Platz schöne Klepfbrünnen, und Wasseremmer* MEIDINGER Landshut u. Straubing 154f.– Zu ahd., mhd. *klepfen* 'knallen' (Et.Wb. Ahd.V,595f.).

[Lauf]b. Brunnen mit ständig fließendem Wasser, °OB, OP vereinz.: °*Lafbrunn* Steinhögl BGD; „Bauhof mit … einem … gemeinschaftlichen *Laufbrunnen*" Passau Neue Münchener Ztg (Morgenbl.) 62 (1861) Nr.34,144; „Wasserkessel … die sich … immer gefüllt bei *Spring-* und *Laufbrunnen* … befinden" Mchn 1600 M. v.FREYBERG, Pragmatische Gesch. der bayer. Gesetzgebung u. Staatsverwaltung, Bd 2, Leipzig 1836, 36.

WBÖ III,1176.

[Läut]b. wie →*[Pump(en)]b.*1, °NB mehrf., °OB, °OP vereinz.: °*Leitbrunn* „der Pumpschwengel wird wie bei einer Glocke auf- und abbewegt" Eitting MAL; „Der Brunngraber … hat … einen tiefen und guten *Läutbrunnen* gemacht" Landshuter Ztg 19 (1867) 956.

WBÖ III,1176.

[Leier]b. 1 dass., °OB mehrf., °OP, °MF vereinz.: *Leiabrunn* Chieming TS; „der *Pump-* oder *Leierbrunnen* … mit … seinem Pump-Einarm" HAGER-HEYN Dorf 62; „Die … Masse des … Trinkwassers, welches … aus artigen *Leyer-Brünnen* gepumpt … wird" Mchn J. v.OBERNBERG, Reisen durch das Königreich Baiern, Bd 4,3, München 1817, 452.– Auch mit horizontal zu bedienendem Pumpschwengel, °OB, °NB vereinz.: °*Leierbrunna* „wenn der Hebel waagrecht hin- und herbewegt wird" Eitting MAL.– **2** wie →*[Dreh]b.*, °OB, °NB, °OP, °MF vereinz.: °*Leiabruna isch a Ziachbruna an Brunaheisl din* Dachau; „Bei der Bevölkerung wurden diese Ziehbrunnen *Leierbrunnen* genannt" P. WERNER, Bäuerliche Kultur im Berchtesgadener Ld, Berchtesgaden 1984, 76; *Jenen Bauren/ dem sein Schwein in ein Leir-Brunnen gefallen und vertruncken* SELHAMER Tuba Rustica I,107.

SCHMELLER I,1500.– WBÖ III,1176.

[Ge-mein]b. gemeindlicher Brunnen, OB, NB vereinz.: *Gmoabrunn* Metten REG.

SCHMELLER I,1613.– WBÖ III,1177.

[Oster]b. 1 zu Ostern geschmückter Brunnen: *der Osterbrunnen* Tirschenrth FÄHNRICH Brauchtum Opf. 91.– **2** in der Osternacht geweihtes Wasser, OB, NB vereinz.: *Osdabrun* Straubing.– **3** heilkräftiges Wasser im Osterbrauch: *Oastabrunna* „in der Osternacht im Freien aufgestelltes Wasser, das vor Hautkrankheiten schützt, wenn man sich am Ostermorgen damit wäscht" Michelfd ESB; „Das vor Sonnenaufgang aus dem Flusse … geschöpfte 'stille' Wasser (*Osterbrunnen*) ist besonders heilkräftig" OB BzAnthr. 13 (1899) 89.

[Quell]b., [Kohl]- 1 †wie →*B.*1d: *Landgerichtshauß … 1 grössere Küche mit quellbrunn* Teisendf LF 1810 StA Mchn GL Mühldorf 403, fol.4[v].– **2** wie →*B.*2a, °OB, °OP vereinz.: *Kölbrunn* „Quelle mit frischem Trinkwasser" Michelsneukchn ROD; *ein gewaltige grosse Wasserquell/ oder Quell-brunnen erschaffen* MÜ J. WEINBERGER, Teisingerisches Erstes Marianisches Jubel-Jahr, Landshut 1727, 193.– **3** wie →*[Keck]b.*, °OP vereinz.: °*Kohlbrunna* „friert nicht zu" Sulzbach-Rosenbg.

WBÖ III,1177.

[Rohr]b., [Röhr(en)]-, [Röhrlein]- Röhrenbrunnen, OB, NB, OP vereinz.: *grad wia önan Reallbrun rinnt da Schwitz aba* Hengersbg DEG; „hinter die Hütte, wo ein kleiner *Röhrlbrunnen* stand" CHRIST Werke 378 (Mathias Bichler);

ain Padstuben sambt ainem Rörprunen beim Haus 1580 Chron.Kiefersfdn 106.
WBÖ III,1177.

†[**Salz**]**b.** Mineralquelle, -wasser: „*Brunhaus* von der Leitung des *Salzbrunnen*" Hammer TS Hazzi Aufschl. III,3,890; *Kynzen* [Künzing VOF] ... *sol auch ain salzprun gehabt haben* Aventin IV,701,13-16 (Chron.).

[**Sauer**]**b.** dass., OB, OP vereinz.: *Sauabruna* „enthält Mineralsäuren" Naabdemenrth NEW; „alle möglichen Limonaden, *Sauerbrunnen, Schorlemorle*" Christ Werke 163 (Erinnerungen); *Wann der Sauerbrunnen zu Lynceftis* [ON] ... *ein so starcke krafft führet* Hueber Granat-apfel 167.
WBÖ III,1177f.

[**Schäpfer**]**b.**, †[**Schäpfen**]- wie →[*Dreh*]*b.*, °OB vereinz.: *Schapfabrunna* Wettstetten IN; *18 ... Hausgärtchen, und 17 Schapfenbrünnen* Baumgartner Neustadt 66.

[**Schar**]**b.** wie →[*Dach*]*b.*: *Scharbrunn* „Zisterne" O'audf RO; *Scharbrun* „ein Wasserfang" Westenrieder Gloss. 496.– Zu →*Schar* 'Dachrinne'.
Schmeller I,359, II,445; Westenrieder Gloss. 496.

[**Schlag**]**b.** geschlagener Brunnen mit Saugrohr u. Pumpe, °OB vielf., °NB mehrf., °OP, °MF, °SCH vereinz.: °*auf de Woadn, wos a bißl nåß is, ko ma an Schlågbrunna schlagn* Halfing RO; °*Schlochbrunna* Gungolding EIH.
WBÖ III,1178.

[**Schöpf**]**b. 1** Schöpfbrunnen, °Gesamtgeb. vereinz.: *a Schöpfbrunn* „mit Eimer und Gewinde" Mengkfn DGF; *schepfprunna* „früher in vielen Dießner Häusern" Schweizer Dießner Wb. 176; *1 Cammer, daran negst 1 ... weitaußgemauerter, wasserreicher Zuech- oder Schöpf-Brunnen* Neuburg PA 1674 Bayer.Heimatschutz 9 (1911) 30.– **2** †übertr. wie →*B.*2bβ: *ist die glorwürdigiste Jungfraw selbst ein versigleter Schöpfbrunn deß Lebens* Hueber Granat-apfel 164.
WBÖ III,1178.

[**Schwengel**]**b.** wie →[*Pump(en)*]*b.*1: °*am Schwenglbrunn* „Wasserpumpe" Rgbg; „Zwischen der Baumreihe und dem Fahrweg befanden sich die *Schwengelbrunnen*" ObG 6 (1962) 115.

[**Spring**]**b.** Springbrunnen, OB, NB, OP, SCH vereinz.: *Schbringbruna* Derching FDB; *wenn er net springen würde, wär's ja kein Springbrunnen* Valentin Werke I,207; *Cascaten, sprüngprünen und Wasser Lauff im Herrschafftl: Hofveldt* 1759 Jahn Handwerkskunst 433.
WBÖ III,1178.

[**Spritz**]**b.** dass., OB vereinz.: *Schbritzbrunn* Staudach (Achental) TS; *mir in Giesing drauß sagen halt Spritzbrunnen* Valentin Werke III, 38.
WBÖ III,1178.

[**Stäng(e)lein**]**b. 1** Pumpbrunnen mit Gestänge, °OB, °NB vereinz.: °*Stanglbrunn* „in einem ausgehöhlten Baumstamm lief die Stange mit dem Kolben" Dingolfing.– **2**: *Stanglbrunna* „Pumpe mit Stange und Hebel" Tandern AIC.
WBÖ III,1178.

[**Stink(er)**]**b.**, [**-el**]- Schwefelquelle: *Schtinglbrūnn* Angrüner Abbach 81; „sogenannte *Stinkerbrunnen*" C.W. Gümbel, Geognostische Beschreibung des ostbayer. Grenzgebirges, Bd 2, Gotha 1868, 912.

[**Wasser**]**b.** wie →*B.*1a, OB, NB vereinz.: *Woussabrunn* Jägerwirt PA; *wasch i mi draußd am Wassabrunn* Berchtesgadener Heimatkalender 2014, 176; *hinterm hauß im gartten ein Wasserpründl* Frsg 1713 MHStA HL Freising 614, fol.43^{r}.
WBÖ III,1178.

[**Weih(en)**]**b. 1** Weihwasser, °OB, °NB, °OP, °SCH vielf., °MF mehrf.: *gib eam an Weichbrunn, an Grousvåddan!* „bespreng sein Grab" Ebersbg; *da Weichbrunn* „in Kesselchen am Türstock in jedem Zimmer" Passau; *wenn i amol gschtorm bi, an Waichbrunt brauch i koan* Bruck ROD; *Dreiadreiß'g Bleig'wichta hejfan an Teifi nix, wann'sd an Weihbrunn gnomma host* Bauer gut bayer. 42; *Bua, daß d' ma fei bleibst bis da Weichbrunn ausg'fetzt* [ausgeteilt] *is!* Schlicht Bayer.Ld 497; *swer giht* [sagt], *daz ... der wîhebrunne niht kraft enhaben, der ist gar ein ketzer* BertholdvR I,406,19f.; *dunck diß Band allzeit in Weichbrun ein/ und binds um den Krancken* Selhamer Tuba Rustica I, 99.– Phras.: †: *sy müssen alle tag zum weichprunnen gehn* [die Besprengung mit Weihwasser empfangen] 1600 MHStA KL Frauenchiemsee 98, fol.42[r].– *Si hat an Weichbrunn gsuffa* „hat schlechte Laune" Hainsbach MAL.– **2** Weihwasserkessel, -schale, OB, OP mehrf., NB, MF, SCH vereinz.: *Weihbrunn* „der kleine Kessel an der Wand" Neustadt KEH; *a Allerseelntafl … is ba der Tier int ba'n Weihbrunn ghängt* KÖZ BJV 1952,32; „Sie bestellt Begräbnis zu Obermünster *zwischen der pfeiler bey dem weichprunne*" 1358 Rgbg.Urkb. II, 129.– Auch Faß in der Kirche, aus dem man das Weihwasser holt, OB, OP vereinz.: *Weichbrunn* Burgkchn AÖ.

Delling II,201; Schmeller I,359, II,881.– WBÖ III, 1178f.

[**Wind**]**b.** Brunnen mit einer von einem Windrad angetriebenen Pumpe: *Windbrunn* Reisbach DGF; „die dortigen Berghöfe, überragt vom *Windbrunnen*" Lettl Brauch 117.

WBÖ III,1179f.

[**Ge-wölkach**]**b.**: °*Gwöikabrunn* „Platzregen" Deggendf.

[**Zieh**]**b. 1** wie →[*Dreh*]*b.*, OB, OP, SCH vielf., Restgeb. mehrf.: *Ziachbrunna* Königsdf WOR; *Zoigbrunn* O'schneiding SR; *Zejbruna* Maiersrth TIR; „Einen richtigen *Ziehbrunnen*, vierzig Meter tief" Lettl Brauch 117; *vor der Thür … ain Ziechprunn und ain Patstibel* 1662 Chron.Kiefersfdn 389.– **2** wie →[*Pump(en)*]*b.*1, OB, NB, MF vereinz.: *Ziehbrun* Passau.

WBÖ III,1180.

[**Zug**]**b. 1** wie →[*Dreh*]*b.*, OB, NB, OP, MF vereinz.: *Zuchbruna* Wdmünchen.– **2** wie →[*Pump(en)*]*b.*1, NB vereinz.: *Zugbrunn* Eppenschlag GRA.

WBÖ III,1180. E.F.

Brunner(er)

M.: *Der Brunnerer* „der Brunnengräber" Schmeller I,359.

Etym.: Mhd. *brunnære*, Abl. von →*Brunnen*; WBÖ III,1180.

Schmeller I,359.– WBÖ III,1180.

Komp.: [**Spiegel**]**b.** gehemmter, falscher Mensch, °OB vereinz.: °*daung wead a eh nix, dea Schbiaglbruna!* Dachau; *Spiaglbrunna* Göttler Dachauerisch 87. E.F.

Brünse, -en, -nz-, -nsch-, -ms-

F., M. **1** Kruste.– **1a** gebräunter Teil von Speisen, °sö.OB vielf., °OP vereinz.: °*miaßt's hoit de Brimbbs a de Grautbriah eiwoagga* Weildf LF; °*Brinzn* „Kruste" Dietkchn NM; *d'Brinnts vo de Dampfnuln, de mog er, da Bua* SZ 61 (2005) Nr.248,45; *giesse ein wenig Fleischbrühe in das Geschirr … damit dieselbige von dem zuruckgelassenen Prüntzen eine Farb … bekommt* Hagger Kochb. I,1,90.– **1b** Wundschorf, °OB, °OP vereinz.: *i håb größanö Brinzn wia oft a Bäuarin a dö Null macht* Innviertel; *Brinz* „Schorf" Heigenhauser Reiterwinkerisch 5.– **1c** harte Ackerkrume, °OB vereinz.: *Brinz* harte Erdkruste auf dem Feld Ainring LF.– **1d** Schmutzkruste, °OB vereinz.: °*ganze Brinzn hat die Kuah dran!* Garching AÖ.

2 Erregung.– **2a** Mannstollheit: *seiñ Muada is ā nā in da Brimps* Federholzner Wb.ndb.Mda. 41.– **2b** Zorn: °*der is in da Brims* „ist zornig und schimpft" Griesbach.

Etym.: Mhd. *brunse* stf., Abl. zur Wz. von →*brinnen*; WBÖ III,1181.

WBÖ III,1181f.

Abl.: *Brünsel*, *brünseln*, *brünsen*, *Brünset*, *brünsig*, *brünsleinen*, *brünslig*.

Komp.: [**Blut**]**b.** wie →*B.*1b: °*Bluatbrinzn* Marquartstein TS.

[**Kraut-brüh**]**b.** Dampfnudelkruste in Sauerkrautbrühe: *Krautbriabrims* Spr.Rupertiwinkel 54.

[**Dreck**]**b.** wie →*B.*1d, °OB vereinz.: °*du därfst dia aba an Hois waschn, du hast ganze Dreckbrinzn dro!* Kammer TS.

WBÖ III,1182.

[**Eis**]**b.**: °*Eisprinz* den Boden überziehende dünne Eisschicht O'neukchn MÜ.

WBÖ III,1182.

[**Koch**]**b.** gebräunter Teil von Koch: „Brennt der *khōx* an, so gibt es im Topf *khōxbrintsn*" Brünner Samerbg 90.

WBÖ III,1182.

[**Kraut**]**b.** wie →[*Kraut-brüh*]*b.*: °*Krautbrims* „besonders schöne Dampfnudelkrusten, die man in Sauerkrautbrühe tunkt" Teisendf LF.

[**Nasen**]**b.** eingetrockneter Nasenschleim, OB vereinz.: *Nosnprinzn* Chiemgau.

[**Nudel**]**b.** Kruste von Rohr- od. Dampfnudeln, °OB vereinz.: *Nulbrintschn* Berchtesgaden; *Nuulbrims* Spr.Rupertiwinkel 66.

WBÖ III,1182. E.F.

Brünsel, -nz-, -nst-, -ms-
M., F. **1** Kruste.– **1a** gebräunter Teil von Speisen, °OP mehrf., °MF vereinz.: °*hout däi Nol an guatn Brinsl!* Dietfurt RID; *Der Brimsel* „Angebranntes am Geschirr" SCHMELLER I,356; *print's'l* „bessere Kruste von einer Nudel" Enkering EIH WEBER Eichstätt 147.– **1b**: *Prinzl* Haut auf der gekochten Milch Otterzhfn RID.– **1c** Wundschorf, °OP vereinz.: °*d'Sau haut an Brinzl* „Wundkruste" Sulzkchn BEI.– **1d** Schmutzkruste, °OP, °MF vereinz.: °*Brienzl* „verschmutzte Hautstellen" Meckenhsn HIP.– **1e** Augenbutter, OP, MF vereinz.: *Prinstl* Eutenhfn RID.
2 †: *Der Brimsel* „Brandgeruch" SCHMELLER ebd.

SCHMELLER I,356.– WBÖ III,1181f.

Komp.: [**Augen**]**b.** wie →*B.*1e: °*Augnbrinsl* Sulzkchn BEI.

WBÖ III,1182.

[**Kessel**]**b.**: °*Kesslbrünsl* Bodenkruste beim Schmelzen schlechter Butter Inzell TS.

[**Rühr**]**b.** Rückstand beim Zerlassen der Butter, °OB, OP vereinz.: *Röühabrinzl* Kürmrth AM.

E.F.

brünseln, -nz-, -nst-, -nsch-, -ms(t)-, †-uns-, -ms-
Vb. **1** brenzlig riechen od. schmecken, °OB vielf., °OP, °SCH mehrf., °NB, °MF vereinz.: °*in da Kuchl da brinzlts* Schlehdf WM; °*dö Suppm brimslt* Fronau ROD; *brinschln* Derching FDB; *brimstalan* BRÜNNER Samerbg 90; *Vobrennt m'a olls, Daß 's brims'ln thaout* SCHUEGRAF Wäldler 37; *daz vil grozzer nebel wurden ser brunseln vnd stinchen* KONRADvM BdN 134,29f.; *Brumseln* „angebrandt schmäcken" PRASCH 16.
2 beim Kochen, Backen anbrennen: *brimsln* Wb.Krün 7.
3 ranzig schmecken: *s Fett brinzlt* Wirbenz KEM; *daß der Koffee nicht gut sey, wenn der Raum primselt* BUCHER Pferderennen [VII].
4 kribbeln, jucken, °NB mehrf., °OB, °OP, °MF, °SCH vereinz.: °*mi brimslt der ganz Leib* Polling WM; *brimseln, brimpseln* „brennen, stechen wie Krampf in den Gliedern" SCHMELLER I,356.
5 †: *Er brimselt* „geht mit Hochzeitgedanken um" ZAUPSER Nachl. 14.

Etym.: Mhd. *brünseln*, Abl. von →*Brünse*; WBÖ III, 1183.

DELLING I,97; PRASCH 16; SCHMELLER I,356, 363; WESTENRIEDER Gloss. 59; ZAUPSER Nachl. 14.– WBÖ III,1183.

Komp.: [**an**]**b.** auch refl., wie →*b.*2, °OB, °NB, °OP, °MF, °SCH vereinz.: °*Nudl san oabrinzlt* Taching LF; *die Köchin hat das Mueß ... anbrimseln lassen* DELLING I,17.

DELLING I,17.– WBÖ III,1183. E.F.

brünsen, -ms-
Vb. **1** brenzlig riechen od. schmecken, °NB vereinz.: °*di Mil brimst* Wiesenfdn BOG; *brimsn* „angebrannt schmecken von der Suppe" KOLLMER Laute 14.
2 beim Kochen, Backen anbrennen: *brimssn* KOLLMER II,73.
3 brünstig sein: *d Kuah brünst* Breitenhsn BOG.

Etym.: Mhd. *brunsen*, Abl. von →*Brünse*.

Komp.: [**an**]**b.** wie →*b.*2, °OB, °NB, °MF vereinz.: °*heit is ma d'Suppn obrimst* Metten DEG.

E.F.

Brünset, -ms-
(Genus?): *Brimsät* das Schwarzgebrannte an der Unterseite des Kuchens Elbach MB. E.F.

brünsig, -icht, -nz-, -nsch-, -ms-
Adj. **1** krustig.– **1a** krustig gebacken, °OB, °MF vereinz.: °*d'Null hand heut brinzat* Garching AÖ.– **1b** verkrustet, °OB, °MF vereinz.: °*deine Füaß san scho gånz brindschig* O'au BGD.
2 brünstig, in der Brunst befindlich, °OB, °NB vereinz.: °*brimsö* Fürstenstein PA.
3 von Menschen.– **3a** mannstoll, °NB vereinz.: °*brimsö* Ruhmannsdf VIT; *Des Rozdiandl is ā schaũ brimpse* FEDERHOLZNER Wb.ndb.Mda. 41.– **3b**: *brimsse* „lebhaft, feurig (von Personen)" KOLLMER II,73.– **3c**: °*brimsig* „zornig" Heilbrunn BOG.

WBÖ III,1183.

Komp.: [**rot**]**b.**: °*rotbrimsö* „gerötet vom Gesicht" Ruhmannsdf VIT. E.F.

brünsleinen, -nz-, -ms-
Vb., brenzlig riechen od. schmecken, °OP, °OF mehrf.: °*dia Milch brinzleinet ower wieder* Nagel WUN; *brinzlein* „nach Brand riechen" KONRAD nördl.Opf. 7.
WBÖ III,1183f. E.F.

brünslig, -lich(t), -nz-, -ms-, †bruns-
Adj. **1** brenzlig, nach Brand riechend, °OB, °NB, °SCH vereinz.: °*da schmeckts brinslat* Aich VIB.
2 krustig gebacken: °*brimslö* „Nudel mit Backkruste" Pöcking STA; *Nim raigersmalz … daz es prunslet werd* 15./16.Jh. ZDA 14 (1869) 175 (Tegernseer Angel- u. Fischb.).
3: *brimslig* „aufgeregt" Spr.Rupertiwinkel 15.
WBÖ III,1183f. E.F.

Brunst, -ü-
F. **1** †das Brennen, In-Flammen-Stehen: *Conpustio prunst* Tegernsee MB 10./11.Jh. StSG. II,283,52; *Daz fevr macht mit seiner prunst etleich weissiu dinch swartz* KONRADvM BdN 100,1.
2 Feuersbrunst, °OB, °NB, OP, SCH vereinz.: °*beim Moar wies brennt hot, dös war a Brunst!* Endlhsn WOR; *es kimmt a Brunst aus* SIEBZEHNRIEBL Grenzwaldheimat 285; *ä liechtn … ha gmaeint es wär halt Scha widerum ä Prunst* Stubenbg PAN um 1800 PH. LENGLACHNER, Geistliches Zeitten Buch, München 2012, 90; *sein insigel in der průnst in einer truhen verprůnnen* 1356 Rgbg.Urkb. II,88; *die 2. prunst zu Minchen ist geschehen A.D. 1418* 16.Jh. Dok. Mchn. Familiengesch. 196.– Phras.: °*der geiht aufs Brunstbettln* „nach einem Brand um Nachbarschaftshilfe bitten" Utzenhfn NM.– *Dea tragt d'Nåsn hoch als wia wen a a Brunst schmegat* Willing AIB, ähnlich OB, NB vereinz.
3 †Glut, Hitze: *prunst* Frsg um 800 American Journal of Philology 55 (1934) 230.
4 Feuerschein, Röte am Firmament, °OB, °NB, °OP vereinz.: °*heid nacht hama a grouße Brunst gseng* Cham.
5 Mal, Wunde, Krankheit.– **5a** Feuermal, °OB, °NB, °OP vereinz.: °*dea hot a Brunst im Gsicht* Kötzting.– **5b** †Brandwunde: *Si ist gůt zu der prunst, die von haizzem wazzer geschicht* KONRADvM BdN 440,9f.– **5c** †Gewebebrand: *vnd man sie auf schneidet, so sind sie inwendig gel von der průnst colera* ebd. 115,1f.– **5d** †Hitze, Fieber: *Dez paumes plůt … benimet hitz oder prunst, da mit ein mensch vberhitzet ist* ebd. 342,4-7.– **5e** †Mehltau: *die varb bedaůt prunst der materi* ebd. 113,25.
6 Brunst, °OB, NB, OP, MF vielf., SCH mehrf.: *da Hiasch is i da Brūnsd* Fürnrd SUL; *Brunsch* Dasing FDB; *Es muaß nöt all's im Juni fall'n, Für d'Brunst muaß aa was bleib'n!* F. DRUCKSEIS, Hast d' mi'?, München 1907, 18; *wenne div chatz den chatern sůcht in der průnst* KONRADvM BdN 177,16; *Wann die Wild-Sau 3. Jahr alt ist, da ist sie erst tüchtig zur Brunst* SCHREGER Speiß-Meister 81.
7 †Inbrunst, Leidenschaft.– **7a** Inbrunst, Hingabe: *sein gepet mit prunst allerlauteristen lieb* ANDREASvR 591,7.– **7b** Leidenschaft, Erregung: *Wer des trincht, der wirt enzvnt mit der prunst der vnkeuschen gir* KONRADvM BdN 520,13f.

Etym.: Ahd., mhd. *brunst* stf., Abl. zur Wz. von →*brinnen*; KLUGE-SEEBOLD 156.

Ltg: *brunsd*, *-ū-* u.ä., auch *-šd* OB (dazu GUN, LAU, WUG), *-š* (FDB), *-ds* (WÜM), *brumšd* (DAH), *brūsd* (DEG), *-šd* (STA; FÜ), *brinft* (KEH; CHA, KEM, NEW, TIR, VOH), *-ft* (TÖL).

SCHMELLER I,362.– WBÖ III,1184f.

Abl.: *brünstig*.

Komp.: [**Feuer(s)**]**b.** **1** wie →*B.*2, °OB, °NB, °OP, SCH vereinz.: *Feiersbrunsch* Derching FDB; *in hiesigen Herrschafft laider etliche erschrekhliche Feuersbrunsten entstanden* nach 1553 BREIT Verbrechen u.Strafe 91.– **2** wie →*B.*4: °*Feuersbrunst* „Feuerschein in der Ferne" Schleching TS.– **3** wie →*B.*5a, °OB, °NB vereinz.: °*an rechtn Haxn håds a zeame* [ziemliche] *Feiabrumschd* Dachau.
WBÖ III,1185.

[**Hirsch**]**b.** **1** Paarungszeit der Hirsche, OB, NB, °OP vereinz.: *Hiaschbrunst* Kohlbg NEW.– **2** †Pilz.– **2a** Stäubling (Lycoperdon): „Lycoperdon cervinum *Hirschbrunst*" A. HUBER, München im Jahre 1819, I. Tl, München 1820, 162.– **2b** Stinkmorchling (Phallus impudicus): „Den Gichtschwamm, welchen die Jäger *Hirschbrunst* nennen" J. LENTNER, Grundlinien der Naturgesch., München 1800, 61.
WBÖ III,1185. E.F.

brünstig, -u-
Adj. **1** †leicht brennend, entzündlich: *brünstiger Salpeter* Mchn 1591 SCHMELLER I,362.
2: °*brünstig* „schwül und heiß" Alletsrd NEN.

3 trocken, unfruchtbar, °OP vereinz.: *°brünstig* „unfruchtbare Stelle im Acker" Lindenlohe BUL.
4 †durch Waldbrand kahl: *diser prünstige poden … durch die … darauf geführten Saamen hie und da besäet* Bodenwöhr NEN 18.Jh. VHO 5 (1841) 308f.
5 brünstig, in der Brunst befindlich, Gesamtgeb. vereinz.: *a laiffögö Matz* [Hündin] *måucht zwanzg Mandl brinstö* Mittich GRI.
6: *°de is brimsti* „mannstoll" O'nrd CHA.
7 †leidenschaftlich, glühend: *innen ein brünstig herze haben* HADAMARvL 61,245.

Etym.: Mhd. *brünstec*, Abl. von →*Brunst*; WBÖ III, 1186.

SCHMELLER I,362.– WBÖ III,1186.

Komp.: [**hirn**]**b.** verrückt, närrisch: *Däa wos dös gmacht haout, mou doch hirnbrünste saa* SINGER Arzbg.Wb. 103.

†[**in(s)**]**b. 1** wie →*b.*1: *inbrünstige Kohlen* Mchn 1591 SCHMELLER I,362.– **2** inbrünstig: *inbrünstig* SCHMELLER ebd.; *moecht der glawb vnd lieb so vasst inprünstig sein* BERTHOLDvCH Theologey 37.

SCHMELLER I,362.– WBÖ III,1186. E.F.

Brunz

M. **1** Urin: *Brunz* Cham; *Brunz* WIDMANN Holledauer 119; *schütte dem ros warmmen brunz in einen schuech in den hals* BIHLER tierärztliche Rezepte Straubing 62.
2 Dim., Penis, °OB, °MF vereinz.: *°Brunzei* „bei Buben" Hzhsn LF.

SCHMELLER I,360.– WBÖ III,1188.

Komp.: [**Kühe**]**b.** Urin der Kuh: *mit Küahbrunzal woschn* östl.NB. E.F.

Brunze

F., Schimpfw. für Frau: *die blöde neig'schmeckte Brunzn* G. v.AMBESSER, Schaubudenzauber, Lich 2006, 69.

WBÖ III,1189. E.F.

Brünze, Kruste, →*Brünse.*

brunzeln, -ü-

Vb. **1** urinieren: „daß es … zu schreien anfing und … in die glänzende Kupferschale *brinzelt'*" CHRIST Werke 336 (Mathias Bichler).
2 nach Urin riechen, °OB, °NB, °OP, °MF vereinz.: *den sei Hosn brunzlt, dös is a Sau!* Hengersbg DEG; *di Ald houd heid widder brinzld* MAAS Nürnbg.Wb. 90.

SCHMELLER I,360.– WBÖ III,1189. E.F.

brunzen

Vb., urinieren, °OB, °NB, °MF mehrf., °OP, OF, SCH vereinz.: *°do ham olli Weiwa in Kill* [Rock] *brunzd!* „vor Lachen" Ebersbg; *den zwick ö a so auf, daß a Bluat brunzn kunt* östl. NB; *Du bist filláicht a bruntzada Kal, a bruntzada!* „wer … störend oft harnt" AMAN Schimpfwb. 41; *als vil er trank als vil prunzet er herwider* AVENTIN IV,967,27f. (Chron.); *Die ochsen brunzen bluet aus grosser erhizung* BIHLER tierärztliche Rezepte Straubing 19.– Phras.: *Der kimmt daher wia da Schtier an Schneea brunzt* „hat einen unsicheren Gang" Schlehdf WM HuV 15 (1937) 328.– *De brunzt scho duach t Håa* „ist geschlechtsreif" Ingolstadt.– Spruch: *Dees is à Kunsd, wem-mà schàissd und ned brunzzd* „Unmögliches behaupten, verlangen" KAPS Welt d.Bauern 120.– °„Scherz: *iwar uns is's Bett*, schnell gesprochen *i brunz i's Bett*" Windischeschenbach NEW.– Scherzh. Deutung der Türbeschriftung an Dreikönig (→*CMB*): *Caspar muaß brunzn* Hzkchn MB, ähnlich TÖL.

Etym.: Mhd. *brunzen*, Abl. von →*Brunnen*; KLUGE-SEEBOLD 156.

SCHMELLER I,360.– WBÖ III,1189f.

Komp.: [**an**]**b. 1** an, auf etwas urinieren, OB, NB, OP, SCH vereinz.: *wenn mei Olte ihra Gschicht hot, nocha is ollaweih da Soaghofa volla Blout ohprunzt* Eschlkam KÖZ; *o^n:brunzn* KILGERT Gloss.Ratisbonense 31f.– Phras.: *der is Obrunzn net werd* „der ist verachtenswert" Haag WS, ähnlich GRI.– *Den soin d Hunt a^nbruntzn* „von einem Nutzlosen" Mittich GRI.– **2** mit Gift bespritzen (v.a. von Ameisen), °OB, °NB, OP, °MF vereinz.: „kleines Geschwür an den Lippen kommt davon, *daß oan üba Nacht a Spinn åbrunzt håt*" Sulzbach; *Brennessel sollen s'beißen, die Ameisen sie anbrunzen!* R. BILLINGER, Lob des Landes, München 1933, 44.

WBÖ III,1190.

[**bett**]**b.** bettnässen, OB, NB, MF mehrf., OP vereinz.: *bettbrunsn* Solnhfn WUG; „Das lästige *Bettbrunzen* verübt er nur zuhause" K. VALEN-

TIN, Sämtliche Werke in acht Bden, Bd 6, München 1991, 87.
WBÖ III,1191.

[**der**]**b.** **1** als Urin ausscheiden: *der Krimsekt ... i hobn scho nimma dabrunzn kenna* G. POLT, H.CH. MÜLLER, fast wia im richtigen Leben, Zürich 1992, 193.– **2** mit Urin besudeln: *dabrunzn* Aicha PA; *dabrunzte Bettzejchan* „vom vielen Bettnässen nach Urin riechendes Bettzeug" JUDENMANN Opf.Wb. 24.

[**ver**]**b.** **1** wie →[*der*]*b*.2, OB, NB vereinz.: *vabrunzte Hosn* Mchn.– **2** übertr.– **2a** durch Regen verderben: *daß ins it* [nicht] *werd as Heu verbrunzt!* DINGLER bair.Herz 86.– **2b** Part.Prät., minderwertig: *Schon wieder der verbrunzte Mittelstand, der verbrunzte!* GRAF Dorfgesch. 232.
WBÖ III,1191. E.F.

Brunzer
M. **1** von Menschen.– **1a**: *Bruntza* „Mann, der störend oft uriniert" AMAN Schimpfwb. 41.– **1b** nicht ernst zu nehmende männliche Person, OB, °NB, °OP vereinz.: °*oida Brunza* Neufraunhfn VIB; *Dö kloana Brunzer nimm i z'letzt* GRAF Dorfgesch. 126.
2 Penis, °OB, °NB vereinz.: °*tua dei Brunzerl eini* Autenzell SOB; *I wirf di glei hin auf deine Scheissa, daß da dein Brunza an ganzi Stund lang zidat* STA 1861 OA 121 (1997) 147.
3 Siebener der Kartenfarbe Eichel beim Watten, °OB, °NB vereinz.: °*Brunzer* Landshut.
WBÖ III,1191f.

Komp.: [**Bett**]**b.** **1** von Menschen.– **1a** Bettnässer, OB, OF, MF vielf., NB mehrf., OP, SCH vereinz.: *Bettbrunza* Wollomoos AIC; *Bettbrunsa* Schnaittach LAU; *Bettbrunza* JUDENMANN Opf. Wb. 24.– Phras.: *sich schämen wie ein B.* MF mehrf., OB, NB, OP vereinz.: *dea schamd se wöi a Betbruntsa* Fürnrd SUL; „sagt er einmal was Dummes, dann *schamt er si wia-r-a Bettbrunzer*" STEMPLINGER Altbayern 49.– *schaugts mein' Löwen o ... dreinschaung wie a Bettbrunzer* [traurig] Mchn.Stadtanz. 16 (1960) Nr.30,5.– **1b** kleiner Bub: „Acht bin ich gewesen ... *O mei, noch a richtiger Bettbruntzer*" Oberpfalz 89 (2001) 124.– **1c** wie →*B*.1b, OB, NB, °OP, SCH vereinz.: *a söchana Böttbruntza!* Mittich GRI; *Bettbruntza* „nicht ernst genommener, dummer Kerl" AMAN Schimpfwb. 34.– **2** Pfln.– **2a** Löwenzahn (Taraxacum officinale): „Die Bezeichnung *Bettbrunzer* läßt die therapeutische Verwendung erahnen" STADLBAUER Heilpflanzen Opf. 102.– **2b** Buschwindröschen (Anemone nemorosa): *Bettbrunzer* Aying M DWA IV,4.– **2c** Sauerampfer (Rumex acetosa): *Böttbrunza* Ast LA.– **3** wie →*B*.3, °OB, °NB, °OP vereinz.: °*Bedbrunza* G'hesselohe M.
DELLING I,68.– WBÖ III,1192.

[**Heu**]**b.** **1** Platzregen bei der Heuernte, °OB, °NB, OP vereinz.: °*Haebrunza* Törring LF; „Die kleinen Gewitter, die häufig im Juni auftreten ... *Heubrunzer*" SCHILLING Paargauer Wb. 90.– **2** scherzh. Tag des hl. Medardus, 8. Juni, um den oft die Heuernte beginnt, °OB, NB vereinz.: „wenn's an Medardus, dem *Heubruntzer*, regnet, bringt man das Heu schlecht ein" U'menzing M; *Heubrunzer* HuV 6 (1928) 297.– Auch: „die Heiligen Mitte Juni zur Heuzeit heißen *Heubrunzer*" Truchtlaching TS.– **3** Herbstzeitlose (Colchium autumnale): *Heubrunzer* „weil sie im Heu immer feuchte Stellen erzeugt" Schellenbg BGD.
WBÖ III,1192.

[**Hosen**]**b.** **1** jmd, der in die Hose uriniert, OB, NB vereinz.: *Hosnbrunza* Aicha PA; *Hūsnbrunzer* „Scheltwort für Kinder, die das Wasser nicht halten können" BERTHOLD Fürther Wb. 101.– Phras.: *der schamt si wia a Hosnbrunza* Rgbg.– **2** wie →[*Bett*]*b*.1b, °OB vereinz.: °*Hosnbrunza* Ebersbg.– **3** wie →*B*.1b, °OB, NB, °OP vereinz.: *a söchana Hosnbruntza!* Mittich GRI; *Hōsnbruntza* AMAN Schimpfwb. 83.
WBÖ III,1192.

[**Kittel**]**b.** **1** jmd, der in den Kittel uriniert, °OB, NB vereinz.: °*Killbrunza* Ebersbg.– **2** wie →[*Bett*]*b*.1b: *Kidlbrunza* „kleines Kind" Hengersbg DEG.– **3**: *Kittlbrunzer* „Frauenheld" Passau.

[**Kutten**]**b.** **1** wie →[*Bett*]*b*.1b: *Geh, du ghörst doch no zu de Kuttnbruntza* BINDER Saggradi 116.– **2** abwertend Mönch, Priester, °OB, °NB, OP vereinz.: °*da Alise mecht koa Kuttnbrunza wern* Stephanskchn RO; *däi grouskobferdn Kuddnbrunzer luddrisch – wäi kaddolisch* FRIEDEL Grenzgedanken 21.
SCHMELLER I,1312.– WBÖ III,1192.

[**Schnee**]**b.** **1** (alter) Mann, Geck, °OB, NB, SCH vereinz.: *dear alt Schneabrunzer hot halt o no heirate müaße!* Hfhegnenbg FFB; *Alter Schnê-*

brunzer „alter Geck" SCHMELLER I,360.– **2** wie →*B.*1b: *Schnēbruntza* „dummer, nicht ernst genommener Bursche" AMAN Schimpfwb. 126.– **3** Feigling: *Schnäibrunzer* MAAS Nürnbg.Wb. 219.

SCHMELLER I,360, II,563.– WBÖ III,1192f.

[**Suppen**]**b.** Glaskugel mit Heiliggeisttaube über dem Eßtisch, °OB, °NB, °OP vereinz.: °*Suppmbrunza* Rottendf NAB; „*Suppenbrunzer*, weil der … Dampf sich an der kalten Glaskugel niederschlägt und wieder in die Suppe herabtropft" ANDREE-EYSN Volkskdl. 81.

WBÖ III,1193.

[**Weg**]**b.** Gerstenkorn am Auge: „mit dem *Wegbrunza* bestraft, die auf dem Weg zum … Gottesdienst … ihre Notdurft verrichteten" STADLBAUER Heilpflanzen Opf. 94. E.F.

-brunzerin

F., nur im Komp.: [**Heu**]**b.** scherzh. Tag der hl. Margarete, 20. Juli, od. der hl. Magdalena, 22. Juli, an dem die Heuernte in Gang ist, °OB, NB vereinz.: *Gredl is a Heibrunzerin, da kimmd a Weda* Murnau WM; „Da es Mitte Juli gerne regnet … heißt Margareta … *Heubrunzerin*" STEMPLINGER Altbayern 67. E.F.

Brunzet

N., Urin, °OB, NB vereinz.: *Brunzad* Aicha PA; *das Brunzat* OB BzAnthr. 8 (1889) 173.

SCHMELLER I,360.– WBÖ III,1188.

Komp.: [**Blut**]**b.**: *s Bluatprunzat hobn* „Harnblutung" Cham.

[**Sau**]**b.**: °*Saubrunzet* „krumme Ackerfurche" Metten DEG.

WBÖ III,1189. E.F.

brünzleinen

Vb., nach Urin riechen od. schmecken: „Von urinös schmeckendem Fleisch eines Ebers … *es tout brinzlein*" SINGER Arzbg.Wb. 44. E.F.

Brunzlet(s)

N., Urin, °OB, NB vereinz.: *s Brunzlet* Urin Hengersbg DEG.

WBÖ III,1193. E.F.

brunzlicht, brünslig, -ms-

Adj., nach Urin riechend od. schmeckend, °OB, NB vereinz.: °*es riacht brimsle* „im Pferdestall" Garmisch-Partenkchn; *wenns Fleisch a so an brunzlatn Gschmach kriegt* Hengersbg DEG; *bruntzlad* AMAN Schimpfwb. 41. E.F.

Brust

F. **1** Körperteil.– **1a** vordere Seite des Rumpfes, Gesamtgeb. vereinz.: *von der Brust an iss net übl!* Derching FDB; *Do muaschd a laungs Messa … mid an Schbitz a da Bruschd nausätzn!* N'arnbach SOB BÖCK Sagen Neuburg-Schrobenhsn 130; *er dructe si an sîn bruste* Kaiserchr. 104,1259; *deme im holzhauen ein umbfallender baum … an die brust getroffen* 1758/1759 Mirakelb.Aunkfn 193.– Phras.: *hohe B.* krankhaft vorgewölbter Brustkorb, °OB, °NB vereinz.: °*der hat a hoache Bruscht* Wessobrunn WM.– (*Frei* / *frisch*) *von der B.* (*ausher* / *weg*) *reden* u.ä. offen, ohne Hemmungen sprechen, OB, NB, OP, MF vereinz.: *der redt von der Brust aus* Außerrötzing DEG; *Er redet von der Brust weg* Baier.Sprw. II,58f.– **1b** Busen, weibliche Brust, °OB, NB, OP, SCH vereinz.: *a hoatö Brust* „im Wochenbett" Simbach PAN; *bristl* „kleiner Busen" KILGERT Gloss.Ratisbonense 50; *Mamille prusti* Rgbg 10.Jh. StSG. III,433,23; *Div průstel an den frawen sint … aus waichem lindem flaisch* KONRADvM BdN 48,16f.; *da ihr die rechte brust durch ein geschwär entzündet worden* 1749 Mirakelb.Aunkfn 144.– Phras.: *die B. geben* stillen, OB, NB, OP, OF, MF vereinz.: *d'Brust gem* Schönwd REH;– *an die B. legen* / *nehmen* / *halten* OB, NB, MF vereinz.: *an d Brust hoitn* Gotteszell VIT;– *an der B. haben* OB, NB vereinz.: *d'Muatta hat's an da Brust* Chieming TS.– *Von da Brust an* „von Kindheit an" Wasserburg, ähnlich NEW.– **1c** Atmungsorgane im Brustkorb: *af da Brust håm* Aicha PA; *Er håut's af da Bruust* „er ist brustkrank" BRAUN Gr.Wb. 68.– Übertr.: *der iis a wäng schwooch af da Bruust* „nicht zahlungsfähig" ebd.– **1d** Bruststück eines Schlachttieres, OB, NB, OP vereinz.: *Bristl* Meßnerskreith BUL; *ob jetzt Haxl … oder aa … Brüstl … do macht jede Soß' vor Freid aa Tanzl* Altb.Heimatp. 66 (2014) Nr.5,4.

2 Kleidung.– **2a** die Brust bedeckender Teil eines Kleidungsstücks: *Brust und Bugl* „Brust und Rückenteil der Jacke" Vohenstrauß; „Die *Rockleibln* … haben eine *ganze Brust* (keinen Ausschnitt)" Rötz WÜM SCHÖNWERTH Leseb. 53.– **2b** Hemdbrust, °OB, °NB, °OP vereinz.: °*a* *gstärkte Brust* Rgbg; *„zieh halt a Brust an* ... ein Gummi-Chemisett" VALENTIN Werke III,170.– **2c** †Leibchen, Mieder: *„Zeuch* (Stoff) *zu einem Brüstlein* (Mieder)" Wunsiedel 1629 SINGER Hochzeit 10.– **2d** †Brustlatz, Miedereinsatz: „Statt des *Leibls* haben sie die *Brust* (Brustfleck, Brustlatz)" Rötz WÜM SCHÖNWERTH ebd. 55; *1 Grob Grines Pristl* M'rfels BOG 1654 BJV 1962,209 (Inv.).

3 †Brustpanzer: *Ain prüstel* 1495 Stadtarch. Rgbg Inv.Schirlinger, fol.10r.

4 Vorder-, Stirnseite, °OB, °NB, °OP, °OF vereinz.: °*d'Bruscht* „Giebelseite" Wildenroth FFB; *Brust* „Wand des Backofens, an der sich das Ofenloch befindet" Beratzhsn PAR; *brust* „Stirnseite einer Auffahrung [Grubenbau]" HUBER Bergmannspr. 16; *an die prust der Orgel* Rgbg 1538 VHO 12 (1848) 307.

5 Schiene vorne am Streichbrett zur Befestigung der Schar am Pflugbaum, °OB, °NB, °OP vereinz.: °*Bristl* Cham.

6 Hohlraum in der Mitte des Mühlsteins: °*Brust* Neunburg; *b'brussd* „Hohlraum ... der das Mahlgut aufnimmt" nach HÖCHSTETTER Müllerhandwerk 56.

Etym.: Ahd., mhd. *brust* stf., germ. Wort idg. Herkunft; KLUGE-SEEBOLD 156f.

PRASCH 16; SCHMELLER I,367f.– WBÖ III,1197-1199.

Abl.: *brusteln, brusten, -brusterer, -brüstig, Brüstling, Brüstung.*

Komp.: [**Arm**]**b.** auch M. (LL), †N., Armbrust, OB, NB, OP vereinz.: *Armbrust* Wdsassen TIR; „Die *Armbrusten* [am Maibaum] ... bedeuten, daß der Bauer in seinem Hause auch Herr ist" südl.OB BRONNER Bayer.Land 138; *wenn da Klaus in Wiesnfestzuuch mit seiner Armbrust marschiern soll* SCHMIDT Säimal 141; *Balea ârmbrvst* Aldersbach VOF 12.Jh. StSG. III, 160,52; *Er gibt auch der stat ein armbrost* 1373 Rgbg.Urkb. II,402; *denselben ... Wildnern ihre Püchsen/ Armbst/ Hund oder Netz nem̄en* Landr.1616 433.– Mhd. *armbrust* stn., aus afrz. *arbalestre*, volksetym. auf *B.* bezogen; KLUGE-SEEBOLD 60.

SCHMELLER I,145.– WBÖ I,343.

[**Pflug**]**b.** wie →*B.*5, °NB, °OP vereinz.: °*Pfluagbrust* Deggendf.

[**Vogel**]**b.** krankhaft vorgewölbter Brustkorb, NB, OP, MF vereinz.: *Vuchlbruschd* Solnhfn WUG.

[**Gans**]**b.**, [**Gänse**]- **1** Gänsebrust, OB vereinz.: *Gansbruscht* Hohenpeißenbg SOG; „geräucherte Gänsebrust, in Bayern ... *Gansbrust* bezeichnet" KRETSCHMER Wortgeogr. 471.– **2** wie →[*Vogel*]*b.*, MF mehrf., NB, OP vereinz.: *Gensbrust* Pollenfd EIH.

WBÖ III,1200.

[**Geiß**]**b.** wie →[*Vogel*]*b.*, NB, OP, MF vereinz.: *Goaßbrust* Ruhmannsfdn VIT.

[**Gickel**]**b.**, [**Gickelein**]- dass., OB, NB, OP vereinz.: *dea håd a Gikalbrust* Hallbergmoos FS.

[**Hemd**]**b.** wie →*B.*2b, °OB, NB, OP vereinz.: °*Hemadbrust* Mammendf FFB.

WBÖ III,1200.

[**Hennen**]**b.** **1** wie →[*Vogel*]*b.*, OB vielf., Restgeb. mehrf.: *der håd a Henabrusd* Teising MÜ; *er hot sei Quetschn ... um sei Hennabrust ummegschnallt* MORGENSCHWEIS mei Schloch 19.– **2** schmächtiger Brustkorb, °OB, °NB, °OP, °MF vereinz.: *du mit deina Hennabrust!* Donaustauf R; *und klopfst ... ganz selbstbewußt an dei ehemalige Hennerbrust* ZÖPFL Zeit 22.– **3**: *he:nabristl* „boshaft f[ür] flache weibl[iche] Brust" KILGERT Gloss.Ratisbonense 50.

WBÖ III,1200.

[**Hexen**]**b.** wie →[*Vogel*]*b.*: *„Hexenbrust*, weil man glaubt, die Hexe zöge ihm [dem Kind] die Milch heraus" KRISS Sitte 114.

[**Hühner**]**b.** dass., Gesamtgeb. mehrf.: *dea hot a Heanerbruscht* Derching FDB.

WBÖ III,1200.

[**Kalbs**]**b.** Kalbsbrust: *a gfuidö Koibsbrust* Mengkfn DGF; *Zwoa Pfund Koibsbrust* BINDER Mir san mir 107.

WBÖ III,1200.

†[**Leib**]**b.**, [**Leiblein**]- **1**: *d'Leiböbrust* „Vorderteil der Weste" NB.– **2** wie →*B.*2c: *2 Leibbrüstlein* Holenbrunn WUN 1603 SINGER Kloaida-Schrank 206.

[**Mutter**]**b.** Mutterbrust, OB, NB, OP vereinz.: *Muattabruscht* Hohenpeißenbg SOG.

WBÖ III,1200.

[**Rinds**]**b.** Rinderbrust, NB vereinz.: *Rindsbrust* Passau.

[**Rot**]**b.** Dim., Rotkehlchen, OB, NB vereinz.: *a Rautbrüstl* Simbach PAN.

[**Spitz**]**b.** wie →[*Vogel*]*b.*, OB vereinz.: *Spitzbrust* Engelsbg TS.

[**Steh**]**b.**: *Stehbrust* „Weste ohne Kragen" Rgbg.

†[**Weiber**]**b.** wie →*B.*2c: *Es ist vor dem Fronaltar … ein merckliche Anzahl von silbernen Weiberbrüsten … gehenget* HUEBER Granatapfel 368. E.F.

brusteln

Vb. **1**: °*der bruschlt aso* „singt brummend mit Bruststimme" Hochdf FDB.

2: °*pruschtel doch net allwei so furt* „granteln" Brunnen SOB. E.F.

brusten, -ü-, brussen

Vb. **1** schimpfen, nörgeln, °OB, °NB, °OP, °MF vereinz.: °*dea håt richtä prusst, a so håt a eahm gstunka* Ismaning M.

2 refl., großtun, prahlen, °OB, °NB, OP vereinz.: *sö bristn* Mittich GRI.

Etym.: Mhd. *brüsten*, Abl. von →*Brust*; WBÖ III, 1201.

SCHMELLER I,368.– WBÖ III,1201.

Komp.: [**an**]**b.**: °*anbrustn* „jemanden körperlich bedrohen und angreifen" O'wildenau NEW.

WBÖ III,1201.

[**auf**]**b.** refl., sich entrüsten, erregen, °NB, °OP vereinz.: °*dou di niat so aoprusstn* Neustadt.

WBÖ III,1201. E.F.

prusten

Vb., schwer atmen, schnauben, NB, °OP vereinz.: °*prußtn* „bei harter Arbeit" Poppenrth TIR.

Etym.: Aus nd. *prûsten*; KLUGE-SEEBOLD 729.

Komp.: [**aufhin**]**p.** schnaubend hinaufgehen: °*der prußt den Berg affi* „mit seiner schweren Last" Eslarn VOH. E.F.

-brusterer

M., nur im Komp.: [**Hennen**]**b.**: *Hennerbrustera* Mensch mit übermäßig ausgewölbtem Brustkasten Weferting PA. E.F.

-brüstig, -icht, -u-

Adj., nur in Komp.: [**eng**]**b. 1** mit krankhaft vorgewölbtem Brustkorb, NB, OP vereinz.: *engbrüstö* Metten DEG.– **2** mit schmächtigem Brustkorb, °OB, °NB vereinz.: °*engbrustat und knieweit, saufa wia d'Fuhrleut* „Trinkspruch" Malching GRI.– **3** †kurzatmig: *Wann ein Mensch engbrüstig ist und hat einen schweren Athen* ERNST Heilzauber u. Aberglaube Opf. 37.

WBÖ III,1202.

[**gockel**]**b.** wie →[*eng*]*b.*1: „*vogl-* oder *gocklbristig*" Zolling FS.

[**hoch**]**b. 1** dass., OB, OP vereinz.: *hoachbriste* Fürnrd SUL.– **2**: *houbrustat* hochmütig Dingolfing. E.F.

Brüstling

M. **1** †Brustlatz, Miedereinsatz: „während … die Jacke unter dem Mieder verschwindet, um einem viereckigen *Brüstling* mit rundem Halsausschnitt … Platz zu machen" MB 19.Jh. BHV 5 (1918) 23.

2: °*Brüstling* „Balken, auf die die Verschalung der Giebelseite genagelt wird" Reichersbeuern TÖL. E.F.

Brüstung

F. **1** Giebelseite, °OB, °OP vereinz.: *Brüsting* Firstseite des Hauses Aicha SUL.

2: *Brüstung* „Balkon eines Hauses" Schwandf.

3: *Brüstung* „Stein- oder Betonbrüstung am Straßenrand an steil abfallendem Gelände" Fürstenfeldbruck. E.F.

Brut

F., †N. **1** Gelege, daraus geschlüpfte Jungtiere, OB, NB, °OP vereinz.: *s Bröidl* Fischbrut Naabdemenrth NEW; *Im Herbst … hab'n dö Gänshandla dö ganzen Bruat'n zammakauft* SCHMALHOFER Brautweiser 19; *Ob daz honig gepresten* [Mängel] *hab, zu vil honigsaims oder zu vil pruͤtes* Rgbg 14.Jh. Forschungen zur Kultur- u.Litgesch. 14 (1906) 129; *es soll … kein Fischer … kein Wat* [Zugnetz] *haben … dann das Brut damit fast verdorben wird* Mchn 1484 BLH VIII,398; *damit der See … an der Brueth/ und kleinen Fischen destoweniger erödet werde* 1768 HÖFLING Chiemsee-Fischerei 176.

2 das Brüten, Bebrüten: *ö da Bruad sa*ⁿ Aicha PA; *Die ayr … wenne sie in der pruͦt sint* KON-

RADvM BdN 222,19; *die Stecknetzlen / dardurch die Wachtel in der Bruet hauffenweiß auffgefangen* Landr.1616 790.
3 (abwertend) von Menschen.– **3a** Gesindel, °OB, °NB, °OP vereinz.: *°Bagasche, Bruad, Gschwerl* Schwindegg MÜ; *Aa so aa Bruad, aa mistige!* BINDER Saggradi 34; *wegen der bösen Brut, die ... möchte ins Schloß kommen und Schaden thun* Haselbach BUL 1580 Oberpfalz 94 (2006) 77.– Auch: *a Broud* „ein Dorf, in dem sich meist kleine Anwesen befinden" Altfalter NAB.– Scherzh. Menschengruppe, °OB, NB, °OP vereinz.: *°enk* [ihr] *saads ma sua a Brout!* Windischeschenbach NEW.– **3b** (liederliche) Familie, Nachkommenschaft, °OB, °NB, SCH vereinz.: *dö zammgvöglt Bruat* Hohenpeißenbg SOG; *a söllane Brout!* JUDENMANN Opf.Wb. 30; *aus Behemerland künig Bairs pruet* AVENTIN IV,612,30 (Chron.).
4 von Pflanzen.– **4a** Buschwerk, Jungwald, Anflug, °OB, °NB, °OP, °MF, °SCH vereinz.: *°i da Bruad da nistn d Vögl* Dachau; *Die Bruet* „der junge Holzanflug im Wald" SCHMELLER I,374.– **4b** †Nebentrieb aus der Wurzel: *Wenn ... das průte ... gewÿnnet wůrtzen* 1442 Cgm 289, fol. 124v.

Etym.: Mhd. *bruot* stf./n., Abl. von →*bruten*; KLUGE-SEEBOLD 157.

Ltg: *bruad* u.ä. OB, NB, *broud* OP, MF (dazu IN; BOG, KÖZ).

SCHMELLER I,374.– WBÖ III,1202f.

Komp.: [**Arbeiter**]**b.** Bienenbrut, die aus Arbeiterinnen besteht, OB vereinz.: *Oarweitrbruat* Staudach (Achental) TS.

†[**Bärblein**]**b.** Brut der Barbe: *alle pårbl průte verpietent mein herren* Rgbg nach 1320 Rgbg. Urkb. I,718.

[**Bauern**]**b.** abwertend Bauernschaft: *Bauanbruat* Tittling PA.

[**Bruter**]**b.** Bienenbrut, aus der Drohnen schlüpfen: *Bruatrbruat* Staudach (Achental) TS.

[**Buckel**]**b.** dass., OB, NB vereinz.: *Buglbruar* Mittich GRI.
WBÖ III,1203.

[**Teufels**]**b.** wohl Kleeseide (Cuscuta Epithymum): *°Teufelsbrout* Eslarn VOH.

[**Dotter**]**b.** Jungtiere des Karpfens: „*dǫtabrǫut* ... solange sie den Dottersack mit sich herumtragen" nach UNGER Teichwirtsch. 10.

[**Drohnen**]**b.** wie →[*Bruter*]*b.*, OB, NB, OP, SCH vereinz.: *Dronabruat* Derching FDB.
WBÖ III,1203.

[**Faul**]**b.** Faulbrut, OB, NB, OP, SCH vereinz.: *d Faalbrout* Naabdemenrth NEW.
WBÖ III,1203.

[**Fichten**]**b.** Fichtenanflug, °OP, °MF vereinz.: *°Fichtenbrout* Ammerthal AM.

[**Fisch**]**b.** auch †M., Fischbrut, OB, NB, OP, OF vereinz.: *d'Fiischbruat* Hohenpeißenbg SOG; *damit der Vischbruet nit verderbe* Erding um 1600 ZILS Handwerk 106f.
SCHMELLER I,374.– WBÖ III,1203f.

[**Vogel**]**b.**: „Die erste Brut der Hennen *Vuaglbroud* ... genannt, fällt um Georgi oder Jakobi" TIR WINKLER Heimatspr. 98.

[**Frosch**]**b.** Froschbrut, NB, OP, OF vereinz.: *Froschbruad* St.Englmar BOG.
WBÖ III,1204.

[**Grummet**]**b.** Jungtiere des Karpfens aus einem späten Gelege des Jahres: *Grummetbrut* UNGER Teichwirtsch. 11.

[**Höppin**]**b.** wie →[*Frosch*]*b.*: *Hepenbrut* Uttigkfn VOF DWA V,22.– Zu →*Höppin* 'Frosch'.

[**Nattern**]**b.**, [**Ottern**]- **1** Wasserlinsen (Lemna-Arten), °OB, °NB vereinz.: *°Odanbruad* Neufraunhfn VIB.– **2** Algen: *°Nadanbruat* Garching AÖ.

[**Nessel**]**b.** Hopfenseide (Cuscuta europaea), °OB, °NB, °OP vereinz.: *°Nesslbroud* Kemnath.
WBÖ III,1204.

[**Schneider**]**b.** abwertend von Schneidern, NB, OP vereinz.: *d Schnaindabrout* Stadlern OVI.

[**Stadt**]**b.** abwertend von Stadtbewohnern: *Du hilfst zu dere Stadtbruat!* CHRIST Werke 762 (Madam Bäurin).

[**Weisel**]**b.**, [**Weichsel**]- Bienenbrut, die aus Weiseln besteht, OB, SCH vereinz.: *Waixlbruat*

Staudach (Achental) TS; *Etliche ... suchen die Weiselbrut / und thun solche heraus* Hohberg Georgica II,385. A.G.

brutal
Adj., brutal: *bretell* Naabdemenrth NEW; *brutåål* Braun Gr.Wb. 69.

Etym.: Aus spätlat. *brutalis*; Kluge-Seebold 157.

J.D.

Brute
F., Bruthenne, OB, NB, vereinz.: *Bruatn* Haus GRA; *Broutn* Wettelshm GUN DWA XV,75.

A.G.

Brutel, -ü-
F., M. (KÖZ; PAR, R, ROD), N. (R). **1** Bruthenne, °OP mehrf., °OB, NB, MF vereinz.: *a Brüatl* Viechtach; °*da Breidl* Pösing ROD; „*Biwalan* [Küken] ... liefen etwa sechs Wochen mit der *Bruaddl*" Wölzmüller Lechrainer 75.– Phras.: °*der hat auf sein Heustock Bruatl angsetzt* „hat im Frühjahr nimmer viel Heu" Walleshsn LL.– Auch brütender Vogel allg.: *die bröütl* Dinzling CHA BM I,73.
2 von Menschen.– **2a**: „Ein Eheweib, das viele Kinder bringt, *is' a guade Brejdl*" Siebzehnriebl Grenzwaldheimat 300.– **2b**: *Brêi(d)l* „jemand, der die ganze Zeit unbeweglich auf dem gleichen Platz sitzt" Angrüner Abbach 18.– **2c** †: *Brêidl* „Person, die sich gern warm hält" Bay.Wald Schmeller I,374.– **2d**: °*alte Broudl* „plumpes, altes Weib" Hohenburg AM.

Schmeller I,374.

Komp.: [**Gluck**]**b.** wie →*B.*1: °*Gluckbreidl* Bruthenne Kchaitnach VIT; *Gluckbrüitl* Viechtach DWA XV,75. A.G.

bruteln, -ü-
Vb. **1** brüten (von Vögeln): *brutteln* Schongau; *brêi(d)ln* Angrüner Abbach 18.
2: *brêi(d)ln* „auf dem gleichen Platz sitzen, ohne sich zu rühren" ebd.
3 flirren, °OB vereinz.: °*heit is's so hoaß, daß d'Luft glei bruodelt* Geisenfd PAF. A.G.

bruten, -ü-
Vb. **1** von Tieren.– **1a** brüten, bebrüten.– **1aα** brüten, Gesamtgeb. vereinz.: *da Auf* [Eule] *briatt in oan hoin Aiwara* [Pappel] Mittich GRI; „*Hans ... no oi leegad?" „Oane bruadd scho."* Höfer Bair.gredt II,40; *Fouit pruotta* Tegernsee MB 11.Jh. StSG. I,630,19; *Dieweil die störchin prüet hat* Aventin V,89,22 (Chron.).– Phras.: °*er is wie a brutade Henn* von einem kränkelnden Menschen Scheyern PAF.– **1aβ** bebrüten: *d'Oar briattn* Mittich GRI; *Von dem vogel ... Wenn er seinew air průt* KonradvM BdN 230,16f.– **1b** laichen, OB, NB vereinz.: *die Fisch brüatn* Prienbach PAN.
2 von Menschen.– **2a** kränkeln, krank zu werden beginnen, °OB, °NB vielf., °OP mehrf., MF, SCH vereinz.: °*tuast scho wieder bruatn* Rettenbach WS; °*dea is dö lötztö Zeit oiwei scho a weng brüatat gwön* Tegernbach MAI; „er *bruet* schon seit mehreren Wochen" Delling I,102.– **2b** sich im Bett bequem machen: °*bis zon Aufsteh moge aber no a Stünderl bruaddn* Grafing EBE; „im *Flohweiher* [Bett] *brüten*" Schlappinger Niederbayer II,28.– **2c** langsam, träge, lustlos sein, °OB, SCH vereinz.: *dees is a bruateder Deifl* Derching FDB; *die hilft mir in allem und hängt nit so brüatat umanand* Christ Werke 397 (Mathias Bichler); *brüten, bruten* „etwas langsam und sehr schläfrig thun" Westenrieder Gloss. 61.– **2d** nachdenken, grübeln: *brüaten* „über etwas Trauriges" Passau; *bruatn* Göttler Dachauerisch 19.– **2e**: °*dö brüat* „ist schwanger" Deusmauer PAR.
3 vom Wetter.– **3a** unbestimmt, wechselhaft sein, °OB mehrf., NB, OP vereinz.: °*dös Weda bruat* Inzell TS; *a bruatats Weda* Offenstetten KEH.– **3b** schwül, drückend sein, °OB, NB vereinz.: °*d'Luft tuat briatn* Bayrischzell MB.– **3c** sehr heiß scheinen: °„die Sonne *bröidt*" Burglengenfd.– **3d** sich zusammenbrauen (von einem Gewitter): *Im Heuwinkel a Weeda brüat't* Pangkofer Ged.altb.Mda. 67.
4: °*brutn* gären, sich erhitzen (vom Heu) Dachau.

Etym.: Ahd. *bruoten*, mhd. *brüeten*, westgerm. Wort idg. Herkunft; Kluge-Seebold 157.

Ltg: *bruatn* u.ä. OB, NB, SCH (dazu CHA, R), vereinz. *bruan* (FS; ND), *broudn* (FÜ, N, SC, WUG), ferner *briatn* OB, NB (dazu BEI, BUL, PAR, R; HIP; A), *breitn* u.ä. nördl.NB, OP, OF, MF (dazu IN), auch *brein* OP (dazu SC).

Delling I,102; Schmeller I,374; Westenrieder Gloss. 61; Zaupser Nachl. 14.– WBÖ III,1205-1207.

Abl.: *Brut, Brute, Brutel, bruteln, Bruter, Bruterin, brüterisch, brutern, brutig, Brütler, Brutling.*

Komp.: [**um-ein-and(er)**]**b.** **1** vom Menschen.– **1a** wie →*b.*2a, °OB vielf., °NB mehrf., °OP vereinz.: *er brejt scho lang umanand* Luitpoldhöhe AM.– **1b** wie →*b.*2c: °*bruatt ned lang umanand und fang o* Grafing EBE.– Übertr.: °*der brüat a scho lang umanander* „ist lange vergeblich auf Brautschau“ Pfarrkchn.– **2** vom Wetter.– **2a** wie →*b.*3a, °OB vereinz.: °*heut brüats wieda umanander* Wetter, das nicht weiß, was es will Surbg TS.– **2b** wie →*b.*3d: °*es brüat so umanand* Ramsau WS.

WBÖ III,1207.

[**aus**]**b.** **1** ausbrüten, bebrüten.– **1a** (junge Vögel) ausbrüten, °NB vereinz.: °*unsa Hen hot siem Singal* [Küken] *ausbruat* T'nbach PA; *da Stoarl min Wei … döi zwoa doun wos asbröin* A. E. Gleissner, Genauer betrachtet, Pressath 2013, 38.– Phras.: °*hosch bal ausbruat?* „Aufforderung an einen Mitspieler, endlich eine Karte auszuspielen“ Hörbach FFB.– **1b** wie →*b.*1aβ: °„Eier *ausbriaddn*“ Neufraunhfn VIB; „etwa ein Dutzend Eier … die sie 21 Tage *ausbruadda* mußten“ Wölzmüller Lechrainer 75; *ein nest, dar inn sie … ir ayr auzprůt* KonradvM BdN 251,23.– **2** (eine Krankheit) ausbrüten, °OB, °NB, °OP, °MF vielf., °Restgeb. vereinz.: °*i moin alawaal i bröit wos as* Weiden; °*dea bruat a Krankat aus* Ried FDB; *Wås dea woi ausbriadd* nach Kaps Welt d.Bauern 146.– **3** aushecken, OB, NB, MF vielf., °OP mehrf.: *dea brüat nix guats aus* Metten DEG; *wos bräit ebbe der as?* Penzenhfn N; *I moan, der brüat wieda ebbas aus* Altb.Heimatp. 60 (2008) Nr.27,4.

WBÖ III,1207.

[**schnee**]**b.**: °*Schneebrüatn duats* „eigenartiges, trübes Wetter, das Schnee ankündigt“ Ruhstorf GRI. A.G.

Bruter, -ü-

M. **1** Drohne, °OB, °NB mehrf., °OP vereinz.: *de Brüada weafas naus* Teising MÜ; *da Bruata* Kirn PAN.

2 langsamer, unentschlossener Mensch, °OB, NB vereinz.: °*Brüata* Garching AÖ.

3 Wetter, das Regen ankündigt, OB vereinz.: *iats machts widar an Bruata* Kochel TÖL.

Etym.: Mhd. *bruoter* stm., Abl. von →*bruten*; WBÖ III,1207.

Schmeller I,374.– WBÖ III,1207.

Komp.: [**Gras**]**b.**: °*Grosbriata* „Schnee im Frühjahr“ Langdf REG.

WBÖ III,1207.

[**Nest**]**b.** jüngster Vogel im Nest, °OB, °NB, MF vereinz.: °*Neschtbriadda* Dachau. A.G.

Bruterin

F., Bruthenne, OP, MF vereinz.: *Brouderö* Maiersrth TIR; *Brouderin* Göhren WUG DWA XV,75.

Etym.: Mhd. *brüeterîn* stf., Abl. von →*bruten*; WBÖ III,1208.

WBÖ III,1208. A.G.

brüterisch

Adj., unbestimmt, wechselhaft (vom Wetter): *brüaterisch* Treidlkfn VIB. A.G.

brutern

Vb., brüten (von Vögeln): °*bruatan* Reichersdf MB. A.G.

brutig, -ü-

Adj. **1** brütig, °OB, NB, °OP vereinz.: *bruattö, briattö* Mittich GRI; *d' Henn is broute* Judenmann Opf.Wb. 30.

2 angebrütet, °OB, °OP vereinz.: *a bröitis Oa* Winklarn OVI.

3 von Menschen.– **3a** kränkelnd, krank zu werden beginnend, °OB, °NB, °OP, °MF, °SCH vereinz.: °*er is a weng brüati, werd leicht d'Sucht kriagn* Kchseeon EBE.– **3b** mannstoll, °OP vereinz.: °*dö is broudi* Mötzing R.

4 vom Wetter.– **4a** heiß, schwül, °OB vereinz.: *brüare* Weidach AIB; „schwül … *briadeg*“ Kiefersfdn RO nach Maier südmbair.Mda. 114.– **4b** wechselhaft: *brüadi* Elbach MB.

5 groß (vom Hunger), °OB, °NB, °OP vereinz.: °*Mensch, ho i äitz an broutichn Hunga* Dietfurt RID.

Etym.: Mhd. *bruotec*, Abl. von →*bruten*; WBÖ III, 1208.

Schmeller I,374.– WBÖ III,1208.

Komp.: [**an**]**b.** wie →*b.*2, °OB vereinz.: °*a åbruades Oar* Erding.

WBÖ III,1208.

[**ein**]**b.** wohl richtig bebrütet: *nöt einbrüati* erfolglos bebrütetes Ei Grafenau.

WBÖ III,1208.

[**faul**]**b.** von Faulbrut befallen, OB, NB, OP vereinz.: *faibriadö* Mittich GRI.

WBÖ III,1208f.

[**hirn**]**b.**: °*er ist hirnbrütig* „wahnsinnig, rasend" Ingolstadt.

[**zweit**]**b.** aus dem zweiten Gelege des Jahres stammend: „die *zwoatbroudigen* Junggänse sind die *Mojgansl* ... und die *Junigansl*" SIEBZEHNRIEBL Grenzwaldheimat 304. A.G.

Brütler
M., Langweiler: °*Priatler* O'neukchn MÜ.

Komp.: [**Nest**]**b.** **1** jüngster Vogel im Nest, °OB, °SCH vereinz.: *Nestbrüatler* Spatzenhsn WM.– **2** wie →*B.*: °*Nestpriatler* O'neukchn MÜ. A.G.

Brutling, -ü-
M., Bruthenne, NB, OP vereinz.: *a Brüadlen* O'diendf PA. A.G.

Brütt, -e
N., F. **1** Wurstbrühe, °OB vereinz.: °*Bridn* Peterskchn MÜ; *Britt* HÄRING Gäuboden 130.
2 †Körperflüssigkeit.– **2a**: „Schweiß ... *Láffə˜, das aə˜ 's Britt àbə'rinnt*" SCHMELLER I,374.– **2b**: „Blut: *Aə˜n auf d· Fotz·n schlàgng, das eəm 's Britt ... àbə'rinnt*" ebd.

SCHMELLER I,374.– WBÖ III,1209f.

Komp.: [**Wurst**]**b.** **1** wie →*B.*1, °OB, °NB, °OP vereinz.: °*s Wurstpritt* Mittich GRI; *Wurstbrütt* „Wurstsuppe" SCHMELLER I,374.– **2** Wurstbrät, °NB, °OP vereinz.: °*Wurstpritt* Pattendf ROL.

SCHMELLER I,374. A.G.

brütten
Vb., brühen (bes. von Würsten), °OB, °NB, °OP vereinz.: °*Wurst briddn* O'högl BGD; *britn* KOLLMER II,73.

Etym.: Ahd., mhd. *brutten* 'jmdn erschrecken', germ. Wort idg. Herkunft; Et.Wb.Ahd. II,409. Anders WBÖ III,1210.

SCHMELLER I,374.– WBÖ III,1210.

Abl.: *Brütt.*

Komp.: [**um-ein-ander**]**b.**: °*de brit den ganzn Tåg an der Wåsch umananda* „kocht heute andauernd Wäsche" O'nrd CHA. A.G.

brutzeln
Vb. **1** ein knisterndes, prasselndes Geräusch machen, °OB, °NB, °OP, °SCH vereinz.: °*s Schmolz brutzlt* Mötzing R.
2 in Fett gar werden, °OB, °OP, °MF vereinz.: °*d Gans brutzld scho in da Reahrn* Geisenfd PAF; *bruzzln* „braten, dass das Fett aufspritzt" POELT-PEUKER Wb.Pöcking 10.

Etym.: Intensivbildung zu →*brodeln*; WBÖ III,1211.

SCHMELLER I,378.– WBÖ III,1210f.

Komp.: [**an**]**b.** **1**: *oⁿbrutzln* „anbraten ... z.B. Fleisch" KILGERT Gloss.Ratisbonense 32.– **2**: *oⁿbrutzln* „anbrennen lassen" ebd.

[**ver**]**b.** verbrutzeln: °*vabrutzlt is s ganz Essn, waalst vül spata kumma bist* Weiden; *der Zenzi ... schmeckten die leicht verbruzelten Schweinswürstel besser als jeder Braten* Altb.Heimatp. 61 (2009) Nr.22,4; *verbruzeln* „verbraten, verkochen" SCHMELLER I,378.

SCHMELLER I,378. M.S.

†psallieren
Vb., Psalmen beten od. singen: *die zwen Psalter dar auß die Schüeler Psalliren* 1492 Frsg.Dom-Custos-Rechnungen I,643.

Etym.: Mhd. *psallieren*, aus lat. *psallere*; DWB VII, 2198. A.G.

Psalm, Salm
M. **1** Psalm: °*Psääm* Erling STA; *psalm* GEBHARDT Nürnbg 256; *den div suht* [Krankheit] *ankomme ... di siben salm sol man ob in sprechen* 13.Jh. MHStA KL Benediktbeuern 32, fol.19[r]; *als er selbst in langen Psalm ... bekennt* SELHAMER Tuba rustica I,4.
2 auch F., Geschwätz, leeres Gerede, °OB, NB vereinz.: *so a Soim zam machen* Weng FS; *dea ret an psolm dahea* nach KOLLMER II,222; *Salm* WESTENRIEDER Gloss. 488.
3: *Salm* „einer, der jede Kleinigkeit lange zerredet" Pförring IN.

Etym.: Ahd. *(p)salm(o)*, mhd. *(p)salm(e)* sw/stm., aus lat. *psalmus*; KLUGE-SEEBOLD 729.– In Bed.2 auch F. mit volksetym. Anschluß an →*Salbe*.

DELLING II,119; SCHMELLER II,271; WESTENRIEDER Gloss. 488.– WBÖ III,1211f.

Abl.: *-salm, salmen, Salmer(er), Salmerei.* A.G.

Psalter, †Salter
M. **1** liturgisches Textbuch: *daz man ir nach ir toede mer ain salter lese denne ainer andern swester* Altenhohenau WS 1290 Corp.Urk. II, 458,14f.; *1 alts gesanng buech 1 psalter* Lichten-

bg LL 1604 SbMchn 1910, 5.Abhandlung 30 (Inv.).
2 Rosenkranz, Gebet, NB, °OP vereinz.: „während eines Bittganges wird *da ganz Psoita bet*“ Frauensattling VIB; *Psoita* Binder Bayr. 167; *mit einer Wahlfarth … dabey den Psalter lauth zu betten* 1749 Mirakelb.Aunkfn 141.

Etym.: Ahd. *(p)salteri, saltâri*, mhd. *(p)salter* stm., aus mlat. *psalterium*; Kluge-Seebold 729.

Schmeller I,474.– WBÖ III,1212. A.G.

ps(t), psch(t)
Interj. **1** Aufforderung, still, leise zu sein, z.T. in Wiederholung u. Abwandlungen, °OB, °NB, °OP, °MF vereinz.: °*der måcht pst pst* Parsbg MB; *Psch! Bua, bi* [sei] *… stad!* Königslachen SOB Böck Sagen Neuburg-Schrobenhsn 98.– Scherzv.: *Bswswsws, Kåts hot afn Bam gschisn, und du host a Brekal owabisn* „wenn zwei leise miteinander reden“ Bruck ROD.
2 Aufforderung, etwas zu unterlassen, °OB, OP vereinz.: °*pst, pst, des derf ma net doa!* Polling WM.
3 Aufforderung, aufmerksam zu sein: *bst, du da paß auf, da geht a da Kerl* östl.NB.
4 Zuruf an Tiere.– **4a**: *bscht!* Scheuchruf an Hühner Mittich GRI.– **4b**: *bscht!* „um Pferde zu einem langsameren Gang zu bringen“ ebd.

Etym.: Onomat.; Kluge-Seebold 729.

WBÖ III,1211, 1213. A.G.

bu
Interj. **1** Lockruf für Hühner, im mehrf. Wiederholung u. versch. Abwandlungen, NB, °OP vereinz.: *bu-bu-bu* O'diendf PA.
2 Ausruf, nur als präd. Adj.: *wenn oana „bu“ war* [im Schusserspiel] *… wenn er alle verlorn hat ghabt* Dittrich Kinder 14.

Etym.: Onomat.; WBÖ III,1214.

WBÖ III,1213f. A.R.R.

Bub
M. **1** männliches Kind, junger od. unverheirateter Mann.– **1a** männliches Kind, °Gesamtgeb. vielf.: *wia i no a kloana Bua gwen bi* Ascholding WOR; *hot dös Böibl an Wåssakhobf!* Stadlern OVI; *Herr Landrichter is do' koa' kloans Büawei nimmer, wo ma' aufpass'n muaß* Franz Lustivogelbach 82; *schlet* [nur] *än bue vnd schlet än man* Landshut um 1650 Jb. Schmellerges. 2012, 20,89.– Phras.: „Ein *z'klobner Bua* … ein Mädchen“ Queri Kraftbayr. 63.– *nǫkade bǫuala* „kleine ganze Bratkartoffeln“ nach Kollmer II,210.– *Dea schamt sö wia a kloana Bua* Mauth WOS, ähnlich OB, NB vereinz.– *De håms mitanand wia Buam d'Voglnesta* „sie tuscheln miteinander“ Fürstenfeldbruck.– *An deàrà is à Buà våloon-gangà* „Ein Mädchen, lebhaft wie ein Junge“ Kaps Welt d. Bauern 92.– *I waəs nét bin I ə˜ Mádl odər ə˜ Buə'* „ich bin ganz außer mir“ Schmeller I,191.– *Vier nockerte Buam soachan in oa Haferl* „Scherzspruch beim Melken“ Tittmoning LF.– Verse: *bal* [wenn] *'s Korn amal weg is, na baut ma erst d'Ruam, bal's im Jahr recht viel Nussn geit* [gibt], *geits aa recht vil Buabn* Baierrain WOR, ähnlich BOG.– *Renga Renga dropfa Buama muas ma schopfa* [am Schopf packen], *Diandln kriangan Mejd und Wei, Buaman straicht ma an Saudräg ai* Rottal, ähnlich NB vereinz.– °*A lustiga Bou braucht oft a par Schouh, a trauricha Moa braucht söltn a Poar* Wdsassen TIR.– *Bäiwl Bäiwl, geh ma nöt önd Räiwl, d Räiwl san söiß, dö beißnt dö ön d Föiß* Herrnthann R, ähnlich VOF.– Auszählreim: *Zwoa, drei Buam, die stehl'n Ruam, kimmt da Baua und haut's aus und du bist drauß'* Friedl Kinder-Sprüchl 52.– Schnaderhüpfel: °*der Bua, der lusti is, dem is da Himmi gwiß, der allewei trauan tuat, dem geht's nia guat* Lalling DEG.– °*A lustiga Bua kriegt Madln grod gnua, an trauringa Mo schaut goa koane o* ebd.– °*Des is af der Welt schon amal so der Brauch, die Buam de san dalkert und de Deandl san schlauch* Raigering AM.– Als Dim. auch Kosen. für Rinder, OB vereinz.– **1b** Sohn, °Gesamtgeb. vielf.: *da Schwestan sei* [ihr] *Bua* Vötting FS; *da größa Bua geht scha as zwöift Jåhr* östl.NB; *Der wölche hot etz da den größern Fuam* [Ansehen] *… da Voda oda d' Buam?* Dingler bair.Herz 82.– Phras.: *dös is wås fia main Vaddan sein oanzinga Buam* „etwas Angenehmes, Erfreuliches für mich“ Ingolstadt, ähnlich Häring Gäuboden 199.– **1c** Geliebter, OB vereinz.: *an Buam habn* Berchtesgaden; *'s Midei, die hat an Buben g'habt* Stieler Ged. 54; *Na, na, mein liebs Bueberl, i geh da holt nit* Zaupser 97.– Vers: *wail i goa so schlecht aussieh, moina dLait, i bin krank, mia-r-is no grad Zeit nao main Bäiwal so lang* Bruck ROD.– **1d** alter Junggeselle, auch in Phras. *alter B.*, OB, OP, OF, MF vereinz.: *dös is fei nu a Bou* „mit 40 noch Junggeselle“ Leupolsdf WUN; *oaschichdö* [alleinstehende] *oidö Buam* Schlicht Altheimld 59.
2 (jugendlicher) Gehilfe in Handwerk u. Landwirtschaft.– **2a** Handwerksgehilfe, °NB, °OP

vereinz.: *ea hat no an Buam auf da Stea ba eam ghat* Simbach PAN; „Hilfsarbeiter oder *Buben*, auch wenn sie verheirathet sind“ Laufen LENTNER Bavaria Voralpenld 32; *Darzů wellent si, daz chein werchman noch půb auf die mietstat ge* 1310-1312 Stadtr.Mchn (DIRR) 186,19f.; *von ... den vmblauffennden ledigen Schneyderkhnechten vnnd Pueben* Landshut 1556 ZILS Handwerk 120.– **2b** jugendlicher od. rangniedrigster Bediensteter, Gehilfe des Bauern, °OB, °NB, °OP, °SCH vielf., °Restgeb. mehrf.: „Rangfolge der Ehalten *Gned, Middagned, Drittla, Bua*“ Dachau; °*da Bua is beim Tisch da allerletzt* Passau; *Mei Bou, der bringt ma a Brout und an Grejs sen Kocha* Eggersbg KÖZ BJV 1954,205; *einen untauglichen ehehalten oder einen pueben, der ... die scharwerk zu verrichten zu schwach wer* NB 1554 GRIMM Weisth. III,643.– Scherzv.: °*is a Bua von Haufa, wenn ma schreit muaß er laufa* Fürstenstein PA.– **2c** †Troßknecht: *die schintfezzel* [Troßknechte] *vnd die půben* KONRADvM BdN 105,5; *mer als 12000 personen, hurn und pueben, mit den haubtleutten und landßknechten gezogen* Rgbg 1552 Chron.dt.St. XV,232,5f.

3 †Schelm, Landstreicher, lasterhafter, liederlicher Mann: *die münch, wo sie in den stetten wonen ... seins lauter pueben* AVENTIN IV,107, 18-20 (Chron.).

4 Teufel, in Phras.: *der blaue Bua* Bayerwald 25 (1927) 21f.

5 Bube, Ober, Unter im Kartenspiel.– **5a** Ober u. Unter, °Gesamtgeb. vielf.: °*der håd a Solo mit sechs Buam* Petershsn DAH.– **5b** Ober, °OB, °NB, °OP vereinz.: °*blauer Bua* „Grasober“ Ingolstadt.– **5c** Unter, °OB, °NB, °OP, °OF vereinz.: °*die vier Boum* Kallmünz BUL; *die vier Unter, des san de Buam* PESCHEL Schaffkopfen 64.– **5d** Bube, °Gesamtgeb. vereinz.: *Bua* Dingolfing.

6 Penis: *da Bubi* Mchn.

7: *an Kid a Bubi göm* einem Kind die Flasche geben Außerrötzing DEG.

8 ungepflügter od. unbesäter Streifen im Acker, °OB °NB vereinz.: °*der hot an Buam ogsat* „dann, so glaubt man, wird seine Bäuerin einen Sohn gebären“ Autenzell SOB.

9 Ausruf der Bekräftigung, Verwunderung, NB vereinz.: *Båu, Våda, da Schulära hådn Girgl bädld, dasa d Händ vol Hår khåd håd!* Zandt KÖZ; *Bua, da lassen wir's wieder krachen ...!* Altb.Heimatp. 6 (1954) Nr.52,6; *Bue! Da schneidens Gsichter* STURM Lieder 10.

Etym.: Mhd. *buobe* swm., westgerm. Wort unklarer Herkunft; KLUGE-SEEBOLD 157.

Ltg, Formen: *bua* OB, NB, SCH (dazu CHA, R, ROD), *bou* nw.NB, OP, OF, MF.– Akk./Dat.Sg. *buam*, *boum*, vereinz. wie Nom. (SOG; KÖZ).– Pl. *buam*, *boum*, daneben *-ma* OB, NB (dazu AM, CHA, SUL, WEN), *buabə* u.ä. (GAP, SOG; A), *-ax* (FFB), *biam* (SOG).– Dat.Pl. *bouma* (REH), *-man* (MB; GRI, KÖZ).– Dim. *biaw(a)l(a)*, *beiw-*, auch *biawe* (WS; PA), *-ai* (BGD; PA), *bölwl* (VOH), ferner *buawal*, *bou-*, dazu *boual* (KÖZ), *buawai* (TS). Kosef. *buali* (M; VOF), *bouwe* (R), *bubi* ugs.

DELLING I,105; SCHMELLER I,190-193; WESTENRIEDER Gloss. 61; ZAUPSER 19, Nachl. 11.– WBÖ III,1214-1222.

Abl.: *-bubeln*, *buben*, *bubeneinen*, *bubenhaft*, *bubenhäftig*, *Bubenichtes*, *Buberei*, *Bubes*, *bubicht*, *Bübin*, *bubisch*.

Komp.: †[**Ge-acht**]**b.** Bursche, der nachts zum Fensterln (→[*Ge*]*acht*) geht: „nur zu ganz nahen Besuchen gehen die *G'achtbuben* allein“ Rottal Bavaria I,1006.

[**Alm**]**b.** junger Gehilfe auf der Alm, °OB vereinz.: °*Almbua* „Sennbube“ Reichenhall.

[**Bäcker**]**b. 1** Sohn des Bäckers, OB, NB vereinz.: *Böckabua* Bischofsmais REG.– **2** jugendlicher Bäckergehilfe, °OB, NB, OP, SCH vereinz.: *Bejkerbua* Derching FDB.– Phras.: „*Béckábou'm schlô'ng ánandər* (bei Schneegestöber)“ mittl.Altmühl DMA (FROMMANN) VII,408.

[**Palm**]**b.** Bub, der einen Palmbuschen zur Weihe trägt, °OB vereinz.: °*zwoa Poimbuam* Hartpenning MB; *Dem Palmbuabm hand siebm roude Oar zuagstandn* HALLER Dismas 38.

WBÖ III,1222.

†[**Bätz**]**b.**: „sog. *Barzbuam* ... Roggennudeln mit Buttermilch gekocht“ Garching AÖ um 1880 H. STIEGLITZ, Der Lehrer auf der Heimatscholle, München 1913, 109.

SCHMELLER I,192.

[**Bauern**]**b. 1** Bauernsohn, OB, NB, °OP vereinz.: °*bin da oanzi Bauanbou* Ambg; *Da sitzt so a halbg'wachsens Bau'rnbübel drin* STIELER Ged. 265; *Christus ist ... am Gej wie ein anderer Bauren-Bub gebohren worden* SELHAMER Tuba Rustica II,3.– Phras.: *si auffian wia a Bauanbua* „ungezogen“ Ingolstadt.– *Dreckig, gsund wia-r-a Bauanbua* ebd.– °*'s rengt Bauanbuam* „sehr stark“ Mchn.– **2** ungebildeter, grober, unkultivierter Bursche, °OB, NB, OP vereinz.: °*du Bauanbua du gschroida* [grober]*!* Schwaben EBE; *bauanbua* „Schimpfwort“

KILGERT Gloss. Ratisbonense 50.– **3** wie →*B.*2b: *dös is da Bauanbua* „Stallbub" Hiesenau PA.
WBÖ III,1222f.

[**Beck(en)**]**b.** wie →[*Bäcker*]*b.*2, OB, OP vereinz.: *Beckchnbua* Brotjunge Kochel TÖL.– Phras.: °*da is da Becknbua durchgschloffa* „von sehr löchrigem Brot" Hirnsbg RO.
WBÖ III,1223.

[**Belze**]**b.** →*Belzebub*.

[**Bettel**]**b. 1** Bettelbub, OB, NB vereinz.: *Bedlbua* Aicha PA; „Unter den *Bettelbuam*, die Wirtschaften und Bierkeller abklopften" Mchn SZ 16 (1960) Nr.125/126,9.– Phras.: *der schamt si wäi a Belbaou* „ist rot vor Scham" Etzenricht NEW, ähnlich IN.– *behan(d)ln wöi n Bä(d)lboum* „nicht gebührlich beachten, kurz abfertigen" SINGER Arzbg.Wb. 154.– *Is grad als wann mer an' Betlbuabn in d' Höll' wurf* [nicht von Belang] KOBELL Schnadahüpfeln 138.– *Wönn da Bettlbua aufs Roß kimmt, darreitn koa Teifö nimma* Hohenpeißenbg SOG, ähnlich M.– **2**: *Bettlbuam* „große Abfallflocken beim Baumwollspinnen" Mchn.
SCHMELLER I,302.– WBÖ III,1223f.

[**Pfarrer(s)**]**b. 1** Ministrant, °OB, °NB vielf., °OP, °SCH mehrf.: °*d Pfarrerbuam san scha do, wird Er sejba aa glei kemma* Straubing.– **2** Student eines Priesterseminars: °*Pfarrerbub* Heilbrunn TÖL; *Pfarrerbuberl* „scherzh." KILGERT Gloss. Ratisbonense 50.

†[**Pfingstel**]**b.** Pferdehirt, der einen Pfingstbrauch ausübt: *das die Jenige Buebn, so ... die Roß ... hüetten ... in den Pfingstferien pflegen auf den Rossen zereithen, welche die Pfüngstl Buebn genant werden* Straubing 1727 BJV 1952,98.

[**Braut**]**b.** Bursche, der die Braut zur Trauung geleitet, OP vereinz.: „2 – 4 *Bratboum* statt einem Brautführer" Griesbach TIR.

[**Brezen**]**b.** jugendlicher Brezenverkäufer, OB, NB, OP vereinz.: *Bretznbuam* Wasserburg; *der Breznbou is dou* FÄHNRICH M'rteich 34.
WBÖ III,1224f.

[**Buster(lein)**]**b.** wie →*B.*2b: *Busterlbua* Ramsau BGD; *Pustabua* „zum Misttragen" Berchtesgaden Bergheimat 8 (1928) 39.– Herkunft des Bestimmungsw. unklar.

[**Täfelein**]**b.** Bursche, der die Vereinstafel trägt: *Dafalbua* „bei Fahnenweihen" Reisbach DGF; *Taferlbou* JUDENMANN Opf.Wb. 156.

[**Werk-tag**]**b.** arbeitender Bursche, der nach dem offiziellen Teil der Hochzeitsfeier zum Tanz kommt, °OB vereinz.: *d Warchtabuawe* Kohlgrub GAP.
WBÖ III,1225.

[**Dienst**]**b.** jüngster, rangniedrigster Knecht, °OB, OP, MF vereinz.: *Dianstbua* Valley MB; „drei Knechte ... ein *Oberknecht* ... ein *Mitterknecht* und ein *Dienstbub*" LA BRONNER Bayer. Land 246; *Wenn des alls da Deanstbua gmaht hat* KIEM Kreuther Tal 130; *begraben worden ein dienstbub ... so sich von einem Baum ... Zu dot gefallen* 1596 Oberpfalz 75 (1987) 40.
WBÖ III,1225.

[**Dirnlein**]**b.** Bub, der gern mit Mädchen spielt od. mädchenhaft ist, °OB, °NB, °OP vereinz.: °*Deandlbua* Pörnbach PAF.
WBÖ III,1225.

[**Tochter**]**b.** Enkelsohn töchterlicherseits: *Tachtabua* Hengersbg DEG.

[**Dorf**]**b.** Dorfbursche, OB, NB, SCH vereinz.: *Dåffbuam sizn banand auf da Lounbeng* Ruhstorf GRI.
WBÖ III,1225f.

[**Eichel**]**b.** Unter der Kartenfarbe Eichel, °OB, °NB °OP vereinz.: °*da Oachebua* Dachau.

[**Eier**]**b.**: *Oiaboum* „Ministranten, die am Gründonnerstag Eier einsammeln" Meßnerskrth BUL.
WBÖ III,1226.

[**Vater**]**b.** Dim., Lieblingssohn des Vaters, OB, NB, OP vereinz.: *s Vodabåuall* Zandt KÖZ.

[**Kammer-fenster**]**b.** wie →[*Ge-acht*]*b.*: *Kammerfenstaboum* Auerkiel VIT; *Na hans eini, de Änbrecher und de Kammerfensterboum* KÖZ BJV 1952,29.

†[**Freiharts**]**b.**, [**Freiheits**]- Vagabund, Landstreicher: *Wer nicht Zeuge mag seyn ... Freyheitsbuben* 1487 BLH XII,173; *als so es ein Freyhartsbueb/ oder ein Gauckler wurde* Landr.1616 (GÜNTER) 86.
SCHMELLER I,815.– WBÖ III,1226.

[**Futter(er)**]**b.** mit dem Viehfüttern beauftragter Jungknecht, °NB vereinz.: *Fouadarabua* Wdkchn WOS; „seinen Platz an der untersten Ecke neben dem *Futterbuben*“ MEIER Werke I, 434 (Natternkrone).
WBÖ III,1227.

[**Gänse**]**b.,** [**Gans**]- junger Gänsehirt, Gesamtgeb. mehrf.: *Gänsbua und Gänsdian* Binabiburg VIB.
WBÖ III,1227.

[**Gässel**]**b.** wie →[*Ge-acht*]*b.*, OB vereinz.: *Gaßlbuam san kema* O'audf RO; „Die *Dirne* [Mädchen] ... läßt sich ... mit dem *Gaßlbuabn* in ein Gespräch ein“ KOBELL Schnadahüpfeln 157; *da Er Ambtman der Gässl-Bueben halber visitieren gangen* 1755 StA Mchn Hofmark Amerang Pr.18 (26.5.1755).– Zu →*gässeln* ‘fensterln’.
SCHMELLER I,945.— WBÖ III,1227.

[**Gass(en)**]**b.,**[**Gäßlein**]- Gassenbub, OB, °NB, OP, SCH vereinz.: *des is a rächda Gåssnbou* Floß NEW; *Gassnbua* BINDER Saggradi 70; *so jauchzen die Teufel, wie die Gaslbubn auf der Kirchweyh* BUCHER Charfreytagsprocession 29.
WBÖ III,1227.

[**Geiß**]**b. 1** junger Ziegenhirt, °OB, °NB, °OP vereinz.: *Goasbua* Wörth ED; *bey ihren Hirten und Gaißbueben* Landr.1616 746.– **2** wie →*B.*4: °*da Goaßbua* Schönbrunn LA.
WBÖ III,1227.

[**Holz-hacker**]**b.** Holzarbeiter: *Holzhackerbuam* Zwiesel REG Altb.Heimatp. 7 (1955) Nr.32,5.– Als Pl. Tanzmelodie u. -name: „der Name *Holzknechtstanz* oder *Holzhackerbuam*“ BJV 1953, 130.
WBÖ III,1228.

[**Halter**]**b.** junger Hirt, °OB, °NB vereinz.: °*Halterbua* Halsbach AÖ; „Der *Halterbub* ... hat ... Pflichten“ Frasdf RO Dt.Gaue 35 (1934) 155.
SCHMELLER I,1100.– WBÖ III,1228.

[**Häuslein**]**b.,** [**Haus**]- **1** junger Gehilfe im Haushalt, OB, °NB, °OP vereinz.: *fürn Häuslbua tats a Scheikä* [Jacke] *aa* östl.OB.– **2** Sohn eines Kleinbauern, NB, OF vereinz.: „*Haislbuam* und *Haislmescha*, Kinder vom *Haisla*“ Wildenranna WEG; *naoutiga Häuslbua, kriagst no nöt gnua?* Bayerwald 24 (1926) 208.– Phras.: *gschimpft ham sö wöi dö Häuslboum* Lauterbach REH.
WBÖ III,1228.

[**Häusler**]**b.** wie →[*Häuslein*]*b.*2, NB vereinz.: *Haislabua* Aicha PA.
WBÖ III,1228.

[**Hennen**]**b. 1** Fuchs: *da Hennabåu* Beratzhsn PAR; *Hennabou* um Velburg PAR SCHÖNWERTH Opf. I,351.– **2**: *Hänabua* Gerichtsvollzieher Deinschwang NM.
WBÖ III,1228f.

[**Herder**]**b.** wie →[*Halter*]*b.*, OB vereinz.: *Härtabua* Kochel TÖL.
WBÖ III,1229.

[**Herz(ens)**]**b. 1** wie →*B.*1c: *mei Herzensbua* Hengersbg DEG; *werd mir mei Herzbua glei ansichti gmacht* ORFF Welttheater 101 (Astutuli).– **2** Ober od. Unter der Kartenfarbe Herz, °OB, °OP vereinz.: °*Herzbua* O'appersdf FS.
WBÖ III,1229.

[**Hirt(en)**]**b.** wie →[*Halter*]*b.*, °OB vereinz.: *Hürtbua* M'nwd GAP; *Zwoa ... Hirtbuam ... Hab'n ... 's Viech g'hüat* ERHARDT Ged. 9.

[**Hörner**]**b.,** [**Hörnlein**]- wie →*B.*4, OB, °NB, °OP vereinz.: °*paß auf, do kummt da Hörndlbua* Hohenpeißenbg SOG; *da Toifö oda da Heerndlbua* Bay.Wald BzbV 3 (1914) 29.
WBÖ III,1229.

[**Hosen**]**b.** Bub, der die erste Hose trägt, °OB, NB vereinz.: *ötz bist a Hosnbua* Simbach PAN.
WBÖ III,1229.

[**Kräuel-huber**]**b.** wie →*B.*4, °OB, NB vereinz.: *der hat Nägln wia da Kräuhuababua* „lange, krallenartige Fingernägel“ östl.NB.

[**Hunds**]**b. 1** Schimpfw. für einen Buben, °OB, °NB, OP, SCH vereinz.: *du Hundsbua du miserabliga!* Hohenpeißenbg SOG; *Hat er ebbs ongfangt, der Hundsbua?* HALLER Dismas 96.– **2** †wohl für die Jagdhunde zuständiger Jägerknecht: *der Hundsbube 2 Ellen weißes ... Hosentuch* Aschau RO um 1551/1552 PEETZ Volkswiss.Studien 210.
WBÖ III,1229.

[**Hüt**]**b. 1** wie →[*Halter*]*b.*, °OP mehrf., OB, °NB, °MF, °SCH vereinz.: °*wennst nix leanst, moust a Höitbou wean* Cham; *A Baua stellt a'n Höitboubn ei(n)* LAUTENBACHER Ged. 29; *wellen sy deßhalb ainen aignen huetpueben halten* 1565

Chron.Kiefersfdn 130.– Phras.: *is grad a Hejtbåu dagegn!* „der Mann ist kleiner als seine Frau" Adlersbg R.– **2** fingerförmige Nudel aus Kartoffelteig: *G'stutzte Häitbuam* „scherzhafte Bezeichnung für Fingernudel" HÄUSSLER Oberpf.Kartoffelkochb. 18.
SCHMELLER I,191, 1191.– WBÖ III,1229.

[**Hüter**]**b.** **1** wie →[*Halter*]*b.*, °OB mehrf., NB, °OP vereinz.: *Hüatabua* Almhirte Chieming TS; *Amoi hod a Hiadabua de gaunz Nochd ed* [nicht] *schlafa kina* N'arnbach SOB BÖCK Sagen Neuburg-Schrobenhsn 130; *an allerhandt schuechen ... 2 Par ainnädig für den Hietterpueben* POSCHINGER Glashüttengut Frauenau 60.– **2** Birkenröhrling (Boletus scaber): *Hüterbua* Deggendf MARZELL Pfln. I,623.
WBÖ III,1229f.

[**Jäger(s)**]**b.** jugendlicher od. unverheirateter Jäger, °OB, NB vereinz.: *Jagersbua* Wasserburg; *'N Seppn moanst, den Jagabuabn?* KOBELL Ged. 364.
WBÖ III,1230.

[**Kegel**]**b.** Bursche, der auf der Kegelbahn die Kegel aufstellt, °OB, °NB vereinz.: *Köglbua* Passau; *Is in Keglboum Bröih oigloffm voar lata Gwiarch mitn Aafsetzn* HEINRICH Stiftlanda Gschichtla 25.
WBÖ III,1230.

[**Kläpfel**]**b.** Bursche, der vor Ostern von Haus zu Haus geht u. Eier einsammelt, °OB, NB vereinz.: „Karfreitag, *wann d'Klapföbuam kemma*" Mettenbach LA.– Zu →*Kläpfel* 'Schlaggerät'.

[**Kläpper**]**b.** dass., °OB vereinz.: „am Karsamstag gehen die *Klabbabuam* von Haus zu Haus" Edelshsn SOB.

[**Klauen**]**b.** wie →*B.*4, °OB, °NB vereinz.: °*der Klauabua* Teufel Seifriedswörth VIB.

[**Klöpfles**]**b.**, [**Klöpfel**]-, [**Klöpfer**]-, [**Klöppler**]-, †[**Klöpfler**]- **1** Bursche, der an best. Tagen (→[*Klöpfles*]*nacht*) im Advent maskiert herumzieht, °OB, °SCH vereinz.: „die *Klöpferbuam* rasseln und klopfen" U'wössen TS; *Dö Klöpflabuam toant umaspringa* Bergen TS 1784 HARTMANN Hist.Volksl. III,42.– **2** wie →[*Kläpfel*]*b.*, °OB, °NB vereinz.: *Klöpflbuam* „gehen herum und sammeln Eier" O'appersdf FS.

[**Klöppel**]**b.**: °*Glebblboum* „Ministranten, die am Karfreitag klappern" Tirschenrth.

[**Kost**]**b.** junger Kostgänger, OB vereinz.: *ålle Freitäg håmma-r-a Studenterl åis Kostbua* Fürstenfeldbruck.

[**Kreuz(lein)**]**b.** **1** Kreuzträger im Leichenzug, OB, NB, OP vereinz.: *der Kreizlbua* Wasserburg.– **2** Bube der Kartenfarbe Kreuz, °OB, °NB, °OP vereinz.: °*Kraizbou* Hirschau AM.
WBÖ III,1231.

†[**Kuchel**]**b.** Küchenjunge: „liefen die Hof-Knaben und *Kuchelbuben* ... für das Thor hinaus" SELHAMER Tuba Rustica II,101.
WBÖ III,1231.

[**Kuh**]**b.**, [**Kühe**]- junger Kuhhirt, °OB, °MF, °SCH vereinz.: *der Kiahbua für d Stoiarwet, s Viahiatn* Staudach (Achental) TS; *Wenn a Rindl fallt in Grabm, muaß der Küahbua d'Schuld dro habm* Ruhpolding TS FANDERL Obb.Lieder 16; *Khyepue* 1697 POSCHINGER Glashüttengut Frauenau 61.– Übertr.: *du Ku*[a]*bu*[a] „Spottname für einfältiges, rückständiges Verhalten" BAUMGARTNER Wasserburger Ld 57.
WBÖ III,1231.

[**Lägel**]**b.** junger Brotzeitträger: *Laglbua* Adldf LAN.

[**Laus**]**b.** Lausbub, °OB, °NB mehrf., °OP, MF, SCH vereinz.: *Lausbua, bist a d'Hinterschi ganga?* „hast Schule geschwänzt?" O'audf RO; *a söllerner Lausbua is ma no net unterkemma* Passau; *du Lausbua, du ganz schlechta* THOMA Werke VI,65 (Andreas Vöst).
WBÖ III,1231f.

[**Läut**]**b.**, [**Läuter**]- Bursche, der die Kirchenglocken läutet, OB, NB vereinz.: *d Läutbuam* Hengersbg DEG; „Wenn ... die *Läuterbuben* an den Strängen von allen Glocken ziehen" LETTL Brauch 128.

[**Lehr**]**b.** **1** Lehrling, °NB mehrf., Restgeb. vereinz.: *an Schneida sei Lehrbua* Altötting; *koa Lehrbua möcht nöt amaö da Teufö sei* östl.NB; *manchn Läiherbouman is nea sua zougfluang* SCHEMM Stoagass 61f.; *Kein ... Lehrbub darf vor zwei Jahren aus dem Dienst treten* Frsg 1588 ZILS Handwerk 94.– Phras.: °*i bin fei ned dei Leabou!* „ich lasse mich nicht von dir herumkommandieren" Bodenmais REG, ähnlich °VOF.– **2** wie →*B*.6: °*Lehrbua* männliches Geschlechtsteil Kchseeon EBE.– **3**: °*Lehrbub* „Schellenunter" Knötzing CHA.

WBÖ III,1232.

Mehrfachkomp.: [**Pfarrer(s)-lehr**]**b.** Student eines Priesterseminars, °OB, °NB, °OP vielf., °MF, °SCH vereinz.: °*der schaut so kasig aus wia a Pfarrerlehrbua* Mchn; °*erst war er Pfarrerlehrbua, dann is er ausgsprunga* Eging VOF; *ins Bischöfliche Seminar ... eingruckt als a Pfarrerlehrbua* Haller Dismas 97.– Scherzh. auch: Hilfsgeistlicher, °OB, °NB, °OP vereinz.: *Pfarralehrbou* „der Kaplan" Maxhütte-Haidhf BUL.– Ministrant, °OB, °SCH vereinz.: °*Pfarrerlehrbua* Ried ND.

– [**Schneider-lehr**]**b.** Schneiderlehrling, OB, NB, OP vereinz.: *Schneindaläiabou* Vohenstrauß.

WBÖ III,1232.

†[**Lern**]**b.** wie →[*Lehr*]*b*.1: *ob Ainer ... ainen Lehrn bueben annemmen wolte* 1603 Satzgn Landsbg 21.

Schmeller I,191.

[**Maidlein(s)**]**b.** Bub, der Mädchen nachstellt, °OB, °OP vereinz.: *a Madlbua* U'föhring M.

[**Malefiz**]**b.** wie →[*Laus*]*b*., °OB, NB vereinz.: *du Malafitzbua* Passau; *Malefizbua, miserabliger!* Schilling Paargauer Wb. 97.

[**Maurer(s)**]**b.** Maurerlehrling, OB, NB vereinz.: *Maurasbua* Reisbach DGF; *Maurer-Pueb ... 9 kr.* 1613 J. Sturm, Johann Christoph von Preysing, München 1923, 267.

WBÖ III,1233.

[**Men**]**b.** junger Gehilfe, der dem Zugvieh vorangeht, OB vereinz.: *Meenbua* Tölz; „das Leiten ... des eingespannten Zugviehs ... geschieht ... durch einen ... *Menbueben*" Schmeller I,1614; *mer von seinem menpueben ze steur: 65 dn.* Osterhfn VOF 1538 S. u. H.H. Maidl, Chron. Gde Buchhofen, Winzer 2007, 248.– Zu →*menen* 'das Zugtier führen'.

Schmeller I,191, 1614.– WBÖ III,1233.

[**Mist**]**b. 1**: *Mißbåu* „Bub, der misten muß" St.Englmar BOG.– **2** wie →[*Hunds*]*b*.1, OB, NB vielf., OP mehrf., OF, SCH vereinz.: *Misdbua* „Schimpfname" Kötzting; *Seids da, ös* [ihr] *Mistbuam, ös ...!* OP Alt-Bayer.Heimat 3 (1950) Nr.2[,4].

WBÖ III,1233f.

[**Müllner**]**b.**, [**Müllers**]- Müllerlehrling: *zwischn zwoa Kirchaturm danzn zwoa Müllnabuam* „Kindervers" Tann PAN; „Schnadahüpfl ... *Wán d-müllarsbuam tánzn, wern d-fênsta śtauby,sògt dy frau wirtin: Sàn d-müllarsbuam, glaub-y*" Kuen Bair. 48.

[**Mutter(n)**]**b. 1** Muttersöhnchen, OB, NB, OP vereinz.: *Muatabuawal* Aicha PA; *Muattabua, i ho koa Zeit dazua, daß i da 's lern* Dingler Bair.Herz 59.– **2** Säugling, männliches Kleinkind, NB vereinz.: *a Muadanbuawal* „hängt an der Schürze" Mengkfn DGF.

WBÖ III,1234.

[**Nachbars**]**b.**, [**Nachbarn**]- Sohn des Nachbarn, °OB, NB, OP, OF vereinz.: °*da Nåchbasbua håd wieda a Scheim eigschmissn* Ebersbg; *Da Michl Hans, da Nachba'sbou* Wir am Steinwald 3 (1995) 140.

WBÖ III,1234.

[**Nacht**]**b.** wie →[*Ge-acht*]*b*.: °*a Nachtbua, der bei der Nacht ins Kammerfenster geht* Tittmoning LF.

WBÖ III,1234.

[**Ober**]**b.** rangniedriger Bediensteter, °OB vereinz.: *Drittler, Oberbua, Unterbua* „Rangfolge der unteren Dienstboten" Grunertshfn FFB.

[**Ochs(en)**]**b.** rangniedriger Gehilfe des Bauern, oft Rinderhirt, NB, °OP vereinz.: „der dritte Knecht war der *Ochsbou*" Haselbach BUL; *dem Oxenpueben ... auß Zwilling 1 Par Hosen* 1695 Poschinger Glashüttengut Frauenau 56.

WBÖ III,1234.

[**Orgel**]**b.** Bub, der den Blasbalg der Kirchenorgel bedient: „Ich war damals der *Orgelbub*, der Orgelaufzieher, der seitlich ... auf dem Tretbalken stand" Tremmel Ziagwagl 37.

[**Rätsch(en)**]**b.**, [**Rätscher**]- Ministrant, der an den Kartagen mit einer Ratsche die Messe ankündigt, °OB, °NB vielf., °OP mehrf., SCH vereinz.: *de Ratschabuam san då um dö råtn Oar* Haidenhf PA; *Af an Dearfarn fröü genga d'Ratschboum umi, dai ratsch'n* Bärnau TIR

SCHÖNWERTH Leseb. 126; *Ratschbuben* 2.H.17. Jh. BJV 1953,154.
WBÖ III,1234f.

[Renn]b. Jockey, OB, NB vereinz.: *Renbuam* Simbach PAN; *Wer wird glei kemma? ... D'Rennbuam* VALENTIN Werke II, 110; „Die *Rennbuben* Paar und Paar zu Pferde" BUCHER Charfreytagsprocession 51.
WBÖ III,1235f.

[Roß]b., [Rößlein]- junger Gehilfe des Roßknechts, OB, NB, OP, SCH vereinz.: *a Rosbua* Wasserburg; „bis der *Rousbua* den Gaul vors *Gaiweegala* gespannt hatte" WÖLZMÜLLER Lechrainer 138; *nit das sy ... in den kor lawffen als dj roßpuben* 1448 Heimat Nabburg 3 (1982) 45f.
SCHMELLER II,152.– WBÖ III,1236.

[Rotz]b. Rotzbub, °Gesamtgeb. vielf.: *du Rotzbua du lausöga!* Ruhstorf GRI; *der is oba a Ruatzbou!* Arzbg WUN; *Des warn gwieß de Rotzbuam ... dawischn wenn i oan dua* BILLER Garchinger Gsch. 24a.
DELLING II,115; WESTENRIEDER Gloss. 476.– WBÖ III, 1236.

[Sau]b., [Säue]b. 1 junger Schweinehirt, OB, NB, °OP, MF vereinz.: *Saibou* Pommelsbrunn HEB; *Sau vnnd Schaffbuebm* 1555 MHStA KL Attel 10, fol.7r; *bin a Saubou* ZAUPSER 95.– **2** wie →*[Hunds]b.*1, °OB, °NB, OP, SCH vereinz.: *du Saubua, du drekiga* Kochel TÖL; *der Saubua laßt scho lang nix mehr hörn* HALLER Dismas 113.
WBÖ III,1236.

[Schaf]b. junger Schafhirt, OB, NB vereinz.: *Schafbua* Siegsdf TS; *Schaff Buebenn 2* Pullenrth KEM 1583 Wir am Steinwald 10 (2002) 161.
WBÖ III,1236.

[Schlosser]b. 1 Schlosserlehrling, OB, NB vereinz.: *da Schlossabua* Mittich GRI.– **2** best. Speise.– **2a** (gefüllte) Dampfnudel, °OB, °NB, °OP vereinz.: °*Schlosserbuam* Thanning WOR.– Auch nicht aufgegangene Dampfnudel, °OB, °SCH vereinz.: °*Schlosserbuam* Schrobenhsn.– **2b** wie →*[Hüt]b.*2: °*Schlosserbuam* Ismaning M; *Schlosserboum* „scherzhafte Bezeichnung für Fingernudel" HÄUSSLER Oberpf. Kartoffelkochb. 19.– **2c** best. mit Obst gefüllte Mehlspeise, °OB vereinz.: °*Schlosserbub* „Gebäck aus mürbem Teig" Schongau.
WBÖ III,1236f.

[Schul(er)]b. Schüler, Gesamtgeb. vereinz.: *nåu khuma d Schölboum und d Schölmoila* Stadlern OVI; *I'beutl koan'oanzinga Schulerbuam mehr* MEIER Werke I,430 (Natternkrone); *da haben vnsere Schueller Bueben vor den Heissern herumbgesungen* Rgbg 1629 VHO 90 (1940) 77.– Phras.: *dea schamt si wia a Schuibua* „sehr" Fürstenfeldbruck, ähnlich WS.
SCHMELLER II,405.– WBÖ III,1237.

[Schuster]b. 1 Schusterlehrling, OB, NB, °OP, SCH vereinz.: *wenst nöt lernst, muast a Schuastabua wern* Endlhsn WOR; *Schuastabua, moch mar a paar Schua* Bay.Wald BRONNER Bayer. Land 336.– Phras.: °*i geh net naus, jetzt regnts ja Schuasterbuam* „es gießt" Wettstetten IN, ähnlich °OB, °OP vereinz.– **2** Sohn des Schusters: °*der oame Schuastabua* Rgbg; *Schusterbub* KILGERT Gloss.Ratisbonense 50.– **3** best. Speise.– **3a** wie →*[Schlosser]b.*2a, °OB, °NB vereinz.: °*Schuastabuam* Wimm PAN.– **3b** wie →*[Hüt]b.*2, °NB vereinz.: °*Schuastabuam* „Kartoffelfingernudel" Straßkchn SR; „Mehlspeisen wie ... *Schusterbuben*" SCHLAPPINGER Niederbayer II,36.– **3c** wie →*[Schlosser]b.*2c: *Schusterbuben* „gebackene Zwetschen" KILGERT ebd.– **3d** Roggensemmel: *Schuasterbuam* Altb.Heimatp. 59 (2007) Nr.40,4.– **4** Kaulquappe: *Schoustaboum* Schmidmühlen BUL DWA V,21.
WBÖ III,1237f.

[Schwieger]b. Schwiegersohn, NB, OP vereinz.: *Schwichabou* Dietldf BUL.

[Senn(ers)]b. wie →*[Alm]b.*, °OB vereinz.: °*Sennbub* Reichenhall; *eh'Sennbua* HALBREITER Gebirgsl. III,4.

[Spitz]b. 1 Spitzbube, °Gesamtgeb. vielf.: *der Spitzbua schaugt eam aus de Augn* Finsing ED; *aus an sölchen Bauern kunnt ma zwoa Spitzbuam macha!* Cham; *bis ma von enk g'scherte Spitzbuam was kriagt* THOMA Werke VI,311 (Wittiber); *den Anton Freinberger ... einen Landfrass und Spitzbuben geheissen* StA Mchn Hofmark Amerang Pr.20 (7.3.1798).– Phras.: °*Spitzbuam renga duads!* „starker Dauerregen" Ebersbg, ähnlich °CHA.– *Lumpn fangt ma mit Spitzbuam* Fürstenfeldbruck.– *Ein Bauer ist ein S.* u.ä. OB, NB, OP vereinz.: *a Bauer is a*

Spitzbua so lang er warm is Traunstein;– *an Zol lang da Baa, an Öln lang da Schbizbåu* Zandt KÖZ.– Vers: *da Baua is a Schpitzbua, wenn a schaist, druckt a d'Augn zua, wenn a asgschissn hot, na schaut a wida schnurgrod* Bruck ROD.– **2** Brauereiarbeiter, der das Filtrieren des Jungbiers besorgt: *Spitzbua* Valley MB.– **3** Pfln.– **3a** Spitzwegerich (Plantago lanceolata): *Spitzbube* Pürgen LL Marzell Pfln. III,808.– **3b** Wiesenbocksbart (Tragopogon pratensis): *Spitzbuabn* MAL BJV 1954,195.– **4** Getreidegranne, °OB, NB, °OP vereinz.: *Spitzbuam* Kelhm.– **5** best. Speise.– **5a** Spitzbube, Plätzchen, °OB, °NB, °OP, °MF, °SCH vereinz.: °*Spitzbuam* „Weihnachtsgebäck" Rosenhm; *Spitzbuben* „mit Marmelade gefüllte Plätzchen" Kilgert Gloss.Ratisbonense 50.– **5b** spitzförmige Nudel aus Kartoffelteig: °*Spitzboum* Haselbach BUL.– **6**: *Spitzbua* verkohltes Ende des Kerzen- oder Lampendochtes Schrobenhsn.

Schmeller II,693; Westenrieder Gloss. 550.– WBÖ III, 1238f.

Mehrfachkomp.: [**Bauern-spitz**]**b.** Schimpfw. für einen Bauern, OB, NB, OP vereinz.: *des is da richti Bauanspitzbua!* Ingolstadt.

[**Stall**]**b.** wie →*B.*2b, °OB, °NB mehrf., °OP, °MF, °SCH vereinz.: *da Ståibua muas s Dringa dr\u00e5ng* Mittich GRI; *da Stollbou* Judenmann Opf.Wb. 16; *hot der Stallbua 25 fl.* Straubing 1871 Schlicht Bayer.Land 57.

WBÖ III,1239.

[**Stecken**]**b.**, [**Steckelein**]- **1** Bub im Osterbrauch.– **1a** Bub, der am Karsamstag einen Stecken zum Osterfeuer trägt, °NB, °OP vereinz.: *d'Schtäckabauma* Rattenbg BOG.– **1b** wie →[*Palm*]*b.*, °OB, °NB, °OP vereinz.: °*Steckabua* Pöcking STA.– **2** Stangenträger bei Prozessionen, °NB, °OP vereinz.: *Stegalbua* Geiselhöring MAL.– **3** wie →[*Halter*]*b.*, °OB, °NB, °OP vereinz.: °*Steckerlbua, Hüaterbua* Brunnen SOB.– **4** Bursche, der das Zeichen zum Start eines Rennens gibt: „Heut gibt der *Steckabua* – ein Bursche, der am Ziel steht – mit einer Stange das Zeichen" Bergmaier Ruhpolding 237.– **5** Rekrut aus dem Flachland: „die Ehre der *Schneidbuam* [Rekruten aus dem Gebirge] gegenüber den *Steckabuam* … zu retten" Bayerld 28 (1916/1917) 410.

[**Stör**]**b.** Lehrling, der auf der Stör mitgeht, OB, MF vereinz.: *Steerbua* Wasserburg.

[**Strahl**]**b.** wie →[*Hunds*]*b.*1: *Schdrålbou!* Fürnrd SUL; *Stràlbou'* Schmeller II,812.

[**Waisel**]**b.** Waisenbub: *Der Weidhofer Hias is a Woaslbua* Christ Werke 360 (Mathias Bichler) 360.– Übertr.: *Woaslbua* „bedauernswerte, auch zurückgebliebene Person" Schneider Bair.gschimpft 61.

WBÖ III,1240.

[**Wasser**]**b.** wie →[*Lägel*]*b.*, °OB, °NB vereinz.: °*Wosserbou* Geiselhöring MAL; *an Wasserbuam … der wo 's Wasserlagl und de Brotzeitn auf d' Föjder bracht hat* Haller Dismas 72.

WBÖ III,1240.

[**Wurst**]**b.** Wurstverkäufer, NB vereinz.: „*da Wuaschtbua* hatte heiße Wiener" Mengkfn DGF.

WBÖ III,1241.

[**Hoch-zeit**]**b.**: „die Braut wird von *Houzetbuam* gestohlen, den unverheirateten Burschen unter den Gästen" Antersdf PAN.

WBÖ III,1241.

[**Zieh**]**b.** Ziehsohn, OB vereinz.: *es is mei Ziechbua* Bayrischzell MB.

WBÖ III,1241. A.R.R.

†buben

Vb., ein Lotterleben führen: *der maist tail … sauften, frassen, puebten, lebten im saus* Aventin V,14,31-33 (Chron.); *alle Fleisch-Bengel/ die zu Nachts … huren und buben* Selhamer Tuba Rustica I,87.

Etym.: Mhd. *buoben*, Abl. von →*Bub*; WBÖ III,1242.

Schmeller I,191.– WBÖ III,1242. A.R.R.

bubeneinen

Vb.: *boumein* „Bub sein, wie ein Bub ausschauen" Falkenbg TIR Wir am Steinwald 7 (1999) 82. A.R.R.

bubenhaft, bubenichtes-

Adj., bubenhaft, OB, NB, OP, MF vereinz.: *buamahaft* Röhrmoos DAH; *där is recht boumatshaft* Luitpoldhöhe AM.

Komp.: [**laus**]**b.** ungezogen, lümmelhaft, Gesamtgeb. vereinz.: *recht lausboumhaft* Böhmischbruck VOH.

[spitz]b. dass., OB, NB vereinz.: *dös is äbbes Schbitzbåumhafts* Tretting KÖZ. A.R.R.

bubenhäftig
Adj.: *buabahefti* bubenhaft Peiting SOG. A.R.R.

Bubenichtes
N., Bub: *I bi's nöt Der Buamatza frißt* NB J. Mayerhofer, Mei' Pfoarra, Augsburg/München 1883, 12. A.R.R.

Buberei, Bubnerei, -ü-, †Bubenei
F. **1** ungezogenes, verwerfliches Verhalten.– **1a** ungezogenes, lümmelhaftes Benehmen: *a Buamarei* Aufkchn STA.– **1b** †Schurkerei, Schandtat: *alle bv^e^benie vnd ietel wort* Eichstätt um 1250 Sammelbl.HV.Eichstätt 64 (1971) 30 (Spitalregel); *Sy sollen auch nyemantz … weder essen noch trinken lassen noch andren puberey treiben* 1465 Koller Eid 105.– **1c** †Unzucht: *seidtu … mit einem kinde gast, das dw dann in der puberei emphangen hast* Hayden Salomon u.Markolf 333,975-978.
2 †wohl unzüchtige Leute: *ayn haus … zu den Cristen, Juden und vil půbrey ir unfertikait treyben* 1470 Urk.Juden Rgbg 32.

Etym.: Mhd. *buoberîe, -enîe*, Abl. von →*Bub*; Pfeifer Et.Wb. 178.

Schmeller I,191.– WBÖ III,1242.

Komp.: **[Laus]b.** Lausbubenstreich, OB, °NB, °OP vereinz.: *°für die Lausbuaberei ghört eahm a Tracht Prügl* Geisenhsn VIB; *da hast jetzt den Lohn für die Lausbuaberei* Altb.Heimatp. 7 (1955) Nr.26,3.

[Spitz]b. spitzbübische Art, Spitzbubenstreich, OB, NB, OP vereinz.: *dem kent ma sei Schpitzbåumerei scho iwa s Gsicht o* Sossau SR; *Luderei, Beschiß, Spitzbuberei* Orff Welttheater 78 (Astutuli); *willigt fein sauber in seine Spitzbubereyen nicht ein* Bucher Pferderennen xiii.

WBÖ III,1242. A.R.R.

buberisch →*bubisch*.

buberl, Lockruf, →*bu*.

Bubes
M.: °*Boupas* „Kosewort für kleinen Buben“ Windischeschenbach NEW. A.R.R.

Bubi, Kosewort, →*Bub*.

bubicht
Adj.: *boubet* bengelhaft Naabdemenrth NEW. A.R.R.

†Bübin
F., Hure: *nachdem … Barbara Cräbnerzin … ayn haus hat und darin pübin helt* 1470 Urk. Juden Rgbg 32.

Etym.: Mhd. *büebin*, Abl. von →*Bub*; WBÖ III,1242.

Schmeller I,191.– WBÖ III,1242. A.R.R.

bubisch, bub(n)erisch, -ü-,
Adj. **1** bubenhaft, Gesamtgeb. vereinz.: *buamarösch* Wörth PA.
2 ungezogen, lümmelhaft: *büabisch* Aufkchn STA.
3 †liederlich, verwerflich: *noch bv^e^bisch rede, die zvo^e^ redelichen dingen niht geho^e^ret* Eichstätt um 1250 Sammelbl.HV.Eichstätt 64 (1971) 44 (Spitalregel); *Leichtfertig haillos püebisch leut* Aventin Werke IV,83,5f. (Chron.).

Etym.: Mhd. *büebisch*, Abl. von →*Bub*; WBÖ III,1243.

Schmeller I,191f.– WBÖ III,1243.

Komp.: **[laus]b.** wie →*b.*2, OB, NB, OP, MF vereinz.: *lausbäiwrisch* Etzenricht NEW.

[spitz]b. spitzbübisch, durchtrieben, OB, NB, OP, MF vereinz.: *schpitzbuabarösch schaun* Seestetten PA; *spitzbeibisch* „schalkhaft, durchtrieben“ Berthold Fürther Wb. 217.

WBÖ III,1243. A.R.R.

Buch[1]
N. **1** häufig Dim., Buch.– **1a** gebundenes Schrift- od. Druckwerk, °Gesamtgeb. vielf.: °*ins Biachei einischaugn* Ebersbg; *a Bua vafåusn* Mittich GRI; *a Lodn, wou ma Böicha vokaft* Cham; *Dă Bàu … hàd in ăn Bäichl flässi g'lean't* NB Bavaria I,357f.; *a Sackerl … mit an Büacherl drin* Christ Werke 48 (Erinnerungen); *reht lihupuoh* Frsg 9.Jh. StSG. II,342,4; *daz der ertzt pu̇̆cher anders da von reden* KonradvM BdN 58,15f.; *ain güldins Piechlein, außwendig mit Edlem gestain, geziert* Mchn 1581 MJbBK 16 (1965) 129 (Inv.).– Phras.: *reden wie ein B.* u.ä. unaufhörlich reden, OB, NB vereinz.: *rödn wia a Bua* Mittich GRI; *redts net endlos wia a Buach!* Ehbauer Weltgschicht III 124.– °*Dea redt wia r a Buach* „spricht nach der

Schrift“ Fürstenfeldbruck.– *Wie es im B. steht* u.ä. genauso, wie man es sich vorstellt, OB, °OP vereinz.: °*dem bladld ses owa* [liest ihm die Leviten], *wöi s nit schöina im Böichl schdäid* Schnaittenbach AM; *Des is ja a Sau, wias im Buach steht* SCHWEIGER Sauhändler 102.– °*Heind hods wieder n Pfarrer ins Bouch gschlong* „Glockenschlag während der Wandlung, was nach Volksglauben auf einen Sterbefall in der Pfarrei hindeutet“ Hohenburg AM.– *Unter das / zum B. gehen* dem Meßner während einer Trauung Geld ins Meßbuch legen, °OB, °NB, °OP vereinz.: *intas Bouch geh* Kötzting.– °*S Buach bringa* „nach der Opferung bringt der Hochzeitslader das Meßbuch zu den Brautleuten, die Geld für den Meßner hineinlegen“ Kohlgrub GAP.– **1b** Buch, Heft für Eintragungen, OB, NB, OP vereinz.: *a Böichl haout jeda Schneida* „zum Eintragen der Maße der Kundschaften“ Wdsassen TIR; *auf der Sparkasse liegt's a net, sonst hätt i a Büchl* WELSCH Volksleben III,24; *so han ich ir 7½ ŭ͗ch verchauft, stet yn dem pŭ͗che* 1403 Runtingerb. II,208; *Das piechel, darein die fähl der unehelichen khinder geschriben werden* Straubing 1617 HELM Obrigkeit 221.– Phras.: °*zum Buach geh* „zur weltlichen Trauung ins Rathaus gehen“ Bayrischzell MB.

2 †Zählmaß.– **2a** Zählmaß für Papier: *VI denarios fur ½ puch papier* Lererb. 29.– **2b** Zählmaß für Metalle, v.a. Blattgold u. -silber: *iij púcher golt vnd ij púcher Silber* Landshut 1475 MHStA Fürstensachen 1340, fol.23v (Rechnung); *3 Buech geschlagnes Metal* Hohenaschau RO 1671 JAHN Handwerkskunst 449.

3 auch M. (°NEW), Blättermagen, °OP, °OF, °MF vielf., °Restgeb. vereinz.: °*s Buach* Autenzell SOB; °*a Nogl im Bouch* Kchndemenrth NEW; *s Bouch* SINGER Arzbg.Wb. 40.

Etym.: Ahd. *buoh* stf./n./m., mhd. *buoch* stn., germ. Wort idg. Herkunft; KLUGE-SEEBOLD 157f.

SCHMELLER I,197.– WBÖ III,1244-1246.

Komp.: [**ABC**]**b.** Schulfibel, OB, NB, SCH vereinz.: *Abc-Böichi* Klinglbach BOG.

WBÖ III,1246f.

†[**Acht**]**b.,** [**Ä-**]- Verzeichnis unter gerichtlicher Acht stehender Personen: *Swer der ist, der ŭ͗nser burger berawbet … daz wir den schreiben sŭ͗llen in ŭ͗nser åchtpŭ͗ch* 1365 Stadtr.Mchn (DIRR) 583,22-24; *haben mich in ir achtpuech geschriben* AVENTIN IV,9,1f. (Chron.).

WBÖ III,1247.

[**Alm**]**b.** Buch mit den Rechten u. Pflichten der Almbauern: „Mit solchen Almordnungen wurden die bis auf den heutigen Tag geführten *Almbücher* eröffnet“ KRISS Sitte 180.

[**Passions**]**b.** Dim., Gebetbuch für die Karwoche, OB, NB vereinz.: *Båssionsbiachl* Schrobenhsn.

[(**Ge-**)**Bet**]**b. 1** Gebetbuch: °*håb mas min Beichdzeedl eigmirgd im Beedbiachei* Ebersbg; *d Brad kröigt a schöins Gebetböichl* Wdsassen TIR; *Hout ,s Gebetbouch in ihr Táschl packt und will ins Hochamt gejh* Kohlbg NEW Die Arnika 36 (2004) 220; *die Petpucher … gen Munchen gefurt* 1484 Frsg.Dom-Custos-Rechnungen I,563; *ein Betbüchl … aus der Kammer … entwendet* 1705 BREIT Verbrechen u.Strafe 158.– Phras.: *dem Teufel sein G.* u.ä. scherzh. Spielkarten, °OP vielf., °OB, °NB mehrf., °MF, °SCH vereinz.: °*habts scho wieda an Teifi sei Gebetbüachä in de Bratzn?* Bibg AIB; *ein Jahr … nit des Teufels Gebetbuch … angerührt* Mchn.Stadtanz. 17 (1961) Nr.21,7.– **2** scherzh. Satz Spielkarten, °OB, °NB, °OP, °MF vereinz.: °*Gebetbouch raus!* „tut die Karten her!“ Reichenschwand HEB; „Das *Gebetbuch* mit den 32 oder 36 Blättern“ Wir am Steinwald 2 (1994) 22.

SCHMELLER I,302.– WBÖ III,1247.

Mehrfachkomp.: [**Metzger-ge-bet**]**b.**: *Metzgergebetbüachö* die verschiedenen Mägen des Rinds O'audf RO.

[**Bilder**]**b.** Bilderbuch, °OB, NB, OP, SCH vereinz.: *Bejderbuach* Passau; *wöi Figur'n aas'm Büldaböchla* KRAUS lusti 58.

WBÖ III,1247.

[**Dienst-boten**]**b.** Buch, in das die Arbeitsverhältnisse u. -zeugnisse eines Dienstboten eingetragen werden: *Der Glöckler hat eahm 's Deanstbotnbüachl in d'Händ gebm* HALLER Dismas 67; „Man suchte der Armut … vorzubeugen … indem man zur Kontrolle über die Ehalten *Dienstbotenbücher* ausstellte“ 19.Jh. Chron. Kiefersfdn 644.

[**Braut**]**b.** Gebetbuch als Geschenk für die Braut: *Brautbüachl* Hengersbg DEG.

[**Tauf**]**b. 1** Taufregister: *So steht's in Taufbuach!* HALLER Dismas 50f.; „meinem Mann werde ich … ein Präsent mit einem kleinen Freykorps

Helden … in dem *Taufbuch* machen" MEIDINGER Verfall 19.– **2** Taufgeschenk: *Taufbuch* Hengersbg DEG; „ein Schächtelchen … das *Taufbüchl*, darin … der *Taufbrief* … und … das *Taufgeld*" FÄHNRICH M'rteich 250.
WBÖ III,1247f.

†[**Vor-teil**]**b.** Protokollbuch einer Schützengesellschaft: „1858 wurde … dem … neuerwählten Schützenmeister … ein … *Vortelbuch* zur Führung behändigt" Kemnath Heimat TIR 24 (2012) 107.– Zu →[*Vor*]*teil* 'Schützenpreis'.

[**Telefon**]**b.** Telefonbuch, Gesamtgeb. vereinz.: *Döllefaanbouch* Floß TIR; *mei Frau steht doch gar net in unserm Telefonbuach drin* Mchn Altb.Heimatp. 57 (2005) Nr.48,4.
WBÖ III,1248.

[**Dienst**]**b.** wie →[*Dienst-boten*]*b.*, OB, NB, OP, SCH vereinz.: *Deaschbiachla* Derching FDB; „Jeder Knecht und jede Magd hatte ein eigenes *Dienstbüichl* (Arbeitsbuch)" REGLER Opf.Dorf 86.
WBÖ III,1248.

[**Trampel**]**b.** scherzh. Liste der Frauen, die keinen Ehemann finden: °*dö is ins Tramplbuach neikema* „hat keinen Ehemann gefunden" Eining KEH; *Mit fünfazwanzg Johr ghört a Dianl scho ins Dramplbuach* SCHLICHT Altheimld 72.

[**Evangeli(en)**]**b.**, [**-lium**]- Evangeliar, in heutiger Mda. wohl auch Meßbuch, OB, NB vereinz.: *Efangelöbuach* Walkertshfn MAI; *hot a sEvangeliumbiache gnomma und an an Brotloab gloahnt* PINZL Bäuerin 126; *1 alt permenten epistl und ewangeli puech* Rain SR 1547 Rgbg u. Ostb. 126 (Inv.).– Phras.: *dera ihra Măl is koa Evangelienbouch* „man darf nicht alles glauben, was sie sagt" KONRAD nördl.Opf. 64.
WBÖ III,1248f.

[**Fasten**]**b.** wie →[*Passions*]*b.*: *Fastnbüacha* „Gebetbücher für die Kartage" Hundham MB.

[**Grund**]**b.** Grundbuch, NB, OP vereinz.: *s Grundbouch* Stadlern OVI; *Darumb stet sein haus … in der stat gruntpuech* 1404 Runtingerb. II,220.
WBÖ III,1249f.

†[**Ehe-haft**]**b.** Buch mit den rechtlichen Satzungen einer Gemeinde: *Dorff- und Ehehaffbuechlen* Bghfn LA 1587 HARTINGER Ordnungen I,106.

[**Kalender**]**b.** Hauskalender, OB, OP vereinz.: *Kalendabüachl* Kienbg TS.

[**Kassa**]**b.** Kassenbuch: *s Kassabuach* Kochel TÖL.
WBÖ III,1250.

[**Koch**]**b.** Kochbuch: *wöis in altn Kochböichlan schtäiht* HEINRICH Gschichtla u. Gedichtla 16; *Ein new Kochbuch* A. WECKERIN, Ein Köstlich new Kochb. von allerhand Speisen …, Amberg 1598, 1.
WBÖ III,1251.

[**Kol(o)voni**]**b.** nach dem hl. Koloman benanntes Zauberbuch: *Kolvonibiache* „Kolomannsbüchl, ein Geisterbüchlein … bis zum Ende des vorigen Jahrhunderts … verbreitet" RASP Bgdn.Mda. 93.

[**Lader**]**b. 1** Buch des Hochzeitsladers mit den Namen der geladenen Gäste, OB, NB, OP vereinz.: *in Lodaböichl san dö Leid neigschriem, döi glon wean zu da Håugsad* Beilngries.– **2**: *Låderbiachl* „Buch, in dem die Gebräuche der Hochzeitsladung und Hochzeit verzeichnet sind" Ingolstadt.

†[**Land**]**b.** Buch mit dem in einem Land geltenden Recht: *das gefreyt Lanntpuch im Oberlannd zu Baiern* Mchn 1474 LORI Lechrain II,205.
WBÖ III,1251.

[**Les(e)**]**b.** Lesebuch, OB, NB, MF, SCH vereinz.: *s Lösebüachal* Lichtenhaag VIB; *wos vom Leseböichl o'schrei'm* Wir am Steinwald 3 (1995) 139; *daß jedes Schulkind … ein anderes Leßbuch mit sich brachte* Geisling R 1791 Oberpfalz 63 (1975) 82.
WBÖ III,1251.

[**Lieder**]**b.** Liederbuch, OB, NB, °OF, SCH vereinz.: °*Löidabouch* Selb; „*Liederbücherl* mit Vertonungen für Volksmusik" H. ZIEGLER, Gustl Laxganger, Mainburg 1977, 16.
WBÖ III,1251.

†[**Los**]**b.**, [**Lösel**]- Buch mit Deutungen von Prophezeiungen: *so man warsagt aus lös oder lospücher* 1459 BJV 1963,16.
SCHMELLER I,1519.– WBÖ III,1251.

[Kuh-magen]b. Blättermagen der Kuh: °*Kuhmagnbuach* Endlhsn WOR.

[Maß]b. meist Dim., Buch des Schneiders für die Maße der Kunden, OB, NB, OP vereinz.: *a Moßbüachla muaß da Schneida alleweil bei si habn* Hfhegnenbg FFB.
WBÖ III,1252.

[Merk]b. Notizbuch: *mörkxpiaxla* SCHWEIZER Dießner Wb. 156.

[Meß]b. 1 Meßbuch, °OB, NB, °OP vereinz.: °*van Ministriern is ma amål s Meßbouch untigfåln* Windischeschenbach NEW; *Mitn Meßbuach geht er üba d'Stufn ro* Roider Jackl 28; *Missalis missipvoh* Rgbg 11./12.Jh. StSG. III,655,49; *zway mess puecher* 1495 Stadtarch. Rgbg Inv.Aman, fol.5v.– **2** Dim., wie →[*(Ge-)Bet*]*b.*1, OB, NB, OP, SCH vereinz.: *s Meßbüache vagessn* Endlhsn WOR.– Phras.: *dem Teufel sein M.* scherzh. Spielkarte(n), °OB vereinz.: °*d Schpuikartn is an Deifi sei Meßbiache* Mühldf.

Mehrfachkomp.: **[Braut-meß]b., [Bräut-]-** wie →[*Braut*]*b.*, OB, NB vereinz.: *s Braidmesbüachi wird gweiht* Simssee RO.

[Mirakel]b. Sammlung von Wunderberichten: *wann die Erfüllung geschehen ist, dann ... kommt es in das heilige Mirakelbuch hinein* QUERI Rochus Mang 115; *das sie ihn wolle in das miracul-buech einschreiben lassen* Bodenmais REG 1727 ObG 14 (1972) 212.

[Nadel]b. Nadelbuch: *Nåudlböichal* „zum Aufbewahren von Stecknadeln" Beratzhsn PAR.

†**[Namen]b.** wie →[*ABC*]*b.*: „Mein Kind lernt schon im *Namabüchel* ... fängt schon zu buchstabiren an" DELLING II,85.
DELLING II,85.– WBÖ III,1252.

[Notiz]b. Dim., wie →[*Merk*]*b.*, °OB, OP vereinz.: *Notizbåichl* Kohlbg NEW; „Das ominöse *Notizbücherl* vom Josefibichl konnte Bernbacher nicht lesen" M. RITTER, Josefibichl, München [4]2013, 137.
WBÖ III,1252f.

[Rechen]b., [Rechnen(s)]- 1 Rechenbuch, OB, NB, MF vereinz.: *Rechnbüachla* Kochel TÖL; *Rechnasbuach* Preith EIH.– **2** †Rechnungsbuch: *1 rechebuch, da all weschel und raittung ynnstent* 1383 Runtingerb. II,53; *Die darinen gelegnen rechenpuecher sambt ... schuldzetlen heraus genomen* Mchn 1581 MJbBK 16 (1965) 143 (Inv.).
WBÖ III,1253.

[Rechnungs]b. wie →[*Rechen*]*b.*2, OB, NB, SCH vereinz.: *Rechnungsbiachö* Lichtenhaag VIB.

†**[Recht]b. 1** Buch mit Rechtsverordnungen: *Swaz daz rechtpůch ... hat, daz sol der richter in der schrannen richten* 1365 Stadtr.Mchn (DIRR) 384,4f.; *nach der Fürstenthumben in Bayrn von newem auffgerichtem Rechtbuch* Landr.1616 95.– **2** Aufzeichnung von rechtlichen Vorgängen: *wenn ain urtayl wirt auf daz haws geschoben vor der stat rehten, daz sol geschriben werden in daz recht půch* 1370 Stadtr.Ambg I,114.
WBÖ III,1253.

†**[Reit]b.** wie →[*Rechen*]*b.*2: *di von mir haber gechaufft habent, alz man si in meinem raitpuch mit irm nam vindet* 1377 Rgbg.Urkb. II,452f.– Zu →*reiten* 'rechnen'.
SCHMELLER II,171.– WBÖ III,1253.

†**[Ge-richt(s)]b. 1** Gerichtsprotokollbuch: *Es mag auch niemand raittung begern wider das gerichtpuch* Rgbg 1320 FREYBERG Slg. V,31; *von einer Rechtlichen Klag in das Gerichtsbuch einzuschreiben ... zween Creutzer* Landesord.1599 200.– **2** wohl wie →[*Recht*]*b.*2: *swelher ... sein anchlag fůrpringt und war macht mit dem gerichtpůch oder mit dem richter* 1340 Stadtr. Mchn (DIRR) 315,3-5.
WBÖ III,1253.

†**[Sal]b.** Güter-, Einnahme-, Schenkungsregister: *Nota der chamerschacz ... als er aus der fůrsten salpůch dem Jacob Prunnhofer gegeben worden ist* 1378 Rgbg.Urkb. II,462; *auß Briefflichen Vrkunden oder Salbüechern* Landr.1616 174.
HÄSSLEIN Nürnbg.Id. 112.– WBÖ III,1253f.

[Ge-sang]b., †**[Sang]-** Gesangbuch: *Ksångbuach* Mchn; *Er sol ... die Sangkpuchel ... vor neß vnsawberkeit halden* Nabburg 1448 Heimat Nabburg 3 (1982) 55 (Schulmeisterordnung); *sollen Sie ... ihre Gesangbüchl bey sich haben* 1654 GASSNER Rgbg.Vkde 23.
WBÖ III,1254.

[Ein-schreib]b. Dim. **1** wie →[*Maß*]*b.*: *s Eischreibbüachl* Hengersbg DEG.– **2** wie →[*Merk*]-

b., OB, MF vereinz.: *a Eischreibbüacherl* Haag WS.
WBÖ III,1254.

[**Schul**]**b.** Schulbuch, °OB, NB, OP vereinz.: °*meini åidn Schuibiachei, die hewi ma fei auf* Ebersbg; *Er klemmt na Michl seine Schöllböicha untern Arm* SCHMIDT Säimal 11.
WBÖ III,1254.

[**Schwarz**]**b.** Zauberbuch: *Nåchand håt er in san Schwoarzbejchei glesn* HALLER Bodenmaiser Sagen 73.
WBÖ III,1254.

[**Sing**]**b.** Lieder- od. Gesangbuch, OB, NB, MF, SCH vereinz.: *s Singbüächä* Ascholding WOR.
WBÖ III,1254f.

[**Spar**]**b.** Dim., Sparbuch: °*s Schbårbiachei* Ebersbg; *Sovül hob i net flüssig, des mejßert i vom Sporbejcherl ohebn* LAUERER I glaub, i spinn 155.
WBÖ III,1255.

†[**Stadt**]**b.** Stadtbuch: *Wir funden auch in dem alten statpuoch ainen artigkl* 1516 Urk.Juden Rgbg 299.
WBÖ III,1255.

[**Wander**]**b.** **1** Wanderbuch, OB, NB, OP vereinz.: *Wanderbuach* „Dienstnachweisbuch des Wanderburschen“ Mchn; „keine Strafe wegen Bettelns in seinem *Wanderbuch*“ Thiershm WUN 1850 SINGER Armut im Sechsämterld 122.– **2** wie →[*Dienst-boten*]*b.*: *s Wanderbiachö* „Dienstbuch des Dienstboten“ Mengkfn DGF.
WBÖ III,1255f.

[**Kreuz-weg**]**b.** meist Dim., Gebetbuch für Kreuzwegandachten, NB, OP, MF vereinz.: *Kreizwechböichl* Hohenfels PAR.
WBÖ III,1256.

†[**Schar-werk**]**b.** Buch mit Aufzeichnungen der zu leistenden Frondienste: *höf, hueben, viertlpaurn unnd söldner ... welche ir fürstliche durchlaucht ze scharberchen lautt ... scharberchpuech jerlich schuldig* Osterhfn VOF 1602 S. u. H.H. MAIDL, Chron. Gde Buchhofen, Winzer 2007, 98f. M.S.

Buch[2], Buggelenk, →*Bug*[2].

Buche, -ü-
F. **1** Baum.– **1a** Rotbuche (Fagus silvatica), °Gesamtgeb. vielf.: *a Buach* O'audf RO; *Biacha* Aicha PA; *d Bouchng* „die Buche“ Naabdemenrth NEW; *Glei dahinter siehgst an etla Buachan* HALLER Dismas 34; *Fagus ... puacha* Tegernsee MB 11.Jh. StSG. II,627,33; *ain raisl und ain püechel abgehauen* Abbach KEH 1600 HELM Obrigkeit 125.– **1b** Hainbuche (Carpinus Betulus), °Gesamtgeb. vereinz.: °*Buacha* Grafenau.
2 †kleines Schiff: „von einer *Zillen*, und von einer *Buchen*“ Deggendf 1453 BLH I,213.

Etym.: Ahd. *buohha*, mhd. *buoche* st/swf., germ. Wort idg. Herkunft; KLUGE-SEEBOLD 158.

Ltg: *buax* OB, SCH (dazu DGF, KEH, VIB), *buaxŋ*, *-xa* u.ä. OB, NB, SCH (dazu R), *bouxŋ*, *-xa* u.ä. nördl. NB, OP, OF, MF (dazu IN; ND), *boux* (EIH, SC), vereinz. *bua* (WEG), *buaŋ* (ND), *bouŋ* (MF), mit Uml. *biaxa* (PA), *beixa* u.ä. (KÖZ, SR; TIR; WUG).

SCHMELLER I,195-197.– WBÖ III,1257-1259.

Abl.: *Buchel*[1], *Buchel*[2], *buchen*[1], *-buchen*, *Bucher*, *Buch*(*er*)*et*, *bucherln*, *buchig*, *Büchling*.

Komp.: [**Blut**]**b.** Blutbuche (Fagus silvatica var. purpurea), OB, NB vereinz.: *Bluatbuachn* „Buche mit dunkelroten Blättern“ Ingolstadt.
WBÖ III,1260.

[**Hain**]**b.**, [**Han**]**-**, [**Hage**(**n**)]**-**, [**Hagel**]**-** **1** Baum.– **1a** Hainbuche (Carpinus Betulus), °Gesamtgeb. vielf.: °*Håglbuach* Hohenaschau RO; °*Hochlbuacha* „Weißbuche“ Germannsdf WEG; °*Honböicha* „hat sehr hartes Holz“ Solnhfn WUG; *Hoanbuacha* nach FEDERHOLZNER Wb.ndb. Mda. 116; *haganpuocha* Rgbg 10.Jh. StSG. III,467,1; *Fürpas zu dem hohen Felsen das Rabennest genant ... zu einer hagenbuchen* Sulzbach 1620 Staatsarch. Ambg Fürstentum Pfalz-Sulzbach Regierung – Sulzbacher Akten 3170, fol.11v.– **1b** Ahorn (Acer), °OB, OP, MF vereinz.: *a Hoanboucha* Buchenhüll EIH; [*Ahournbaam, Homboucha*] Weihern NAB DWA I,6.– **1c** knorriger Baum, °OB, °NB vereinz.: *Hoanbuachn* Berchtesgaden.– **2** Hagebutte, Frucht der Heckenrose °OP vereinz.: °*Hoglbuacha* Weillohe R.

Ltg: Bestimmungsw. (1) *Hain-*, *Han-* u.ä., vgl. Lg. § 20o: *hǭa(n)-*, *hǫa-* OB, NB, OP (dazu EIH; ND), z.T. mit volksetym. Anschluß an →*Haar*, dazu *hǫua-* (TIR), *hǫal-* (AÖ), dann *hǫi(n)-* u.ä. OP (dazu PA, REG; HIP), *hā̃-* u.ä. (ESB, KEM; HEB, SC), ferner *hō̃n-* u.ä. (EBE, FS; NEN, RID; WUG), *hǫun-* (AM, KEM), auch *hǫam-* (BGD; BEI), *hǫim-* (GAP; EIH), *hō̃m-*, *-ǭ-* u.ä. OP (dazu M; SR, VIT; HIP), *håm-*

(TIR; WUN).– (2) *Hage(n)-* u.ä.: *hǭŋ-* u.ä. OB, NB, OP (dazu HIP; FDB), auch *hǫuŋ-* (EIH), *hauŋ-* (WOS), dazu mit Anschluß an *Hönig* (→*Honig*) *heŋ-* (DEG), ferner *hāga-* (FFB, LL, SOG), *hǡxe-* (R).– (3) *Hagel-* u.ä.: *hǭgl-*, *-ō-* OB, NB, OP, SCH (dazu EIH), auch *hǫugl-* u.ä. (KÖZ, PAN, ROL), *hǫagl-* (DGF, LAN, REG, VOF, WOS), *hǫigl-* (R), *hēgl-* (DEG, EG), *hūgl-* (WÜM), *hǭxl-* (WEG).– Vereinz. *ā-* (WUG), *hai-* (BGD, LF, TS; PAN; SC), *haua-* (KEH, KÖZ), *hęa-* (SR), *hin-* (DEG), *haim-* (NEN), auch *hǫamf-* (TIR; WUN) mit Anschluß an →*Hanf*.

Schmeller I,1068.– WBÖ III,1260.

[**Hart**]**b.** wie →[*Hain*]*b.*1a, OB, NB vereinz.: *Hartbuachan* Röhrmoos DAH.

[**Kendel**]**b.** Buche, aus deren Holz Lichtspäne (→*Kendel*) geschnitzt werden: *Kendlbuachn* Kochel TÖL.

[**Licht**]**b.** dass.: *d Liachtbuachn* Mittich GRI; *Lichtbuche* Hager-Heyn Dorf 41; *Lichtbuche* 1700 Forstarch. 4 (1928) 84.

WBÖ III,1260.

[**March**]**b.** Buche als Grenzbaum: °*Marchbuacha* O'ammergau GAP.

WBÖ III,1260.

[**Rain**]**b.** dass.: °*Roinbouchn* Neualbenrth TIR.

WBÖ III,1261.

[**Rot(en)**]**b.** **1** wie →*B.*1a, OB, NB, OP, SCH vereinz.: *Roatbuach* Kochel TÖL.– **2** wie →[*Hain*]*b.*1a, OB, °OP vereinz.: °*Rounboucha* Hagebuche Allersbg NM.

[**Schlegel**]**b.** wie →[*Hain*]*b.*1a, °NB vereinz.: *Schleglbuacha* Passau.

[**Stein**]**b.** dass., OB, °NB, OP, °MF, °SCH vereinz.: *Stoabuacha* Weihmichl LA; *Steinbuche* Eichstätt 1806 Marzell Pfln. I,853.

WBÖ III,1261.

[**Weiß**]**b.** **1** dass., °OB, °NB, °OP, °MF, SCH vereinz.: °*Weißboucha* „Hainbuche" Abensbg KEH.– **2** Weißbirke (Betula verrucosa), °sö. NB mehrf.: °*Weißbuacha* Birke Bayerbach GRI.

Schmeller II,1030.– WBÖ III,1261. M.S.

Buchel[1], **-ü-**

F., Buchecker, °Gesamtgeb. vielf.: °*heut geh i Buachln sammln* Innernzell GRA; °*mir genga zum Bouchala klabn* Dietfurt RID; *Böicherla san gout* Bauernfeind Nordopf. 74; *A Mäuserl kimmt g'sprunga, Hat a Büachel im Mael* Pangkofer Ged.altb.Mda. 38; *fruht … die haizzent půcheln* KonradvM BdN 353,19f.; *ein Geäcker/ es sey von Aichel/ oder Piechel* Landr.1616 732.

Etym.: Ahd. *buohhila*, mhd. *büechel* swf., Abl. von →*Buche*; WBÖ III,1265.

Schmeller I,197.– WBÖ III,1265. M.S.

Buchel[2], **-ü-**, **-ucht-**, **-ü-**

M., grober, ungehobelter Mensch, °OB, °NB, °OP, °MF vereinz.: °*da Sepp, des wead so a gscheata Biache sei* Dachau; °*a so a Buchtl!* „Mensch mit grober Ausdrucksweise" O'viechtach. M.S.

Buchel[3], **-ü-**, **-ucht-**

F., Fackel (aus Spänen), °OB vereinz.: *Buchi* „Kienfackel" Berchtesgaden; „die brennenden Späne (*Bucheln* oder *Kendeln*) der Kirchgänger" südl.OB Bronner Bayer.Land 136; „*Buchtl* … aus gespaltenen Buchenscheitern … mit einem eisernen Ring zusammengehalten" Hager-Heyn Dorf 41; *dicitur lignum incensum pŭchel* Tegernsee MB 1468 Lib.ord.rer. I,200,30.

Etym.: Mhd. *buchel* st/swf., germ. Wort unklarer Herkunft; WBÖ III,1261f.

Schmeller I,196, 201.– WBÖ III,1261-1263.

Abl.: *bucheln*.

Komp.: [**Kien-holz**]**b.** dass.: *Köahoizpuchö* O'-audf RO.

†[**Span**]**b.** dass.: *Spanbuchel* M'nwd GAP Schmeller I,196.

Schmeller I,196.– WBÖ III,1263. M.S.

Buchel[4]

wohl M. **1** Wiesenkerbel (Anthriscus silvestris): °*Buchla* SOG.
2 Bärenklau (Heracleum sphondylium): *Buchla* Burggen SOG Marzell Pfln. II,832.
3 Sauerampfer (Rumex acetosa): °*die Buchla* Bernbeuren SOG.

Etym.: Herkunft unklar; WBÖ III,1265.

WBÖ III,1264f. M.S.

Buchel[5], **-ucht-**
F., Allerseelenbrot, °OB vereinz.: °*Buchtln* „kleine runde Brote, im Backofen gebacken" Rottau TS.

Etym.: Herkunft unklar; WBÖ III,1264.

WBÖ III,1264.

Komp.: [**Aller-seelen**]**b.** dass.: °*Allerseelenbüchl* Gangkfn EG; *Allerseelen-Büchel* OB Zs. für österr. Vkde 13 (1907) 98 Tafel 2,Fig.3. M.S.

Puchel
F., unfruchtbare Kuh, °OB (SOG) mehrf.: °*dö Kuh isch a Buchl!* Bayersoien SOG.

Etym.: Abl. von →*pochen*; vgl. WBÖ III,1264.

WBÖ III,1264. M.S.

bucheln
Vb. **1** stark (Tabak) rauchen, °OB, °NB vereinz.: °*der buchet in oana Tour* Gangkfn EG; *Aber du buchəlst* M'nwd GAP SCHMELLER I,196.
2 nach Rauch stinken, °OB, °NB vereinz.: °*da buchalts* „wenn einer schlechten Tabak raucht" Schönbrunn LA.

SCHMELLER I,196.– WBÖ III,1265f. M.S.

pucheln
Vb. **1** stark husten, °OB vereinz.: °*dö halb Nacht hat er buchlt* U'ammergau GAP.
2: *buchla* „im Kindermund ... schreien, plärren" Schwabsoien SOG Dt.Gaue 42 (1950) 90.

Etym.: Abl. von →*pochen*; vgl. WBÖ III,1266.

WBÖ III,1266.

Komp.: [**auf**]**p.** sich auflehnen, °OB, °MF vereinz.: °*aufbuchln* Weißenburg. M.S.

buchen[1], **-ü-**
Adj. **1** von der Buche stammend, aus Buchenholz, NB vielf., °OB, OP mehrf., OF, MF vereinz.: *dös biacha Hoöz hoatzt guad* Aicha PA; *a bår bejchana Klofta* Altenthann R; *mit an buachan Prügel übern Kopf übri g'haut* THOMA Werke VII,190 (Altaich); *Fraginus ... púchina* Windbg BOG 12.Jh. StSG. IV,64,53-55; *auch sol ein Buechener Floß auffs maist zwaintzig Bäum ... haben* Landr.1616 765.– †Phras.: „hölzern, träge; *du bist als wiə buəchə*~" M'nwd GAP SCHMELLER I,197.– Als N., Buchenholz, OB, NB, OP vereinz.: *a etla Klåfta Biachas* Sattelbogen CHA.
2 übertr.– **2a** robust, widerstandsfähig, °OB, °NB, °OP vereinz.: °*dös is a Bejchana* „gegen Kälte und Schmerzen unempfindliche Person" O'nrd CHA; *buchen, büchen* „von dauerhafter Körperbeschaffenheit" SCHMELLER ebd.– **2b** stur, hartherzig.– **2bα** widerspenstig, eigensinnig, stur, °OB, °NB, °OP vereinz.: °*des is a ganz a Buachana, der nia nåchgibt* Schrobenhsn.– **2bβ** hartherzig, °OB vereinz.: °*buachan* „hart, gefühllos" Teisendf LF.– **2c** grob, ungehobelt, °OB, °NB, °OP vereinz.: °*a Buachana* „flegelhafter Mensch" Eining KEH.– **2d** durchtrieben: °*a Böichener* Ingolstadt.– **2e** schwerfällig, ungeschickt, °OB, °NB, °OP mehrf.: °*a bejchana Heita* „träger Gaul" Wiesenfdn BOG; °*a Bouchana* „ein Langsamer" Haselbach BUL; *buchen, büchen* „hölzern, träge" SCHMELLER ebd.

Etym.: Ahd. *buohhîn*, mhd. *buochîn, büechîn*, Abl. von →*Buche*; WBÖ III,1267.

SCHMELLER I,197.– WBÖ III,1267.

Komp.: [**hain**]**b.**, [**han**(**e**)]**-**, [**hage**(**n**)]**-**, [**hagel**]**-**, [**hasel**]**- 1** von der Hainbuche stammend, aus Hainbuchenholz, °OB, °NB, °OP vereinz.: °*a hoglbouchas Holz* Michelsneukchn ROD; *A oachana Schedl hoit aa an hoabuachan Stecka aus* BAUER gut bayer. 41; *Der wagner sol hawen aichein holz zu spaicheln ... hagenpucheins zu velgen* Auerbach ESB um 1368 F. SCHNELBÖGL, Das „Böhmische Salbüchlein" Kaiser Karls IV. über die nördl. Oberpfalz 1366/1368, München 1973, 131; *bis zum hagenbuechen stumpf so im veldt stehet* Sulzbach 1620 Staatsarch. Ambg Fürstentum Pfalz-Sulzbach Regierung – Sulzbacher Akten 3170, fol.5[r].– **2** knorrig, verwachsen, °OB, °OP vereinz.: °*hagebuachan* „von verkrüppeltem Holz" Bernrd WM.– **3** übertr.– **3a** wie →*b.*2a, °OB, °NB mehrf., °OP, °OF, °MF vereinz.: °*des is ganz a Hoglbuachana, bei jedn Weda is dea dausn* Garching AÖ; °*hoanfbouchern* „zäh, unverwüstlich" Arzbg WUN; *Håglbouchåne* „feste, schwere Schuhe" ANGRÜNER Abbach 46.– **3b** stur, hartherzig.– **3bα** wie →*b.*2bα, °OB mehrf., °NB, °OP, °SCH vereinz.: °*der mit sein håglbuachan Dickschädl kon net nåchgebn* O'stimm IN; *hoogl:buachån* „Starrköpfig ... dickschädelig" CHRISTL Aichacher Wb. 250.– **3bβ** wie →*b.*2bβ, OB, NB, °OP vereinz.: °*a Hoglbouchana* „hartherzig" Pertolzhfn OVI; *hoglbouchan* „ohne Empfinden" KOLLER östl.Jura 37.– **3c** wie →*b.*2c, °OB, °NB mehrf., °OP, MF, °SCH vereinz.: °*hanebüachan* „ohne Anstand" Fdkchn SR; °*a hoambouchana Mensch* ungebildet, grob Ammerthal AM; *du Grobian, du haglbuachana!* THOMA Werke VI,445 (Wittiber).– **3d** wie →*b.*2d, °OB, °NB vereinz.: °*haglbuchan* „gerissen, durchtrieben" Mchn.– **3e** wie →*b.*2e, °OB, °NB mehrf., °OP, °MF, °SCH vereinz.: °*mit dem is nix zum macha, der gstellt si scho so hoglbuachan* Fischbachau MB; °*a recht a hoibouchana Kolpl* „hölzerner Kerl" Kchndemenrth NEW; *hå̄glbouchán* „ungelenk" ANGRÜNER Abbach 46.– **3f** konservativ, altmodisch, °OB, °NB, °OP vereinz.: °*a hoglbuachana Kunt* Birnbach GRI; *hoglboucha* „zurückgeblieben, gegen den Fortschritt" JUDENMANN Opf.Wb. 81.– Auch: *a rechta hoa*^{m}*buchena Bauer* „eingefleischt, vom alten Schlag" Wasserburg.

SCHMELLER I,1068.– WBÖ III,1267f.

[**holz**]**b.** **1** wie →*b.*2bα: °*dös is a Holzbuachener* „stur" U'haching M.– **2** wie →*b.*2e: °„schwerfällig" ebd.

[**weiß**]**b.** wie →[*hain*]*b.*1: *a waißbuachana Hammastijl* Ingolstadt.

WBÖ III,1268. M.S.

buchen[2]

Vb., stark (Tabak) rauchen, °OB vereinz.: °*dea buacht* Dachau.

Etym.: Weiterbildung von →*Buchel*[3]; WBÖ III,1266.

WBÖ III,1266. M.S.

-buchen

Vb., nur im Komp.: [**ver-hagel**]**b.**: *vahoglbuachan* verrohen Pfeffenhsn ROL. M.S.

puchen →*pochen.*

Bucher

F., Buchecker, °OB, °NB vereinz.: °*Buachan glaabt* Hirnsbg RO. M.S.

Buch(er)et

N., Buchengehölz, -bestand, °OB, °NB vereinz.: *s Buachat* Mittich GRI; *Buacharat* „mit jungen Buchen bewachsenes Gebiet" RASP Bgdn.Mda. 37. M.S.

bucherln

Vb., Bucheckern sammeln, °OP vereinz.: °*heint gehma ens Boucherln* Nittenau ROD. M.S.

buchig, -ü-, -icht

Adj. **1** von der Buche stammend, aus Buchenholz, OB, MF, SCH vereinz.: *bouchis Hulz* Weiboldshsn WUG; *a buachis Holz* BAUER Oldinger Jahr 23.– Als N., Buchenholz: °*heut hoazens a Buachigs* Walleshsn LL.

2 übertr.– **2a** robust, widerstandsfähig, °OB vereinz.: *a buachige Hose* „aus zähem Leder" Hfhegnenbg FFB.– **2b** grob, ungehobelt, °OB vereinz.: °*des is a ganz a Buacheger* Brunnen SOB.– **2c** schwerfällig, ungeschickt, °OB, °SCH vereinz.: °*a buchigs Mannsbild* Bayersoien SOG.

WBÖ III,1269.

Komp.: [**hain**]**b.**, [**hage(n)**]**-**, [**hagel**]**-**, [**rain**]**-** **1** von der Hainbuche stammend, aus Hainbuchenholz, °OP, °MF, °SCH vereinz.: °*hahbouchi* Schwabach.– **2** übertr.– **2a** wie →*b.*2a: °*der Andres, des isch a hagabichier Kerl* „gesund, hart, kräftig" Gundelshm DON; *roabuachad* „unverwüstlich, zäh" Spr.Rupertiwinkel 75.– **2b** widerspenstig, eigensinnig, stur, °OB, MF, SCH vereinz.: °*des is a Hoglbuachaga* „dickfelliger Kerl" Autenzell SOB; *hoglbuachi'* SCHILLING Paargauer Wb. 58.– **2c** wie →*b.*2b, °OB, °NB, °OP vereinz.: °*a ganz hoambuachata Klachl* [Kerl] Rgbg; *hå̄glbuaxi* „grobklotzig" nach SCHWEIZER Dießner Wb. 56.– **2d** wie →*b.*2c, °OB, °NB, °SCH vereinz.: °*mit dem kanscht nix richtn, des is a ganz Håglbuchada* Perchting STA. M.S.

Büchling

M., Zunderschwamm (Polyporus fomentarius): *Büachling* „Buchenschwamm" Peiting SOG.

M.S.

Buchs

M., Buchs (Buxus sempervirens), MF vielf., Restgeb. mehrf.: *Bux* „als Einfassung der Gartenbeete" Haag WS; *da Bux, da Buchsbam* Mittich GRI; *2 Lo. Bieral von Buxlen* Wernbg NAB um 1850/1860 CH.N. OBERMEIER, Abdeckersleut' als Volksmediziner, Ponholz 2012, 56; *Bux* „zum Pferdeschmuck, Georgiritt" SOJER Ruhpoldinger Mda. 8; *got, der Moysi erschein in ainem prinendem puͤchs* Mühldf 2.H.14.Jh. Chron.dt.St. XV,409,5f.

Etym.: Ahd., mhd. *buhs* stm., aus lat. *buxus*; PFEIFER Et.Wb. 179.

WBÖ III,1270.

Abl.: *Buchser, buchsig.* M.S.

Buchse, -büchse

F. **1** aus dem Boden ragendes od. im Boden liegendes Gestein, °NB, °OP vereinz.: °*Buchsn* „unter der Ackerfläche" Wiesenfdn BOG; °*Buchsn* „Felsen auf der Spitze eines Hügels" Cham.

2 steiniges Gelände.– **2a** steiniger Boden: „auf einer ... öden Höhe, einer sogen. *Buchsen* ... Granitblöcke" Altb.Heimatp. 14 (1962) Nr.42, 10.– **2b** Bauernhof mit steinigem Grund: °*Buxn* Metten DEG.

3: *buksn* „Gestrüpp", *doan-buksn* „Dornengestrüpp" KOLLMER II,76.

Etym.: Herkunft unklar.

Ltg, Formen: *bugsn*, auch *bugs* (DAH; OVI), mit Uml. *bigsn* (BGD; KEH).– Dim. *bigsl* (WUN).

Komp.: [**Sand**]**b.**: °*Sandbuxn* „sandiges Feld" Allkfn MAL.

[**Stein**]**b. 1** wie →*B.*1, °OB, °NB, °OP vereinz.: °*do is a Stoabuchsn drin, do ko nix wachsn* Fronau ROD.– **2** steiniges Gelände.– **2a** wie →*B.*2a, °OP mehrf., °OB, °NB, °OF vereinz.: °*a Stoabuchsn* „Hang mit herausstehenden Felsen" M'rfels BOG; °*af dera Stoibuxn hülft a koa eisana Pflouch* Pertolzhfn OVI.– Als Fln. WUN.– **2b** wie →*B.*2b, °OB, °NB, °OP vereinz.: *Schtoabuxn* Hof mit steinigem Grund Lam KÖZ.

M.S.

Büchse, -u-

F. **1** Behälter, Gefäß.– **1a** Dose, °OB, °NB, °OP, °OF vereinz.: *a boinas Bixl* Hengersbg DEG; *de Büchsn mit de Weihnachtsguatl* MM 24./25./26./27.12.1998[,33]; *buhsa ... trvha* Aldersbach VOF 12.Jh. StSG. III,251,40; *I helfenpainein puͤchsen vnd V granat darinn* PIENDL Hab und Gut 203; *ein Bixlein mit griener Salb* Straubing 1662 Errettung der Jungfrau 31.– **1b** Behälter für Geld.– **1bα** †Kasse: *do mein Herre zu München was in di püchsen gelegt. xij guldein* Ingolstadt 1392 FREYBERG Slg II,113.– †Phras. *in die B. blasen* viel zahlen: *Steuren ... Müst ihr für heur schon widerum in das Bixel blasen wie vor?* SELHAMER Tuba Rustica II,70;– schöntun: *jene, welche ihnen besser in die Büchse blasen, mit der Holzabgabe nach eigenem Gefallen gratificiren* KREITTMAYR Rechtsregeln 159.– **1bβ** Sammelbüchse, Behälter für Geldspende, NB vereinz.: *Büxn* Opferstock Metten DEG; „was auf Weihnachten *bei dem Krippelein in die Pixen gefallen*" Vogtarth RO 2.H.17.Jh. MITTERWIESER Weihnachtskrippen I 12.– **1c** Dim., Salzbehälter, -streuer, OB, NB vereinz.: *Büchserl* Reisbach DGF.– **1d** Dim., Schnupftabakfläschchen: °*Bixl* „Schnupftabakglas" Langdf REG; *Büchsl* HALLER Geschundenes Glas 85.– **1e** Biergefäß des Glasmachers: „einfache und robuste Gefäße, die sie ... *Büchsn* nannten" REIMEIER Hüttenstaub 121.– **1f** †Meßbehälter für Getreide: „Getreidemaß; in Regensburg *2 Büchsen = 1 Schaff*" SCHMELLER I,198; *Malz ... an der geambten Büchse einschütten* Landshut 1486 ZILS Handwerk 15.

2 hohles, umschließendes Bauteil, Buchse.– **2a** Muffe: „Beim Verlegen ... wurden die einzelnen Rohre mit *Büchsen* ... verbunden" KERSCHER Handwerk 15; *3 Püchsen zu ... Roren zum Pad* 1484 Frsg.Dom-Custos-Rechnungen I,529; *hat ... mit den Pixen ... khinden vmb gehn ... aber ... aus vnfleiß den Spunt ... nit her aus gedan* 1631 HAIDENBUCHER Geschichtb. 83.– **2b** auch †M., Lager für eine Achse, Stange, °OB, °NB mehrf., °OP, SCH, °MF vereinz.: °*Bixn* „in der Radnabe" Neusorg KEM; °*Bixn* Laufbüchse des Kolbens eines Pumpbrunnens Regelsbach SC; „Die Achsen wurden komplett mit *Büchsen* und *Stiefeln* [s. Bed.2c] gekauft" Mimbach u. Mausdf 105; *damit die Feichtigkheit ... in das Hole khomme, in dem Bux* [Holzlager im unteren Mühlstein] Erding 1606 ZILS Handwerk 108.– **2c** metallener Zylinder, der das über die Nabe hinausragende Achsenende umschließt, °OB, °NB, °OP vereinz.: °*Bixn* „auf die Wagenachse geschoben, damit das Rad nicht ablaufen kann" Steinhögl BGD; „Seitlich an der Achse befestigt ist die *Büchs*, durch den *Lohner* [Achsnagel]" BJV 1951,164.– S. Abb. 9.

3 Dim., Bordüre: *biksl* KOLLMER II,60; *1 welsch par hosen von Silberm Tuech mit weis atlasen Pixlen* Mchn 1580 WESTENRIEDER Beytr. V,173.

4 Feuerwaffe.– **4a** auch †M., Gewehr, °OB, °NB, OP, MF vielf., Restgeb. vereinz.: °*Bix* Wasserburg; *Bichsn* Jagdgewehr Mörlach HIP; *der Jaager ... mit seiner g'spannt'n Bix* KOBELL-WILHELM Brandner Kaspar 31; *so gar snell ... sam ein geschozz, daz man auz buͤchsen schiusset* KONRADvM BdN 117,27-29; *mit einer gelad-*

nen püechsen Griesbach 1550 Helm Obrigkeit 116.– Phras.: *der wirfd de Bix as Kon ei* Flinte ins Korn werfen Prien RO, ähnlich FS.– „Eisstockschießen … Jeder Schütze traf *wie aus der Bix außa*“ [sehr sicher] N'viehbach LA Altb. Heimatp. 15 (1963) Nr.10,4.– Schnaderhüpfel: *a Bügsal zum Schiaßn, an Raufring zum Schla(g)n, a Dianal zum Liam muas a flotta Bua ham* Simbach PAN, ähnlich ROD.– **4b** †Geschütz: *ein Zug daran man die grossen puchsen hebt* Ingolstadt 1469 MHStA Fürstensachen 180½, fol.2r; *Ă hat â mit g'râdelten Büchsen naus g'hagelt* OP 1683 Hartmann Hist.Volksl. II,61.

5 Genitalien.– **5a** Vagina, °OB, NB, OP vereinz.: *Haar a da Bix* Erding; *Bixn* „Vulva“ Federholzner Wb.ndb.Mda. 35.– Schnaderhüpfel: *a soichas feins Büchsal soi an iads Diandl håbm, wönn mas zåmdruckt, daß's schnacklt wia r an eisgachsta* [eisenachsig] *Wågn* Simbach EG.– Übertr.: °*Bixn* „für einen Keil bereitetes Loch zum Steinespalten“ Hauzenbg WEG.– **5b** scherzh. Penis im Wortspiel mit Bed.4a: *schamst dö dönn nöd, du åjda Schwed, daß dei Bixal nimma gehd?* „Spottlied auf einen alten Mann“ Reisbach DGF.

6 von weibl. Personen.– **6a** liederliche, zügellose (junge) Frau, °OB, °NB, °OP vereinz.: °*Bixn* „flatterhaft oder unverschämt“ Weiden; *Bixn* „leichtes (auch freches) Mädchen“ Schneider Bair.gschimpft 11; *d'Leut … Sie surma als wie d'Hummeln Um d'… Pixn h'rum* Sturm Lieder 78.– **6b** allg. abwertend od. Schimpfw., °OB, °NB, °OP, °MF vereinz.: °*a junge Buxn* „abschätzig“ Mchn; „Schimpfnamen für 'Frau' … *Beesn … Biksn, Bisgurn*“ Braun Nordbair. 53.

Etym.: Ahd. *buhsa*, mhd. *bühse* st/swf., aus lat. *puxis*; Kluge-Seebold 158.

Delling I,104; Schmeller I,198-200; Westenrieder Gloss. 62.– WBÖ III,1270-1274.

Abl.: *büchseln*1.

Komp.: [**Achs(en)**]**b.** Achslager in der Radnabe, °NB, °OP vereinz.: *d Achsbüchsn* Naabdemenrth NEW.

WBÖ III,1274.

[**Adel**]**b.**: *odl-buksn* „Rohr, aus dem die Jauche fließt“ Kollmer II,213.

†[**Almosen**]**b.** Behälter für Almosen: *40 fl, welche … zu der nideraschau: Almosen pixen gegeben worden* Sachrang RO 1698 Jahn Handwerkskunst 477.

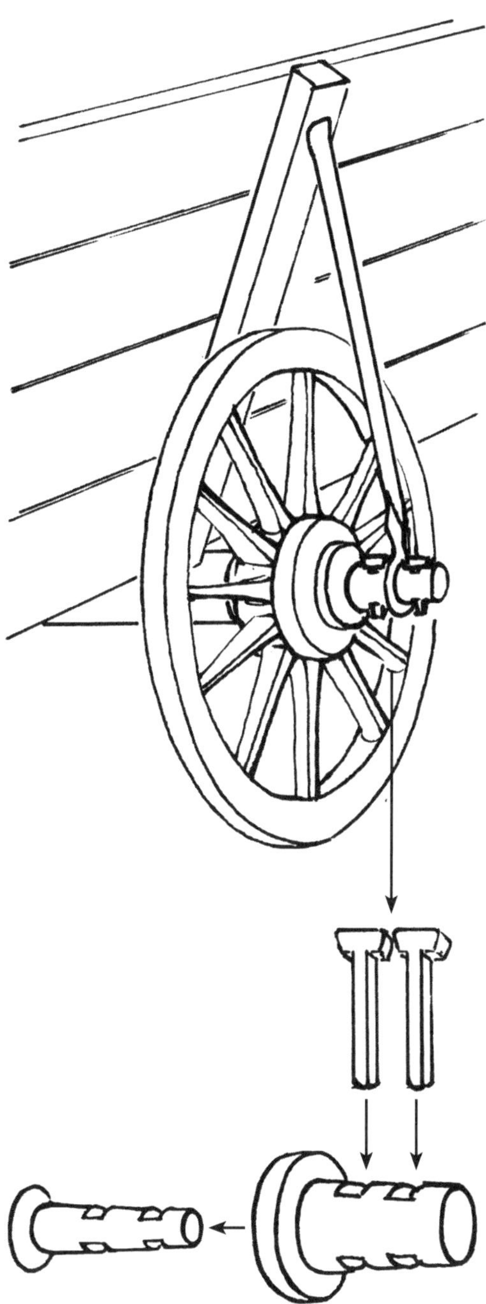

Abb. 9: *Büchse* 'Metallzylinder, der mit Achsnägeln am Achsenende befestigt wird' (Reut PAN).

[**Arsch**]**b.** in Phras.: °*mit da Åschbix schiaßn* „einen fahren lassen“ Sindlfing ED.

WBÖ III,1274.

†[**Balsam**]**b.** Büchse für Balsam: *Habn kinnts an meinem Standl … Hemadknöpfi, Amuletter … Balsambüchsl* Bergen TS 1898 Fanderl Obb.Lieder 9f.; *mit Einkaufung Balsam Pixlen*

und siebernen Dank Ringlen 1696 BREIT Verbrechen u.Strafe 265.

†[**Becken**]**b.** Kasse der Bäckerzunft: *Der Lehrnknecht soll auch geben in der Peckhen-Püchs 4 Schilling Pfennig* Mchn 1535 ZILS Handwerk 10.

[**Pfeffer**]**b. 1** meist Dim., Pfefferbehälter, -streuer, °OB, °NB, OP, SCH vereinz.: °*bring ma s Pfeffabüxei!* Grafenau; „da zog ich mein ... *Pfeffabixl* aus der Tasche" Altb.Heimatp. 56 (2004) Nr.2,22.– **2** übertr.– **2a**: *Pfefferbüchsl* „Glotzaugen" Pförring IN.– **2b** von weiblichen Personen.– **2bα** zänkische, ungute Frau: *an Moasta sei Pfeffabixn* Pfarrkchn; *Pfeffabix* „freche, junge Frau" BINDER Saggradi 155.– **2bβ**: *Pfeffabix* „mannstolle Frau" ebd.

WBÖ III,1274.

[**Pfeil**]**b.** Armbrust, OB, NB vereinz.: *Pfaibiks* Mchn.

WBÖ III,1274.

[**Pfeit**]**b.** Manschette am Hemdsärmel: *pfoadbiksl* KOLLMER II,60; *Das Hemet- oder Pfaid-Büchslein* SCHMELLER I,200.– Zu →*Pfeit* 'Hemd'.

SCHMELLER I,200.

[**Pirsch**]**b.** Jagdgewehr: *Biaschbiks* Aicha PA; „1 *Pürsch Püxen*" Furth CHA 1604 Oberpfalz 93 (2005) 359 (Inv.).

SCHMELLER I,281.– WBÖ III,1274.

[**Blech**]**b.** Blechbüchse: *Blechbüchsn* Weidach AIB; *ës wird von der Dachrinner åber'tropft håbn, då wird à Blëchbüchserl durt sâ* HALLER Frauenauer Sagen 47.

WBÖ III,1274.

†[**Bock**]**b.** aufgebocktes Geschütz: *iij pock puchsen* Ingolstadt 1469 MHStA Fürstensachen 180½, fol.1ᵛ.

[**Bolz**]**b. 1** wie →*[Pfeil]b.*, OB vereinz.: *Böitsbiks* „Armbrust" Mchn.– **2** †Luftgewehr: „Vielfach bestehen neben den Feuerschützen Gesellschaften, welche die *Polzbüchse* gebrauchen" LENTNER Bavaria Almen 45.

WBÖ III,1274.

[**Brot**]**b.** Brotbüchse: *a Broutbügsn* Hengersbg DEG.

WBÖ III,1274.

[**Brunn(en)**]**b.** Führungsrohr des Kolbens eines Pumpbrunnens: °*Brunnbüchsn* Pleinting VOF; „In der Hammerschm. ... 114 *Brunnbüchsen*" Reichenhall HAZZI Aufschl. III,1030; *bezalt ... vmb 350 Pronnenpixen aine p. 6 kr* 1573 Stadtarch. Rosenhm Abt. B/A Nr.16, 121 (Originalbel. nicht überprüfbar).

WBÖ III,1274f.

[**Schnupf-tabak**]**b. 1** Schnupftabakdose: *Überoi stehngan de Schnupftabakbüchsna ummanand* Buch ED Altb.Heimatp. 48 (1996) Nr.28,3.– **2** wie →*B.*1d: „Schnupftabakgläser ... *Schnupftabakbüchsl*" HALLER Geschundenes Glas 62.

WBÖ III,1275.

†[**Tarraß**]**b.** Geschütz für Blei- od. Steinkugeln: *in solcher Absicht ... bitte er ... den Rath von Regensburg um zwei Tarraßbüchsen* 1466 GEMEINER Chron. III,401.

SCHMELLER I,199, 616.– WBÖ III,1275f.

[**Doppel**]**b.** Doppelbüchse, NB, OP vereinz.: *Doppöbichsn* Mittich GRI; *do nimm i ... mei Doppelbüchs, schiaß eini, daß oiss raucht* REIMEIER Wetzstoa 33.

WBÖ III,1276.

†[**Eisen**]**b. 1** Behälter aus Eisen: *in einer eisin puchsen ettlich sylber und pruchsilber* Rgbg.Judenregister 129.– **2** wie →*B.*2a: *vmb 4 Eÿsnen Puchsen zu den ernen Roren ... den.32* 1484 Frsg.Dom-Custos-Rechnungen I,531.

†[**Faust**]**b.** Pistole: *daß sie ... mit einer Faust Büchs ... an die rechte Seyten deß Angesichts geschossen worden* Wunderwerk (Benno) 209.

SCHMELLER I,199, 774.– WBÖ III,1276.

[**Feder(n)**]**b. 1** Federschachtel, OP mehrf., OB, NB, OF, MF vereinz.: *s Födåbixlå* Hohenpeißenbg SOG; *A Fädabüx'n ... Foutteral für Griff'l, Fedahalter und Fedan, Bleistift' und Tint'nwischer* Wir am Steinwald 3 (1995) 137f.– **2** Federbüchse: „Griffelschachtel und *Federbichsl*" FÄHNRICH M'rteich 243.

WBÖ III,1276f.

[**Feuer**]**b. 1** †wie →*B.*4b: *ein fewrpuchsen auf zwain Redern* Ingolstadt 1469 MHStA Fürstensachen 180½, fol.2ᵛ.– **2**: *Feuabüxn* „rothaariger Mensch" Michelfd ESB.

[Griffel]b. wie →[*Feder(n)*]*b.*1, OB, NB mehrf., OP, SCH vereinz.: *Grifflbix* Derching FDB.
WBÖ III,1277.

[Gummi]b. Schleuder, Kinderspielzeug: *Gumöbiksn* Aicha PA.

[Gump(en)]b. 1 wie →[*Brunn(en)*]*b.*, °OB, °NB, °OP, °MF, °SCH vereinz.: °*Gumpbüchsn* „aus Messing" Passau; °*Gumperbüchs* Ried FDB; *Die Gumpbüchsen* SCHMELLER I,914.– **2** †wie →[*Bolz*]*b.*2: *mit einer Gumpbüchse … auf ihn geschossen* F.D. REITHOFER, Die Kriegsereignisse in Landshut am 16. u. 21. April 1809, Leipzig 1809, 22.
SCHMELLER I,914.

†**[Haken]b.** Hakenbüchse: *Hàgngbücksn* „schwerere Art Schießgewehr" SCHMELLER I,1070; *in ainem klain vässl kugl … zu den hagkhen puchsen* Rain SR 1547 Rgbg u.Ostb. 121f. (Inv.).
SCHMELLER I,199, 1070; WESTENRIEDER Gloss. 62.– WBÖ III,1277f.

†**[Haupt]b.** bes. großes Geschütz: *zwo Hauptbüchsen … förderlich zurichten* Mchn 1491 BLH X,473.
SCHMELLER I,199.– WBÖ III,1278.

[Hemd]b. wie →[*Pfeit*]*b.*: *hẽmad-biksl* KOLLMER II,150.
SCHMELLER I,200.

[Holler]b., [-old-]- 1 ausgehöhltes Holunderholz zum Verschießen eines Pfropfens, Spielzeug, °OB, °NB, °OP, °SCH vielf., °MF mehrf.: *Hollerbüxn* „mit Wergpfropfen und Ladstock" Wasserburg; °*Hoiabix* Neufraunhfn VIB; *mei Hollabixn göid höicha* Sulzbach; „sehr beliebtes Spielzeug … *Hollerbüchsen*" BRUNNER Heimatb.CHA 91.– Sachl. s. Oberpfalz 93 (2005) 52.– **2** scherzh. übertr.: *Hollabiks* „schlecht schießendes Gewehr" Ingolstadt.
SCHMELLER I,1084.– WBÖ III,1278f.

[Kaffee]b. Kaffeebüchse, OB, NB, SCH vereinz.: *d Kafeebiksn* Ascholding WOR.
WBÖ III,1279.

[Karren]b. Geschütz auf fahrbarem Gestell: *a Karrnbüchsn* Wasserburg; *Karrenpüchs* „Kanone" HOHENEICHER Werdenfels 68; *2 kharrn püxen* 1603 SbMchn 1910, 5.Abhandlung, 17 (Inv.).
SCHMELLER I,199; WESTENRIEDER Gloss. 62.– WBÖ III, 1279.

†**[Klotz]b., [-ö-]-** Geschütz für geschmiedete Eisenkugeln: *drey Klötzpuchsen … in pöckl gefasst* Ingolstadt 1469 MHStA Fürstensachen 180½, fol.4[v].
WBÖ III,1279.

[Kugel]b. 1 Kugelbüchse OB, NB, OP vereinz.: *a Khuglbiks* Stadlern OVI; *Am Stutzenbrett … da hängt mei Gwehr. A Kugelbix vo anno acht* DINGLER bair.Herz 69; *bey der … kleinen Pirsch … sollen sie … allein gezogene Kugelbüchsen führen* Mchn 1695 Slg der Kurpfalz-Baier. … Landes-Verordnungen, hg. von G.K. MEYR, München 1788, III,96.– **2** wie →[*Holler*]*b.*1: *Kugelbüchse* Pillmersrd WÜM Oberpfalz 93 (2005) 52.
WBÖ III,1279f.

†**[Ein-lag]b.** wohl wie →*B.*1bβ: *in der … kapelen die … einlag pixen … zuerbrechen* Auerbach ESB 1774 HELM Konflikt 69.

[Leg]b. Legbüchse, NB vereinz.: *da hejft koa Warnung vor Lögbüchsn und koa Köttnhund* Hengersbg DEG; „Fußbremshebel für *Legbüchsen*" SZ 7 (1951) Nr.56,4; *Mit Leg-Büchsen kan man sie auch bekommen* SCHREGER Speiß-Meister 103.
WBÖ III,1280.

[Loner(er)]b., [-ön-]-, [-an(d)-]-, [-am-] wie →*B.*2c, °OB, °SCH vielf., °NB, °OP, °MF vereinz.: °*da Wång pfeifd ned schlechd, deafs a d Lonabix a Feddn einischmian* Dachau; °*Lenabuchs* Eslarn VOH.– Zu →*Loner* 'Achsnagel'.

[Mäschelein]b. Dim., Schnupftabakfläschchen aus Filigranglas: *Mascherlbüchsel* HALLER Geschundenes Glas 92.

[Mühl]b. Lager der Welle im Mühlstein, °OB, °NB, °OP vereinz.: °*Möibuchsn* M'rfels BOG; *den dexel selbs einlegen, Auch die mul puxen* 1551 MHStA GL Landshut 61, fol.25[r].

[Naben]b. wie →[*Achs(en)*]*b.*, OB, OP vereinz.: *Nombüchsn* Hohenrd SOB.

[Nadel]b. meist Dim., Nadelbüchse, Gesamtgeb. vereinz.: *s Nådlbixal* „aus Holz oder Bein" Wasserburg; *nǭlbikfla* nach SCHWEIZER Dießner Wb. 133; *in dem Nadelbüchsel verwahret* MEIDINGER Verfall 40.
WBÖ III,1280.

[Opfer]b. wie →*B.*1bβ, OB, OP vereinz.: *Opfabixn* Opferstock Hessenrth KEM.
WBÖ III,1280.

[Rad]b., [Rädlein]- 1 auch M. (EBE), wie →*[Achs(en)]b.*, °OB, °NB, °OP vereinz.: *d Rådbichsn* „aus Eisen" Mittich GRI.– **2** wie →*B.*2c, °OB, NB, °OP vereinz.: *Ralbiksn* „wird eingeschmiert" Aicha PA.
WBÖ III,1280.

[Raffel]b. 1: °*Rafflbüchse* „altes Gewehr" Lenggries TÖL.– **2** von Menschen.– **2a** leicht reizbare, zänkische Person, bes. Frau, °OB, °NB, °SCH vereinz.: °*Rafflbüchs* „Frau, die immer schimpft" O'bibg WOR.– **2b**: °*Raffelbüchse* „Mädchen, das den Männern nachläuft" Bayersoien SOG.

[Räuker]b.: °*Reikabixn* „durchlöcherte Blechbüchse an einem Draht, in der die Kinder durch Schwingen im Feuer Kartoffelkraut verbrannten" Neuhs NEW.

[Röhren]b., †**[Röhr]-** wie →*B.*2a: °*Rearnbixn* „eiserne Muffe zur Verbindung von Holzröhren" Langdf REG; *Marxen Dufftschmidt von Aurdorf, vmb ... Rher Pixen zalt 8 fl. 24 kr.* 1647 Stadtarch. Rosenhm Abt. B/A Nr.67, fol.56r.
WBÖ III,1280.

[Rotz]b. 1: *Rotzbichsn* „Kind mit verrotzter Nase" Mittich GRI.– **2** ungezogenes Kind: °*Rozbigsn* Lohbg KÖZ.

[Salz]b. 1 Salzbehälter, -streuer.– **1a** meist Dim., in eig. Bed., °Gesamtgeb. vielf.: °*Soojzbixl* Wasserburg; *Sajzbixl* „mit Streulöchern" Passau; *Salzbüchsel* „Salzfäßchen, welches man bei der Mahlzeit auf den Tisch setzt" Delling II,119; *As Soizbüxal gib uma* MM 28./29.6.1997, J5; *1 zines salz pixl* M'rfels BOG 1629 BJV 1962,206 (Inv.).– Phras.: *Hagelkörner wie Salzbüchsel* [große Hagelkörner] Handzell AIC.– **1b** Dim., scherzh. übertr.– **1bα** (hervorstehendes) Auge, °Gesamtgeb. vereinz.: °*schau it* [nicht] *gar a so mit deine Salzbixlan!* Hochdf FDB; *mach halt deine Salzbüchsln auf!* Rohrer Alt-Mchn 152.– Phras.: °*då håds eam d Såizbixl aussadriem* „da hat er gestaunt" Ebersbg;– auch: °*den treibts d Salzbixl raus* „er starrt gierig auf etwas" Bayersoien SOG.– Im Wortspiel mit Bed.1a: *brauchanda deine Soizbixl ausrama?* „zu einem Großäugigen" Erding.– **1bβ**: °*Salzbüchsl* „Vertiefung am Hals bei mageren Menschen" Garmisch-Partenkchn.– **2** †Kasse für die Einkünfte aus dem Salzhandel: *Die, den man die salzpüchsen bevolhen hat, sollen sweren: Das sy ... handeln dem salz zu nutz* 1465 Koller Eid 116.
Delling II,119; Zaupser 65.– WBÖ III,1281.

[Sammel]b. wie →*B.*1bβ, NB vereinz.: *Samöbiksn* Aicha PA.
WBÖ III,1281.

†**[Scherm]b.** Geschütz mit Holzschirm als Dekkung für die Bedienungsmannschaft: *v Schermbüchsen vngefasst* Ingolstadt 1469 MHStA Fürstensachen 180½, fol.2v.
WBÖ III,1281.

[Schindel]b. wie →*[Pfeil]b.*, OP vereinz.: *Schindlbüchs* Pechofen TIR; *šintlbikſn* „Armbrust" nach Denz Windisch-Eschenbach 239.

[Schleh]b. wie →*[Holler]b.*1: °*Schleebüchsn* Vilsbiburg.
WBÖ III,1281.

†**[Schlüssel]b.** Art Böller, aus einem Schlüssel hergestellt: *Heund suach i mar an oidn Schlüßl und mach ma mei Schlüßlbüchsn förtö!* Schlicht Dorftheater 1.– Sachl. vgl. Westenrieder Gloss. 508.
Delling II,138; Westenrieder Gloss. 508.– WBÖ III, 1281.

[Schmäl]b. wie →*[Schnupf-tabak]b.*1: °*Schmaibixl* Wasserburg; „die *Schmaibüchsl* gingen von Hand zu Hand" Wandtner Apfelbaum 48.– Zu einer Kurzf. von →*Schmälzler*.

[Schmalz]b. Büchse für Schmalz, OB, NB, OP vereinz.: *Schmåjzbüchsn* Reisbach DGF.
WBÖ III,1281.

[Schmier(en)]b. 1 Dose für Schmiermittel, OB, NB vereinz.: *Schmirmbüchs* O'audf RO.– **2** wie →*B.*2c, °OB, °NB, OP vereinz.: *Schmiabichsn* Kohlbg NEW.
WBÖ III,1281.

[Schnatter]b., [-ä-]- 1 Mund, Mundwerk, NB vereinz.: *håid do dai Schnådabix!* Kötzting.– Phras.: *dea hat an Extrakraiza in d Schnadabixn zoid* „redet unermüdlich" Mchn.– **2** von Menschen.– **2a** geschwätzige Person, bes. Frau,

°OB, °NB, °OP vereinz.: *is dös a Schnadabixn!* Garham VOF; *Hoid doch endle dei Mei … du oide … Schnodabix!* Binder Saggradi 210f.– **2b**: *a Schnetterbix* Schulkind, das alles dem Lehrer anzeigt Peiting SOG.

Schmeller II,584.– WBÖ III,1281.

[**Schnupf**]**b.** wie →*[Schnupf-tabak]b.*1: *er holt … 's Schnupfbüxl … aus'm Hosensackl* Siebzehnriebl Grenzwaldheimat 30.

WBÖ III,1281.

[**Spar**]**b.** Sparbüchse, °OB vereinz.: °*Sparbixn* Steinhögl BGD; *Schparbix* Grasmann Hafner Kröning 384.

WBÖ III,1282.

[**Spei**]**b.**: *Speibichsn* jähzorniger Mensch Neubeuern RO.

[**Spritz**]**b.** **1** ausgehöhltes Holunderholz zum Verspritzen von Wasser, Spielzeug, °OB, OP, SCH vereinz.: *Schbrizbixn* Sulzbach; „*Spritzbüchse* … aus einem Hollerstück … Vorne … ein … Stück Holz mit einem Loch in der Mitte" Pillmersrd WÜM Oberpfalz 93 (2005) 52.– **2** Schrotgewehr: *Spritzbüchsn* „zum Verschießen von Rehposten" Mchn.– **3** von Menschen.– **3a** wie →*B.*6a: °*a Spritzbüksn* „anrüchige weibliche Person" Ingolstadt; *Spritzbüchsel* „steif einher stolzirendes Mädchen, das … sich … nicht artig beträgt" Delling II,169.– **3b**: *a Spritzbüchsn* „nichtsnutziger junger Mensch" Mchn.

Delling II,169; Schmeller II,708.– WBÖ III,1282.

[**Spund**]**b.**: *Schbundbüxn* „eiserner Verschlußring um das Spundloch" Reisbach DGF.

WBÖ III,1282.

[**Steft**]**b.** wie →*[Feder(n)]b.*1: *Stäftbixn* Immenrth KEM.

WBÖ III,1282 (Stiftlein-).

[**Stops(el)**]**b.** **1** wie →*[Holler]b.*1, °OB, °NB, OP vereinz.: *a Schdobsbüchs* Pelchenhfn NM.– **2** Spielzeuggewehr mit Bolzen, °OB vereinz.: °*Schdobbslbix* „mit Stopsel an einer Schnur" Ebersbg.

WBÖ III,1282f.

[**Streu**]**b.** Streusandbüchse: *Strahbüxl* Hengersbg DEG; *Der Doctor … schreibt den Brief … nimmt … die Sträbichsen, sträet die Schrift* Bayer.Barockpr. 191 (Andreas Strobl).

WBÖ III,1283.

[**Wagen**]**b.** **1** wie →*[Achs(en)]b.*, °OB, NB, °OP vereinz.: *Wongbixn* Gergweis VOF; *zwo Wagenpuchsen wurchen und einlegen* Essenbach LA 1450 Hartinger Ordnungen I,166.– **2** †großes Geschütz auf einem vierrädrigen Wagen: *Wagenbüchs* „Kanone" Hoheneicher Werdenfels 68; *ain claine Wagenbuchsen gehört in die Wagen burg* Ingolstadt 1469 MHStA Fürstensachen 180½, fol.10ᵛ.

Delling II,197; Schmeller I,199.– WBÖ III,1283.

[**Weibichtes**]**b.** wie →*B.*6a: *waiwadsbikſn* „liederl. Frau" nach Denz Windisch-Eschenbach 283.

[**Werg**]**b.** wie →*[Holler]b.*1: °*Werchbix* Erling STA.

WBÖ III,1283.

†[**Hand-werks**]**b.** Zunftkasse: *in die Handwerchspüchs zu legen* Mchn 1535 Zils Handwerk 11.

[**Wetter**]**b.** scherzh. Regenschirm, °OB, °NB, °OP vereinz.: °*hait muaß i a Weddabichs mitnehma* Wackersbg TÖL; *Weedabix* Spr.Rupertiwinkel 95.

Mehrfachkomp.: [**Grob-wetter**]**b.** scherzh. dass., °OB vereinz.: °*Growedabix* Schleching TS; *Growedabix* Sojer Ruhpoldinger Mda. 19.

[**Wilderer**]**b.**: *Widarabix* „zum Verstecken zerlegbares Gewehr" Spr.Rupertiwinkel 96.

†[**Wind**]**b.** wie →*[Bolz]b.*2: *1 Windbüchse* Tölz 1800 StA Mchn BrPr. 11265, fol.24ᵛ (Inv.).

WBÖ III,1283.

[**Zucker**]**b.** Zuckerdose, Gesamtgeb. vereinz.: *Zukkabixn* Fürnrd SUL; *Zuckerbüchse* Kretschmer Wortgeogr. 594; *1 Blechene zuker Pixe* M'rgars WS 1787 StA Mchn BrPr. 8391, fol.46ᵛ (Inv.).

WBÖ III,1283.

†[**Zünd**]**b.** Dim., kleine Handfeuerwaffe: *Jn Hochhofers Turnn … ij ladstecken, j Zintpuxl* 1533 StA Mchn Regierung Burghausen 926, fol.4ᵛ (Inv.). M.S.

büchseln[1]
Vb. **1** zahlen, spenden.– **1a** blechen, °OB, °NB, °SCH vielf., °OP vereinz.: °*da Huababauer hot an Prozeß valorn, jetz muaßa bichsln* Anzing EBE; °*heit muaßt wieda schwar bichsln* „beim Kartenspielen“ Straßkchn SR; °*bixln* „Alimente zahlen“ O'wildenau NEW; *Iatzt muaßt schö' brav büchseln* MEIER Werke I,554 (Natternkrone).– **1b** Geld spenden, OB, NB, OP vereinz.: *büxln* Passau.
2: *büchseln* „geschlechtlich verkehren“ ⁴ZEHETNER Bair.Dt. 83.
WBÖ III,1283.

Komp.: [**ver**]**b.**: °*der hod oiss vobixlt* „alles Geld mit Frauen durchgebracht“ Neufraunhfn VIB.
M.S.

büchseln[2]
Vb., viel trinken, saufen, °NB, °OP vereinz.: °*gestan hama wida richte bixlt* O'viechtach.
M.S.

puchsen, schlagen, hinauswerfen →*pochsen*.

büchsen, -u-
Vb., viel trinken, saufen, °OB, °NB vereinz.: °*hast jetz scho wieder oane buxt* „eine Halbe Bier getrunken“ Brunnen SOB; *büchsen* Nürnbg SCHMELLER I,200.– Phras.: °*Bier buchsn* „Bier auskarten“ Ingolstadt.
Etym.: Abl. von gaunersprl. *Buchs* 'Most'; Schw.Id. IV,1008.
SCHMELLER I,200, 218.– WBÖ III,1296 (pucksen).

Abl.: *büchseln*[2], *-buchser*.

Komp.: [**aus**]**b.** austrinken, °NB, °OP, °OF, °MF, °SCH vereinz.: °*der hot de Halbe schnell ausbuxt* Fronau ROD; *ausbux·n (ein Glas)* „schnell austrinken, ausstürzen“ SCHMELLER I, 218.
SCHMELLER I,218.– WBÖ III,1296. M.S.

Buchser
M., Buchs (Buxus sempervirens): *Buchsa* Kchbg REG. M.S.

-buchser
M., nur im Komp.: [**Bier**]**b.**: °*a Bierbuchsa* „Biersäufer“ Ingolstadt. M.S.

buchsig, -icht
Adj. **1** spröde (vom Holz): °*buxig* Fischbachau MB.
2 von Menschen.– **2a** abweisend, launisch, °OB vereinz.: °*der is recht buchsig* Wackersbg TÖL.– **2b** geizig, °OB, °NB, °OP, °OF vereinz.: °*dös is a Buchseta* Thiershm WUN; *buchsi* BAUERNFEIND Nordopf. 142.
WBÖ III,1284. M.S.

Buchte
F., Biegung, Einbiegung, Einbuchtung, °OB, °NB vereinz.: °*Buchtn* Eitting MÜ.
Etym.: Abl. zur Wz. von →*biegen*; vgl. KLUGE-SEEBOLD 159.

Komp.: [**Ein**]**b.** dass.: °*Einbuchtn* O'hsn LAN.
M.S.

Buchtel[1], **W-**
F. **1** Buchtel, Hefegebäck, °OB, °NB, °OP mehrf., °MF, °SCH vereinz.: °*d Muata bacht wieda Buchtln* Penzbg WM; *Wuchterl* „kleine Rohrnudel“ M'ldf NEW; *Buam, megt's a Brotzeit, megt's Buchtln?* SILBERNAGL Almsommer 151.
2 gebackener Strudel: *Wuchtel, Buchtel* „mit Apfelmus oder Marmelade gefüllt, in heißem Fett schwimmend gebacken“ ⁴ZEHETNER Bair. Dt. 383.
Etym.: Aus tschech. *buchta*; DWB XIV,2,1729.

Komp.: [**Erd-äpfel**]**b.** gebackener Strudel aus Kartoffelteig: *Erdäpfelwuchteln* Sulzkchn BEI HÄUSSLER Oberpf.Kartoffelkochb. 197.

[**Dukaten**]**b.** wie →*B.*1, °OB, °NB, °OP vereinz.: °*de Dukatnbuchtln wern in Rengschpurg gern gessn* Rgbg.

[**Hefe(n)**]**b.** dass., °OB, °NB, °OP, °MF, °SCH vereinz.: °*Häffabuchtln* O'viechtach. M.S.

Buchtel[2]
(Genus?), Schaumbläschen auf zerlassener Butter, °OB, °NB vereinz.: °*deafschd d Pfånna weggaziang von Feia, sinschd gibs lauta Buchtln* Dachau. M.S.

Buchtel[3], grober Mensch, →*Buchel*[2].

Buchtel[4], Fackel, →*Buchel*[3].

Buchtel[5], Allerseelenbrot, →*Buchel*[5].

-buchten
Vb., nur im Komp.: [**auf**]**b.**: °*heut bucht da Butta guat auf* „bildet Schaum" Endlhsn WOR.

M.S.

puchten →*pochen*.

Buchti
M., F., N., Schaum auf zerlassener Butter, °MF, °SCH mehrf.: °*es Buchti wärd abgschöpft* Wendelstein SC; *buxti* O'eichstätt EIH nach SBS X,245.

Etym.: Wohl wie gleichbed. ofr. *Bochtung*, Abl. zu mhd. *bâht, boht* 'Schmutz'.

Schmeller I,380.

Abl.: *Buchtel*[2], *-buchten*. M.S.

Buck
M. **1** (Gelände-)Form.– **1a** Hügel, °MF vielf., °OB, °OP, °SCH vereinz.: °*a Bückla* Rehling AIC; *buk* Biesenhard EIH nach SBS XII,9; *auf einem kleinen Bukhen* Bergen TS 1577 Lori Bergr. 305.– **1b** Hang, steiler Weg, MF, SCH vereinz.: *a hoacher Buck* Altdf HIP.
2 Kniebeuge: °*Bückerl* „schlechte Kniebeuge" Laaber PAR.

Etym.: Mhd. *buc* stm., Abl. von →*bucken*; Et.Wb. Ahd. II,417f.

Hässlein Nürnbg.Id. 54; Schmeller I,206.– WBÖ III, 1285.

Komp.: [**Knie**]**b.** wie →*B.*2: °*Kniabuck* Julbach PAN.

[**Spitz**]**b.**: *Spietzbuck* sehr großes Geschwür Thiershm WUN. E.F.

Buckel[1]
F. **1** †Echter Schierling (Conium maculatum): *Cicuta … puchil* Rgbg 14.Jh. StSG. III,513,53.
2 Beifuß (Artemisia vulgaris): °*Buckel* Ebersbg; *Die Buckel* Schmeller I,206.– †Auch in Phras. *rote B.*: *nimb … rott bugkhlen, sy seindt grien oder dür* Roßarzney (Deinhardt) 76.

Etym.: Ahd. *buggila*, mhd. *buckel* st/swf., Herkunft unklar; Et.Wb.Ahd. II,417f.

Schmeller I,206.– WBÖ III,1289. E.F.

Buckel[2], **-ü-**
M. **1** Rücken, Verkrümmung dess.– **1a** Rücken, °Gesamtgeb. vielf.: *um an Buckl rum messn* „tut der Schneider" Wasserburg; *d'Oam am Bugl, su schtaigt a umanåna* „vor Überheblichkeit" Vohenstrauß; °*am Bugl trong* „ein Kind huckepack tragen" Raitenbuch WUG; *So is ihm Peitsch'n oder Stock Gschwind über n' Buckel 'pfiffa* Kobell Ged. 43; „kam … mit dem Besenstil über sie, *daß ihr der Buckel gestaubt*" Bayer.Barockpr. 189 (Andreas Strobl).– Phras.: †: *Der rat … tet haimlich hinter dem puchel* [ohne daß die Betroffenen davon erfuhren] *sprechen* Rgbg um 1490 Liliencron hist.Volksl. II,191.– *Einen breiten B. haben* u.ä. viel ertragen, aushalten, OB, NB vereinz.: *mei Buckl is broat* Haag WS; *Der håut an bråit'n Buug'l* Braun Gr.Wb. 72;– erweitert: *wer den größtn Buckl hat, der tragt am wenigstn* Naabdemenrth NEW;– *Wer a graouß Maal haout, mou an broitn Bugl hom* Schemm Dees u. Sell 247.– *Dös nimö afn Bugl* auf die leichte Schulter Aicha VOF.– *Auf dem B. haben* (v.a. Zeit) hinter sich gebracht haben, OB, NB vereinz.: *dea hot o scho bald an Siebazga aufn Buckl* Hohenpeißenbg SOG; *Da Goif II vo da Bäuerin hot scho 250000 Kilometer aufm Buckl* Altb.Heimatp. 64 (2012) Nr.50,10;– *dann kann's schon sein, daß sie ihre achtzehn Jahr auf den Buckel kriegt* [alt wird] Queri Rochus Mang 24.– *Jmdm den B. aufhinsteigen / abhinrutschen* (*können*) u.ä. Ausdruck der Abweisung, °Gesamtgeb. vereinz.: °*der ka me zum Bugl oirutschn* Weiden; *De-an-del?!! jetzt steigst mir am Buckel! – i geh!* Stieler Ged. 80;– erweitert: *steig mer'n Buckl nauf und blos mer zu di Ohrn nei* OP;– *staich mär am Bukl afi und hau maini diän Est owä!* Bruck ROD;– *Schtaich mər in Bûk·l naf und këiər rô'warts aĩ* mittl.Altmühl DMA (Frommann) 7 (1877) 409;– *du kannst ma am Buckl naufsteign und vorn ro rutschn, dann bist Wallfahrtn gwen* Manching IN.– *Jmdm den B. kratzen können* dass., °OB vereinz.: °*du kast ma an Buggl kratz'n* Garching AÖ;– „*si n Bukl krazn lassn* von einer Sache nichts wissen wollen" Schliersee MB.– °*Mia schauts am Bugl!* „ich will mit der Sache nichts zu tun haben" Langdf REG.– „A. *Gi' mə á éppəs!* B. *Jà wart, am Buck·l hint*" [Ablehnung] Schmeller I,206.– *Du kãsd mà-r-à Bussl gem, dǫ wo dà Bugl a Loo … hǫd!* Kaps Welt d.Bauern 133.– *Jmdm den B. abmessen* u.ä. verprügeln, °OB, °NB vereinz.: °*dem ghörat da Bucke amoi gscheit ogmessn* Wackersbg TÖL;– °*dia werö glei a boa iwan*

Bugl åwamössn Grafenau;– °*den hab i den Stäkka g'scheit übern Buckl umögmessn* Winklsaß MAL.– *Jmdm den B. blau / schwarz anstreichen / anschmieren / färben* u.ä. dass., °OB, °NB, °OP, °MF vereinz.: °*wenn du koi Rouh gist, nou wir a da 'n Bugl blau ostreicha!* Nabburg; *nachha streich i dir dein Buckel blau an* Stemplinger Obb.Märchen II,31;– *da muß ich dir halt zwegen deine Mannsbilder den Buckel schmieren!* Queri Von kl.Leuten 110.– *Den B. versalzen* dass., °OB, °NB vereinz.: °*den hab i an Buckl vasalzn* N'bergkchn MÜ.– „*se … thoan uns an ettli am Buckl nauf klaub'n* (einige Schläge auf den Rücken versetzen)" STA 1861 OA 121 (1997) 110.– *Vom B. abherhauen* u.ä. einfordern: °*de 5 Mork schlog i dir vom Buckl oba* Allach M; *eppan epps vom bu:gl o:wahaua* „eine Wiedergutmachung od. Entschädigung vehement einfordern" Kilgert Gloss.Ratisbonense 186.– *Sich den B. voll anlachen* u.ä. (vor Schadenfreude) heftig lachen, °NB, °OP vereinz.: °*i lach mir an Bugl* Vilshfn; *D'Falenza lacha se an Bugl voll o* Oberpfalz 19 (1925) 237; *ich aber lachte mir heimblich den Buckhel voll an* Straubing 1707 A. Huber, Gesch. des Franziskanerklosters Straubing, Straubing 2006, 25.– *Die Füße auf / über den B. nehmen* schnell laufen, OB, NB, °OP vereinz.: °*nimm dei Föiß aafn Bugl und schau, dasd bal wieda hamkummst* Weiden; *Wann er d' Füaß a bißl über'n Buckl nimmt, na'derlafft er eahm no'* Franz Lustivogelbach 47.– *Jmdm läuft / geht es (heiß u.) kalt (über) den B. abhin* u.ä. jmd erschaudert, °OB, OP, MF, SCH vielf., NB, OF mehrf.: *mia is aiskoid iwan Bukl åwegruna* Hallbergmoos FS; *mia lafts eiskolt üwan Bugl oi* Hessenrth KEM; *Manche Leit is's eiskolt üwan Buckl abigrennt* Lohbg KÖZ Friedl Geister 156.– *Tragen, daß einem der B. kracht / raucht* u.ä. schwere Lasten tragen, °OB mehrf., Restgeb. vereinz.: *tragn, daß oan da Buckl kracht* Pipinsrd DAH; *Bevoà dà Bauà zwoà-mǫi gę̨ęd, schlębbd-à, dààs ẽàm dà Bugl wę̨ę duàd (rauchd)* Kaps Welt d.Bauern 24;– *schintn kusde, daß da da Buggl gracht!* „hart arbeiten müssen" Fraunbg ED, ähnlich Schlappinger Niederbayer II,43.– *Der hot d'Schneid am Buckl åm* „ist feige" Paunzhsn FS.– „Wenn etwas ganz selbstverständlich ist …: *dös tregt se aam Bugl naou*" Singer Arzbg. Wb. 45.– °*Ma Bugl is ka Gmoifleg* [öffentlicher Platz]*!* „ich will nicht für alles verantwortlich sein" Kchnthumbach ESB;– auch: °„sagt man, um unangenehmes Schulterklopfen abzuwehren" ebd.– *Jukt mi da Bukl, baist mi da Bauch* „Spruch, wenn es einen am Rücken juckt" Bruck ROD.– *Wenn ma-r-oan ön Bugl aufföscheißt, håd a-r-a Graxn a!* Reisbach DGF.– †Auch euph. Gesäß, nur in Phras.: *No konn der alte Schinderstknecht In Buckl mir brav lecka* Müller Lieder 17;– „*Schau, daß mir ös im Buckl hustts* … in den Buckel hustet, am Arsch leckt" Mayer Raindinger Hs. 120.– **1b** höckerartige Verkrümmung der Wirbelsäule, °OB, °OF mehrf., °Restgeb. vereinz.: *balst ma an solchan Buckl aussa machst, kann i net messn* „beim Maßnehmen" Wasserburg; °*dee håut an Buckl!* Schnaittenbach AM; *der Buckl sollt halt auch Bauch sein!* Queri Von kl.Leuten 14; *Gibber … pukkel* Indersdf DAH 1419 Voc.ex quo 1147; *Bugkel/ höger* Schönsleder Prompt. I5r.– Phras.: *den B. aufscheiben / -schieben / -pelzen / -machen* einen Buckel machen, haben, OB, NB vereinz.: *der scheibt an Bugl auf* Weferting PA; *àn Bugl auf-bejzzn* Kaps Welt d.Bauern 63.– *Dea mǫcht se … an bugl ā̃* „zeigt buckelige Körperhaltung" nach Kollmer II,373.– *D'Bugl san niat gout zoudeka, sans hint oda voan* „keine Kleidung hilft gegen einen Höcker oder einen Schmerbauch" Naabdemenrth NEW.– *Liaba vom Essen an Bauch, als von der Arbat an Buckel* Häring Gäuboden 198.

2 von Menschen.– **2a** meist Dim., Mensch mit höckerartiger Verkrümmung der Wirbelsäule, OP, MF mehrf., Restgeb. vereinz.: *Bückala* Buckliger Pavelsbach NM; *Buggai* „Person, die gebückt geht" Spr.Rupertiwinkel 16.– Auch mit PN: „mit Namen verbunden, z. B. *der Leinberger Buckl*" Volkersgau SC; „Der *Fischer-Buckel* statt: der *bucklichte Fischer*" Schmeller I,206.– **2b** Schimpfw.: *Des is a rächta bugl an oita!* „negativ zu bezeichnende, meist weibliche … Person" Kollmer II,413.

3 Verbeugung, °OB, NB, °OP vereinz.: *an schen Bugl mâcha* Passau; *Der Adam … macht a Buckerl bis auf'n Bod'n abi* Stemplinger Obb.Märchen II,65; *Frau Göttin Cybele nebst Machung eines tiefen Buckerls: In Ewigkeit* Bucher Charfreytagsprocession 125.– Phras. *einen B. machen* u.ä. sich unterwürfig zeigen, °OB, NB, °OP vereinz.: °*da moußt halt an Bukl macha, nacha kröigst as schon* Dietfurt RID; *i muaß dabei hock'n und Buckerl macha und muaß s' bewundern* Thoma Werke II,550 (Waldfrieden).

4 Rückenteil eines Kleidungsstücks, OB, NB, OP, SCH vereinz.: *bei einem Buckltn muß ma 'n Buckl ausfuatra* Hohenpeißenbg SOG.

5: °*Buuchal* „Säcklein mit weicher Füllung, beim Lastentragen über die Schulter gelegt" Neuhs NEW.
6 (im) Gelände.– **6a** Hügel, kleiner Berg, °Gesamtgeb. vielf.: °*du muaschd auf den Bigl auffigeh, na sixt an Moa sein Hof* Dachau; °*n Wastlbauern seine Felder san richtige Buckl* Wiefelsdf BUL; *As geit aa Berg' und Buckel gnua* Franz Hutzelweck'n 81.– Phras.: *Dà gêts Buck·l au', Buck·l à'* Schmeller I,206.– Als Fln. OB, NB, OP, MF vereinz.– **6b** Abhang, °OB, °NB mehrf., °Restgeb. vereinz.: °*übern Buckl abi* „steil hinab" O'neukchn MÜ; „steiler Grashang ... *bugl*" Kaufering LL nach SBS XII,12f.– **6c** Erdhaufen: *do sein Biggl din* „Maulwurfs- und Ameisenhaufen" Derching FDB.
7 unebene od. beschädigte Stelle, Verletzung.– **7a** Ausbuchtung, Wölbung, °OB, NB, OP, SCH vereinz.: *dös Fuada Heu hat an Bugl* Hengersbg DEG.– Phras.: °*o Wält, haoust du an Bugl!* „bist unvollkommen" Weiden.– **7b** Schlagspur, Delle, °OF mehrf., °OB vereinz.: °*Buckl* „beim Blechgeschirr" Arzbg WUN; „Beule an der Gießkanne ... *bukl*" Hohenpeißenbg SOG nach SBS VIII,402f.– **7c** Beule, Geschwulst: *wos hot den dea fia an Bukl in Ksicht* „Schwellung, Beule" Mchn; *bugl* G'muß KEH nach SNiB II,36; *colaphis tuber est totum caput 'voller peul, pückel'* Aventin I,480,21 (Gramm.).– **7d** Biegung, Krümmung, °OB, OP vereinz.: °*de macht an Buckl* „krumme Naht" Wildenroth FFB; „Wegbiegung ... *bugl*" Ehekchn ND nach SBS XII,3.
8 †halbrunder, erhobener Metallbeschlag: *I grozz gerait* [Rüstung des Mannes u. des Pferdes] *mit puchel vnd I fůrweg* [Brustriemen] *darzů* Piendl Hab und Gut 210.
9 Karpfenart, in heutiger Mda. nur in Komp.: *Der Buckel* „geringe Art ... durch einen besonders hoch aufgeworfenen Buckel von den übrigen Species des Cyprinus unterschieden" Schmeller I,206.
10 Schellenober, °OB, °OP, °OF, °MF, °SCH vereinz.: °*der Bugl* Vilseck AM; *Buugl* M. Stangl, Neis Wörterböijchl, Weiden 2006, 37.

Etym.: Ahd. *buckula* swf., mhd. *buckel* st/swf., aus afrz. *boucle* 'Schildknauf'; Kluge-Seebold 159.

Schmeller I,206; Zaupser 19, Nachl. 14, 45.– WBÖ III, 1285-1289.

Abl.: *Buck(e)ler, buckeln, Bucklerei, -bucklerisch, bucklicht.*

Komp.: [**Ameisen**]**b.** Ameisenhaufen, °OB, °SCH vereinz.: °*der Åmessnpukl* Parsbg MB.

[**Bauern**]**b.**: *a Bauanbugl* „buckliger Bauer" Naabdemenrth NEW.

[**Brenn**]**b.** trockene Stelle im Gelände, °OB, °NB, SCH vereinz.: °*a Brennbuckl* Tandern AIC.

[**Gilet**]**b. 1** Rückenteil der Männerweste: *i brauch an nuia Schileebuggl nei* Hfhegnenbg FFB.– **2** scherzh. Bauch: *Gilet-Buckl* „weil durch ihn das Gilet einen Buckel macht" Wasserburg.

[**Grenz**]**b.** künstlicher Hügel als Grenze zw. Flurstücken, OB vereinz.: *Grenzbugl* Haimhsn DAH.

[**Hasen**]**b.**: *Håsnbugl* „gebratener Hasenrücken" Hengersbg DEG.

[**Heid**]**b.** unbewachsener Grund auf einem Berg, °OB vereinz.: °*Hoadbuggl* Rechtmehring WS.

[**Hexen**]**b.** Buckel einer Hexe, im Spruch: *Häxnbugl iwan Grom – sollst nex hom* „Kinder beim Schusserspiel, wenn sie ihren vermeintlichen Gewinn gefährdet sehen" Konrad nördl.Opf. 95.

[**Hirn**]**b.**: *Hianbuckl* „Beule an der Stirn" Burghsn AÖ.

[**Hoch**]**b.** wie →*B.*2a: *Hochbuckl* Mensch mit verkrümmtem Rücken Wegscheid.

WBÖ III,1289.

[**Kamel**]**b. 1** Kamelhöcker, OB, NB, OP vereinz.: *Kamoibuggl* Ingolstadt.– **2** scherzh. wie →*B.*1b: *Kåmölbugl* „im Spott" Stadlern OVI.

[**Katzen**]**b. 1** absichtlich gekrümmter Rücken, °Gesamtgeb. vielf.: *dö macht an so an Katzabuckl hi* Hohenpeißenbg SOG; *mach do koan so Katznbuckl* Hengersbg DEG; *katznbu:gl* Kilgert Gloss.Ratisbonense 51.– Phras.: *n Katzabugl macha* „schmeicheln, unterwürfig tun" Passau, ähnlich Schmeller I,1314, Singer Arzbg.Wb. 117.– **2**: *Kåtznbugl* „angewinkelte statt gestreckte Haltung des Zeigefingers beim Schreibenlernen" Reisbach DGF.– **3** übertr. Schmeichler, °OB, NB vereinz.: °*Katznbuckl* Ebersbg.

Schmeller I,1314.– WBÖ III,1289.

[**Kot**]**b. 1** Fisch.– **1a** wie →*B.*9: *Koatbuckl* Karpfen Egenburg FDB; *Kôtbuckel* „eine schlechte Art Cyprinus, die sich in Pfützen aufhält" SCHMELLER I,1311.– **1b** Karausche: *Koatbuckl* Kochel TÖL; *Khoatbuggl* Dießen LL Ammersee-Heimatbl. 3 (1927) 42; *Haseln, Kothpukeln, Steinbeisser* Chiemsee HAZZI Aufschl. III,604.– **1c** Schlammbeißer, °OB vereinz.: °*Koutbuggl* Rechtmehring WS.– **1d** Brachse: *Koatbukl* Halb-, Kotbrachse Kochel TÖL; *kxoa-pukl* SCHWEIZER Dießner Wb. 93.– **2** Kaulquappe: *Koudbuggl* Grießstätt TS; *Koutbugerl* Hochbruck REG DWA V,21.

SCHMELLER I,206, 1311.

[**Kreuz**]**b.** Wirbelsäule, Kreuz, °NB, °OP vereinz.: °*dout mia mei Kreizbugl heint wieda wäi!* Windischeschenbach NEW.

[**Kummet**]**b.**: *Kumetbuckl* die runden Messingscheiben am Pferdegeschirr Wdthurn VOH.

[**Leiblein**]**b.** wie →[*Gilet*]*b.*1, NB vereinz.: *da Leiwöbugö* Gottsdf WEG.

WBÖ III,1289.

[**March**]**b.** wie →[*Grenz*]*b.*, OB, NB vereinz.: *Måachbuggl* „künstlicher Grenzhügel" Ingolstadt.

[**Mies**]**b. 1** fauler Mensch, °NB vereinz.: *Miasbugl* Heiligenbg EG.– **2** †: *ən àldə' Miəsbuckl* „alte Person" Bay.Wald SCHMELLER I,1672.

[**Ge-nasch**]**b.** beim Essen wählerischer Mensch: *gnōšbū*[*g*]*l* nach DENZ Windisch-Eschenbach 146.

[**Nasen**]**b.**: *da Nosnbukl* Nasenbein Lauterbach REH.

[**Ranken**]**b.**: *Rånkabigl* „2 Meter breiter, abfallender Grenzstreifen" Beilngries.

[**Schellen**]**b.** wie →*B.*10, °NB, °OP, °OF vereinz.: °*Schellnbugl* Brand WUN.

[**Schmalz**]**b.**: *Schmåjzbugl* „Spottname für fette oder auch sehr magere Person" Reisbach DGF.

[**Schutter(er)**]**b.** Schotterstreifen im Feld, NB, OP vereinz.: *Schudarabugl* Cham.

[**Wies(en)**]**b. 1** mit Gras bewachsener Hügel, °OB vereinz.: °*Wiesnbuckl* Garching AÖ.– **2** *Wiesbuckl* ansteigende Wiese Kollnburg VIT.

[**Wohl**]**b. 1** wie →[*Katzen*]*b.*3, °NB vereinz.: *Woibugl* „Wohldiener" Ruhstorf GRI.– **2**: *Dǫ is a wẽŋg a woi-bugl dabá gwen* „Das war mitunter Schöntuerei" nach KOLLMER II,294. E.F.

-buckel

F., M., nur in Komp.: [**Milch**]**b.**: °*Millebuggl* große Milchkanne Garmisch-Partenkchn.– Wohl Spielform von →*Buttel*[2].

[**Spritz**]**b.** Gießkanne, °OB vereinz.: °*da Schbridsbukl* Farchant GAP; *Spritzbuckl* HOHENEICHER Werdenfels 61.

DELLING II,169; SCHMELLER I,207. E.F.

Buck(e)ler

M. **1** †Schild, Schutzwaffe: *di vogelår ... machen einen buklår von weissem leinen tůch* KONRADvM BdN 224,29f.; *ainen ... pecher, verdeck* [Deckel] *auf ainen fueß, mit dreyen mändlen mit pugkleren und zeptern* 1500 PIENDL St.Emmeram 108.

2 von Menschen.– **2a**: *Buckeler* Mensch mit verkrümmtem Rücken O'söchering WM.– **2b** Schmeichler: °*alter Buckler* „Kriecher, Schleicher" Schwandf.

Etym.: Ahd., mhd. *buckelære* stm., Abl. von →*Bukkel*[2]; WBÖ III,1295.

SCHMELLER I,206, 217; WESTENRIEDER Gloss. 448.– WBÖ III,1295.

Komp.: [**Katz(en)**]**b.** wie →*B.*2b: *Katznbuckler* „Schmeichler, Streber, Schöntuer" Passau; *Katzbuggla* BINDER Saggradi 109.

[**Wohl**]**b.** dass.: *woi-bugla* „Schöntuer, Schmeichler" KOLLMER II,294. E.F.

buckeln

Vb. **1** den Rücken krümmen, gebückt verrichten.– **1a** den Rücken krümmen, einen Buckel machen, °OB, NB, OP, °OF vereinz.: *Katz buckld* Pfeffenhsn ROL; *buggln* CHRISTL Aichacher Wb. 226.– Part.Prät., bucklig, °OB, °OP vielf., °Restgeb. vereinz.: °*dea kummt bucklt daher* N'albenrth TIR; *a Bucklta* Bronn PEG;– auch allg. abwertend: *döszwöng braugst mö koan bukltn Hund nit zhoaßn* Hfhegnenbg FFB; *bugelte Verwandschaft* „abfällig f. Verwandte" KILGERT Gloss.Ratisbonense 51;– Phras.: *sich (zu) gebuckelt lachen* u.ä. heftig la-

chen, °OP vereinz.: °*iiwa dees hamm se d'Lait buugld glacht* Nabburg; *er hat sich z'buckld glacht* BILLER Garchinger Gsch. 26;– °*dös is bucklt und kropfat* „krumm geackert" Schwandf.– **1b** auch refl., sich zusammenkauern, gebückt arbeiten, °OB, °OP, °OF, °MF vereinz.: °*tua de buckln, damit ma di ned sicht* Kreuth MB; *bugln* „bücken, in gebückter Stellung arbeiten" HÄRING Gäuboden 131.– **1c** auch refl., gebückt gehen, schleichen, °OB, °NB, °OP vielf., °MF, °SCH vereinz.: °*da Jaga muaß oft buckln, daß a d'Reh genau sicht* Rgbg; °*durchs Kanalrohr buckln* Weißenburg; *buckeln* „an der Erde gebückt hinschleichen, etwas zu belauschen" M'nwd GAP SCHMELLER I,206.– Auch: *bugln* „(abfällig) gehen, hastig und nach vorne gebeugt gehen" KOLLMER II,76.– **1d** schwankend gehen: °*bugeln* Eining KEH.– **1e**: °*buckeln* „hoppeln (Hase)" Perchting STA.
2: *bu:gln* „arbeiten" KILGERT ebd.
3 sich unterwürfig zeigen, °OB, °NB, °OP, °SCH vereinz.: °*er bucklt vor eahm* „ist kriecherisch" Garmisch-Partenkchn; *wei er … as buckeln und as Jasogn scho gwohnt is* LOEW Grattleroper 39.
4 wölben, verbeulen, krümmen.– **4a** wölben, OB vereinz.: *a buklts Hian* gewölbte Stirne Weihenstephan FS.– **4b** aus-, verbeulen, °OB vereinz.: °*des Hemad buckld se gråd gnua, des ko ma går ned gscheid bügln* Siglfing ED.– Phras.: „da ist ihr *der Schurz bucklt worn* [ist sie schwanger geworden]" QUERI Kraftbayr. 64.– **4c** Part.Prät.: *an bukldn Khōbf* „mit Beule" Aubing M.– **4d** meist Part.Prät., (ver-)biegen, krumm machen, westl.OB mehrf., °NB, OP, MF, SCH vereinz.: *buglde Furchan macha* Haimhsn DAH; *a buglde Nosn* Bärnau TIR.– Phras.: *da kunnst buckelt und krumm wärn* „das ist unerträglich" Altendf ESB.
5 Part.Prät., hügelig, uneben, OB, OP vereinz.: *da Åcka is buglt* Fürnrd SUL; *Mei Hoamad … des is de buckeld Holledau* SCHWEIGER Hopfazupfa 4; *daz si gespitzelt zvngen haben … vnd vast* [sehr] *gepukelt* KONRADvM BdN 261,24f.
6 Part.Prät., als F.: °*de Bugld* „Schellenaß" Hausen KEH.

SCHMELLER I,206.– WBÖ III,1289f.

Komp.: [**ab**]**b. 1** refl., sich bücken, °OP vereinz.: °*beim Kartoffelgråbn mou ma si obugln* Weiden.– **2** refl., schwere Lasten tragen: °„wenn man sich *abbucklt*, bekommt man einen krummen Rücken" Bayrischzell MB.– **3** weglaufen, sich davonmachen, °OB, NB vereinz.: °*na hands aber obbucklt* Grafing EBE; *wia si da oa davoschleicht, wia 'r o'bucklt* Dorfschreiberb. 59.

WBÖ III,1290.

[**abhin**]**b.** refl., wie →[*ab*]*b.*1, °OB, °NB vereinz.: °*da muaß ma si fei tiaf abibuckln* Rosenhm; *Wenn una kloins Kreiz von Oibuugln wäih tou haout* HEINRICH Gschichtla u. Gedichtla 21.

WBÖ III,1291.

[**auf**]**b. 1** refl., wie →*b.*1a, °OB, °NB vereinz.: °*Khatz had sö aufbuglt* Mittich GRI; *sich aufbuckeln* „den Rücken in die Höhe ziehen" SCHMELLER I,206.– Phras.: *dea buglt sö auf, wia wenn eam d Nåpöschnua z kuaz war* Reisbach DGF.– **2** treten, begatten: °*er bucklt auf* „der Hahn tritt die Henne" Rosenhm.

SCHMELLER I,206.– WBÖ III,1290.

[**der**]**b.** zerknüllen, zerknittern, °OB vereinz.: °*hast dös schö Gwand a so dabuglt* Arzbach TÖL.

[**ein**]**b. 1** den Rücken krümmen, gebückt verrichten.– **1a** Part.Prät., wie →*b.*1a: *aibuglad* bucklig Aicha PA.– **1b** refl., wie →*b.*1b, °NB vereinz.: °*beim Troad aufklaum hot ma sö früa eibugln müaßn* T'nbach PA.– **2** beugen, krümmen: *s Knia eibuckln* Taching LF.– **3** umbiegen, falten: °*eibuggeln* „ein- oder umbiegen" Bayersoien SOG.

[**ver**]**b. 1** verbeulen, verkrümmen.– **1a** wie →*b.*4b, °OB, NB vereinz.: *des Blechgschirr is schö vabugld* Kötzting; *die verbuckelte Posaun vom Großvater* Altb.Heimatp. 6 (1954) Nr. 30[,3].– **1b** wie →*b.*4d, OB vereinz.: *a vabuckltа Roaf* Rimsting RO; *fapukln* „krumm machen, verbiegen" SCHWEIZER Dießner Wb. 35.– **2** wie →[*der*]*b.*, °OB, °NB vereinz.: °*du verbucklts dein Rock* „verknittern" Grafenau; *Mit der verbukkelten Hose kannst nicht fortgehen* [4]ZEHETNER Bair.Dt. 361.

WBÖ III,1290.

[**heim**]**b.**: *šå hi, weis hoām-bugld* „wie sie heimhastet" KOLLMER II,76.

[**da-her**]**b. 1** gebückt, schwankend gehen.– **1a** auch refl., wie →*b.*1c, °OB, °NB, °OP, °MF, SCH vereinz.: °*er hat si so daherbucklt* „gebückt herangeschlichen" Essenbach LA; °*da alte Schousta buglt scho schwar daher!* Haselbach

BUL; *tahearpukln* „buckelig dahergehen“ SCHWEIZER Dießner Wb. 157.– **1b** wie →*b.*1d: *daheabuggln* der schwankende Gang mancher Kühe Rechtmehring WS.– **2** wie →*b.*3, °OB, °OP vereinz.: °*hast ihn gsehn, wie er daherbuckelt is, weil er mein Pfluag ausleihn will* Hzhsn WOR.

SCHMELLER I,206.– WBÖ III,1290f.

[**hin**]**b.** **1** hinkauern, gebückt hinschleichen.– **1a** refl., sich hinkauern, gebückt arbeiten, °OB, °NB, °OP vereinz.: °*beim Erdäpfl glaubm muaß ma si schö hibuckln* Anzing EBE; *hi:buggln* CHRISTL Aichacher Wb. 226.– **1b** meist refl., gebückt hinschleichen, °OB, °NB, °OP, °SCH vereinz.: °*da hat si der Sepp hibucklt, daß er was dalusn ko* Pfarrkchn.– **2**: °*hibugln* „sich verbeugen“ Rgbg.

[**katz(en)**]**b.** wie →*b.*3, °OB, NB, OP, °MF vereinz.: °*dea kådznbuggld!* „ist kriecherisch“ Ebersbg.

WBÖ III,1291.

[**nieder**]**b.** refl., wie → [*ab*]*b.*1, °NB, °OP vereinz.: °*da muaßt di nidabukln, daßd einikumst* Passau.

WBÖ III,1291.

[**zu-sammen**]**b.** **1** refl., sich durch Kauern, Krümmen des Rückens klein machen, °OB, °NB, °OP vereinz.: *ganz z'sambuklt is er då g'sessn* Wasserburg; *wie er … tief zusammengebuckelt durchs Isartor … geschloffen ist* ROHRER Alt-Mchn 30.– **2** wie →[*ab*]*b.*1: *zambugln* „sich bücken“ Mengkfn DGF.– **3** wie →[*der*]*b.*, °OB, NB vereinz.: *ea håd eps zambuglt* Mittich GRI.

SCHMELLER I,206.– WBÖ III,1291.

[**über**]**b.** auf den Rücken nehmen: *Nacha … bucklst an greana Rucksack über* Altb.Heimatp. 47 (1995) Nr.8,3.

[**um**]**b.** wie →[*ein*]*b.*3: °*umbuckln* Bayersoien SOG.

WBÖ III,1291.

[**wohl**]**b.** schöntun, schmeicheln: *wohlbuckeln* einen beweihräuchern Aldersbach VOF; *woibugln* KOLLMER II,294. E.F.

bucken

Vb. **1** refl., sich bücken, °Gesamtgeb. vielf.: *dö buckat Arbet* „Arbeit, bei der man sich immer bücken muß“ Prien RO; *wia er si bukd hod, is eam s'Messr auskeema* Derching FDB; *Er buckt si, hebst* [sic] *aaf, fehrt ei in die Huasataschn* SCHEMM Neie Deas-Gsch. 99; *so puͤkt er sich dann wider zvͤ der erden* KONRADvM BdN 27,22; *daß sie sich vor geschwulst nicht mehr bucken können* 1758/1759 Mirakelb.Aunkfn 190.– Phras.: *der is z'faul zum Bucka* „stinkfaul“ Irlahüll EIH.– *Då brauchst dö nöd z'bugga* „das geschieht von selber, ohne dein Zutun“ Mengkfn DGF.– *À Bauà, deà se ned buggd, mǫchd kõàne grǫdn Fuàchàn* „Angestrengte und pflichtbewußte Arbeit lohnt sich“ KAPS Welt d.Bauern 21.

2 nachgeben, unterwerfen.– **2a** refl., nachgeben, sich unterwerfen: *puck dö* „beuge dich, gib nach“ Berchtesgaden.– **2b** †zwingen nachzugeben, unterwerfen: *Nichts destminder hat er sich pucken müessen lassen* AVENTIN IV,661,19 (Chron.).

3 †nach unten beugen, neigen: *Und wenn i kimm, na' buckt er 'n Kopf* STIELER Ged. 75.

4 Part.Präs., †Part.Prät., verkrümmt, bucklig: °*der geht aber buckat daher* „gebückt“ Endlhsn WOR; *der flehtz har hat vnd … einen chrumpen oder gepuchten leip* KONRADvM BdN 75,15f.

5 ein-, umbiegen, falten, °OB, °NB, °OP vereinz.: °„Säume werden *buckt*“ Erlach PAN; *pukxn* „umbiegen“ SCHWEIZER Dießner Wb. 157.

6 treten, begatten, °OB, °NB, °OP vereinz.: °*der Gockl buckt d'Henn* Brunnen SOB; „Vom Hahne sagt man … *daß er die Henne buckt*, wenn er sie tritt“ SCHMELLER I,206.

Etym.: Mhd. *bücken, -u-*, Abl. zur Wz. von →*biegen*; vgl. KLUGE-SEEBOLD 159.

SCHMELLER I,205f.– WBÖ 1291f.

Abl.: *Buck*, *Bucker*[1], *Bückling*[1].

Komp.: [**auf**]**b.** eine Henne treten, begatten, °OB, °NB, °OP vereinz.: °*da Gockl buckt af* O'viechtach.

[**aufhin**]**b.** aufkrempeln, NB, °OP vereinz.: °*buk d'Hosn affe!* Schnaittenbach AM.

[**aus**]**b.** glatt, eben machen, °OB vereinz.: °*ausbugga* „einen verbeulten Hut“ Aschau MÜ.

WBÖ III,1292.

[**der**]**b.**: °*des ko i grod no dabugga* „so weit kann ich mich gerade noch bücken" Neufraunhfn VIB.

WBÖ III,1292.

[**ein**]**b. 1** wie →*b.*5, °Gesamtgeb. vielf.: °*muaßt as hålt eibuckn, wann da d'Ärmi z'lang hand* Ismaning M; °*der hat s Papier eibuckt* Wildenranna WEG; *aabuckn* „die Ränder oder Ecken von Papier oder Stoff" Singer Arzbg.Wb. 13.– **2** mit einem Saum versehen, °OP mehrf., °Restgeb. vereinz.: °*eitz mein man eibucka* „den zu langen Rock" Sulzkchn BEI.

Schmeller I,205.– WBÖ III,1292.

[**nieder**]**b.** refl., wie →*b.*1, °OB vereinz.: °*buck di nieda* Eschenlohe GAP; *er hat si' niederbuckt und dem Seppei sein' Kopf ... zwischen seine groß'n Jagafäustling' g'numma* Franz Lustivogelbach 58; *Mein Leib ... Ganz niderbuckent krümmet sich* Gesangb. 80.

WBÖ III,1293.

[**zu-sammen**]**b.**: *pukx ten poŋ tzam* „falte diesen Bogen zusammen" Schweizer Dießner Wb. 157.

[**um**]**b.** wie →*b.*5, °OB, °OP, °MF mehrf., °NB vereinz.: °„die Ärmel werden beim Fischen *umbuckt*" Peiting SOG.

WBÖ III,1293. E.F.

bücken, vom Bock stammend, aus Ziegenleder, →*bocken*[1].

Bucker[1]

M. **1** †: *Der Bucker* „das einmalige Bücken" Schmeller I,206.

2 Kniebeuge: *ein Buckerl machn* „Anstandsknicks" Passau; *bukal* „Knicks" Kollmer II, 76.

3: °*Bucker* „Liebediener, Schmeichler" Straubing.

Delling I,104; Schmeller I,206; Westenrieder Gloss. 62.– WBÖ III,1294.

Komp.: [**Knie**]**b.** wie →*B.*2, °OB, °NB, °OP vereinz.: °*mach a schöns Kniabuckerl* Tödtenrd AIC; *gyei-bukal* „Kniebeuge" Kollmer II,76.

WBÖ III,1294. E.F.

Bucker[2], schlechter Mensch, →*Buger(er)*.

buckern, hart arbeiten, →*bugern*.

Buckler, Schild, Schmeichler, →*Buck(e)ler*.

Bucklerei

F. **1** harte Arbeit, Schufterei: *nach acht Stundn Bucklerei an der Ziagsog* Altb.Heimatp. 52 (2000) Nr.37,8.

2 Verbeugen, °NB, °OP vereinz.: °*Buglerei* Neusorg KEM. E.F.

-bucklerisch

Adj., nur im Komp.: [**wohl**]**b.** schmeichlerisch: *woibūglarisch* Aman Schimpfwb. 143. E.F.

bucklicht, -ig

Adj. **1** bucklig, mit gekrümmtem Rücken, °Gesamtgeb. vielf.: °*da Bucklat* „der Teufel" Taching LF; *halt di nöd so buglad!* Passau; *a schiache alte Hex, bucklert und rinnaugert* Breitenfellner Spinnstubengesch. 34; *von allen pugklochten vnd grinttingen* Gesta Rom. 137; *er ward ... in ainer krezen gen Bairen getragen, davon er pucklat bas* Arnpeck Chron. 605,20f.; *Ein Einaugiger traffe unter Weegs ... einen buckleten armen Tropffen an* Schreger Speiß-Meister 59.– Phras.: *sich* (*zu* / *krumm u.*) *b. lachen* u.ä. heftig lachen, °OB, °NB, °OP vielf., °SCH mehrf., °OF, °MF vereinz.: °*am Migga hamma uns fast zbucklert glacht* Nandlstadt FS; °*daou kannst di krumm und buglat lachn* Weiden; *Î möcht mi schier z'bucklat làcha~* Fdwies TS Hartmann Volksl. 68.– *Da könntest du b. werden* u.ä. es ist unerträglich, NB, OP vereinz.: *da mogst glei bucklat werdn* Deggendf.– *und fressen si ... bucklat voll* [übersatt] Stemplinger Obb.Märchen I,25.– *na heiret a liaba, als daß er sie bucklat zahlt* [übermäßig viel] Thoma Werke VI,390 (Wittiber).– °*Sö buglat und kropfat tragn* „schwere Lasten tragen" Windischeschenbach NEW.– *Schmegg-s, Gropfàdà, nǫchàd woàss-d-à-s, Buglàdà!* „Das ist ungewiß, man weiß es nicht" Kaps Welt d.Bauern 119.– Spruch: *A buglis und kropfads Wai is hint und voarn voaras dabei* Ernst Opf.Heilzauber 300.

2 †mit einem Kamelhöcker: *leichter/ daß ein buglets Camel durch ein Nadel-Loch gehe* Selhamer Tuba Rustica II,280.

3 vom Gelände.– **3a** hügelig, uneben, °OB, °NB, °OP, °SCH vereinz.: *buklat zon Man* Kochel TÖL; *wenn Bertsgadn nit buglat war und i von*

de Berg … nia owaschaun hätt kinna ANGERER Göll 57.– **3b** steil, abschüssig, °OB, NB, °MF vereinz.: *a buglada Hoizwög* Ast LA.
4 gewölbt, verletzt, krumm.– **4a** ausgebuchtet, gewölbt, °NB, OP vereinz.: *buklate Stian* gewölbte Stirne Vohenstrauß; *Scho san ma unter de Fenster auf de bucklatn Stoana gsessn* DITTRICH Kinder 107; *I gerait* [Rüstung] *mit půkloten nagel* PIENDL Hab und Gut 210.– Phras.: *dö håd a buglats Füata* „ist schwanger" Reisbach DGF;– *der hat einem Weib das bucklat Fürda … kauft* [sie geschwängert] Bay.Wald HuV 13 (1935) 94f.– **4b** mit Beule, Geschwulst: *buglat* Hengersbg DEG.– **4c** gebogen, verbogen, krumm, °OB, °NB mehrf., OP vereinz.: *a buckliger Roafen* Weichs DAH; *Antiochon mit der puckleten nasen* AVENTIN IV,516,25f. (Chron.).– Phras.: *Jetzt haatsch' ma … no etle Jahrl mit auf dera bucklatn Welt* Altb.Heimatp. 59 (2007) Nr.20,25.
5 subst., Spielkarte.– **5a** M., Schellenober: °*der Bucklert* Vilsbiburg.– **5b** F., Schellenaß, °OB, °NB vereinz.: °*de Bucklade* Obing TS.

Etym.: Mhd. *buckeleht*, Abl. von →*Buckel*[2]; WBÖ III,1294.

SCHMELLER I,206.– WBÖ III,1294f.

Komp.: [**breit**]**b.** mit einem breiten Rücken: *broadbuglad* Aicha PA.

[**hohl**]**b.**: °*hohlbuglat* „mit Hohlkreuz" Ramsau BGD.

[**mies**]**b.**: *müssbucklet* „bequem, faul, müßig" Triftern PAN.

[**schelch**]**b.** wie →*b.*1: *I bi der aller-minder vo dö Mindern, schelfotzat, schelhaxat, schelbuglat* HALLER Dismas 47; *schelch-bugklet* SCHMELLER II,405.

SCHMELLER II,405.– WBÖ III,1295. E.F.

Buckliment

N. **1** Verbeugung, °OB, °NB, °OP mehrf., °MF, °SCH vereinz.: °*der moat, was isch, balsch a Buckliment machscht* O'ammergau GAP; *Bucklamenter* „Bücklinge" Passau.
2 Unterwürfigkeit, °OB, °NB, °OP vereinz.: °*mit so an Buckliment hab i's nöt grad* H'schmiding WOS.

Etym.: Weiterbildung von →*bucken*, wohl in Anlehnung an →*Kompliment*.

Abl.: *Bucklimenter*. E.F.

Bucklimenter

M.: °*a oida Bucklimenta* „scheinheiliger Mensch" Dachau. E.F.

Bückling[1]

M., Verbeugung, °OB, °OP vereinz.: °*an Bückling machen* Wiesau TIR. E.F.

Bückling[2], **-tt-**

M., (geräucherter) Hering: *Büggling* Ingolstadt; *Haaring, und zwar zäjerscht die Tunnahaaring … naou Greikerte, Büttling, Sprottn* SCHEMM Stoagaß 111; *vulgo piscis est 'hering, pickling'* AVENTIN I,396,20 (Gramm.).

Etym.: Mhd. *bückinc* stm., aus mnd. *buckink* mit Anschluß an Suff. *-ling*; KLUGE-SEEBOLD 159. E.F.

Bückling[3], im Wachstum zurückgebliebenes Tier, →*Büttling*[1].

bucksen, schlagen, stoßen, →*pochsen*.

Buckskin, Stoffart, →*Bockenschin*.

Budak

M.: °*Budak* „kleiner Mensch" O'viechtach.

Etym.: Zu tschech. *bubak* 'Butzemann'? J.D.

Bude

F. **1** Bude auf Markt, Jahrmarkt.– **1a** Marktbude: *a Budn aufschlågn* „eine Verkaufsbude aufstellen" Passau; *sunst gibt mir koa Bude wos* KREIS Münchner 37.– **1b** Schaubude: *in derselben Bude hat si a Herr ganz lange Messer in Bauch nei gstocha!* ebd. 37f.
2 Haus, Stube.– **2a** altes, baufälliges Haus, °OB vereinz.: *an oita Budn* Tittmoning LF; *Dean iis saa(n'Buu(d'n oobreent!* BRAUN Gr.Wb. 72.– **2b** Stube, möbliertes Zimmer, °OB, °OP vereinz.: °*Bude* „Raum, Behausung, auch abschätzig" O'nrd CHA; *Būdn* „(billiges) Zimmer einer ledigen Person" BERTHOLD Fürther Wb. 32.
3 Werkstatt, Teil davon.– **3a** Arbeitsraum, v.a. des Schneiders, °OB, °NB vereinz.: *Bud* Schneiderwerkstatt Hfhegnenbg FFB; *Bude* „Werkstatt" [4]ZEHETNER Bair.Dt. 83.– **3b** Arbeitsbühne, Arbeitstisch des Schneiders, °OP vereinz.: *Bude* „tischhohes Gestell mit 4 bis 6 Löchern für die Füße" Rgbg.

4 Porzellanfabrik, °OF vereinz.: °*Bude* Thiershm WUN; *Ich gäih scha sida* [seit] *vierzich Gaouan in döi Bu(d)n* SINGER Arzbg.Wb. 45.
5 Lokal, Bierzelt.– **5a** verrufenes Lokal, Kneipe, MF mehrf., °Restgeb. vereinz.: °*in dera Bude bin i wieda hängabliebn* Waakchn MB.– Auch in Phras.: *a noße Bude* Neukchn LF.– **5b** Bierzelt: *moanst jetzt du, daß i mi scho am Nachmittag ... in a Budn neihock?* Mchn. Stadtanz. 11 (1955) Nr.39,5.

Etym.: Über die Schriftspr. aus mhd. *buode*, germ. Wort idg. Herkunft; KLUGE-SEEBOLD 159.

SCHMELLER I,212.– WBÖ III,1298.

Abl.: *Budel*[1].

Komp.: [**Bier**]**b.** **1** Marktbude mit Bierausschank: *Bierbudn* „provisorischer Bierausschank auf der Maidult" Passau.– **2** wie →*B.*5b: *moants ös vielleicht, eich g'hört de ganze Bierbude?* PESTENHOFER Drahtverhau 104.

[**Porzellin**]**b.** wie →*B.*4: *waala vierzich Gaoua ... in da Porzliebudn garwat haout* SCHMIDT Säimal 108.

[**Bruch**]**b.** **1** Bruchbude, °OB, °NB, °OP vereinz.: °*Bruchbudn, alte Hüttn* Heng NM; *Bruchbuudn* „armselige Wohnung" MAAS Nürnbg. Wb. 91.– **2** schlechtes Wirtshaus od. Geschäft.– **2a** wie →*B.*5a, °OB, °OP vereinz.: °*in de Bruchbuda brauscht gar it neigeah* O'ammergau GAP.– **2b** schlecht geführtes Geschäft, °OB, °NB, °OP, °OF vereinz.: °*dös is a Bruchbudn!* Schönwd REH; *Bruchbūdn* „kleines Geschäft, das keinen vertrauenswürdigen Eindruck macht" BERTHOLD Fürther Wb. 30.

WBÖ III,1298.

[**Gift**]**b.** wie →*B.*5a, °NB, °OP vereinz.: °*Giftbude* Söldenau VOF.

[**Hefelein**]**b.**: °*Hefalbude* „Tonwarenfabrik" Schwarzenfd NAB.

[**Markt(s)**]**b.** wie →*B.*1a, OB, NB vereinz.: *Markbude* Staudach (Achental) TS; „Ihre *Marktsbuden* bleiben leer stehen" PELKHOFEN Gewerbe 78.

WBÖ III,1298.

[**Sauf**]**b.** wie →*B.*5a, OB, OP vereinz.: *Safbudn* Roding.

[**Schieß**]**b.** **1** Schießbude: °*Schiaßbudn* Piding BGD; *A Schiaßbudn is nebndro gwest* BAUER Oldinger Jahr 131.– **2**: *„šeißbûdn* ... das Schützenhaus" DÜRRSCHMIDT Bröislboad 7.

WBÖ III,1298.

[**Schneider(s)**]**b.** **1** Schneiderwerkstatt, °OB mehrf., °NB, °OP, °SCH vereinz.: °*Schneidasbudn* „Raum, in dem gearbeitet wurde" Aicha SUL.– **2** wie →*B.*3b, °OB mehrf., °Restgeb. vereinz.: °*de hocka drom auf ihrer Schneidabude* Schrobenhsn.

WBÖ III,1298.

[**Schuster(s)**]**b.** **1** Schusterwerkstatt, °OB, °NB, °OP vereinz.: °*Schuastabude* Bayerbach GRI.– **2** Arbeitsbühne, Arbeitstisch des Schusters, °OB, °OP, °MF vereinz.: °*Schustersbude* Eckersmühlen SC. J.D.

Budel[1]

M., F. **1** Ladentisch, Schanktisch.– **1a** Ladentisch, °OB, °NB vielf., °OP, °SCH mehrf., °MF vereinz.: *d'Budl* Mchn; °*des woa am Pudl gleng* Schneebg OVI; *d'Bu'u* Heimat Sonnen 119; *„Der Budel*, aus *der Budentisch*; *die Budel*, aus *die Budentafel*" SCHMELLER I,212.– **1b** Schanktisch: °*gähma za da Bul hi, i lon engg* [euch] *af a Schnabsei ei!* Grafenau.
2 Arbeitstisch, Arbeitsbühne, v.a. des Schneiders od. Schusters, °OB, °OP vereinz.: °*da Schneinda sitzt af seiner Budl mit di Föiß in da Höll* [Vertiefung] Haselbach BUL; „den Schneider, wie er *auf seiner Pudl ... fadlt*" STROBL Feiertäg 32.
3 Vorrichtung, v.a. Wagen, auf dem die zu sägenden Baumstämme liegen, °OB, NB, °OP vereinz.: °*Pudl* Rettenbach WS.
4 Laufbrett der Kegelbahn, °OB, °NB, °OP vereinz.: °*Buudl* „Brett, auf dem man die Kugel auflegt" Mchn; *Buu(d'l* „mittleres Laufbrett der Kegelbahn" BRAUN Gr.Wb. 72; *Pudel* „Kegelbahn mit einem einzigen Brette in der Mitte, auf welchem die Kugel nach den Kegeln geworfen werden muß" DELLING I,104; *A Pudel* ZAUPSER 60.
5 Bande der Kegelbahn: °*Pudl* Neusorg KEM; *Jatz auf der Kegelboh' Scheibt er n Pudel o!* EBERL Kräutl 176.
6 Fehlschub beim Kegeln, °OP mehrf., °Restgeb. vereinz.: °*du scheibst ja lauta Pudl!* Nabburg; *s koa r amal saa, daß a Puudl gschuabm wird* HEINRICH Stiftlanda Gschichtla 25; *Pudel* „wenn die Kugel vom Brette läuft, oder wenn

sie zwischen den Kegeln durchgehrt [sic!]" DELLING I,104f.; *Pudel* „wenn man ... keinen Keul trift" HÄSSLEIN Nürnbg.Id. 106.

Etym.: In Bed.1, 2 Abl. von →*Bude*; DUDEN Wb. 678, sonst von →*budeln*; WBÖ III,1302.

DELLING I,104f.; HÄSSLEIN Nürnbg.Id. 106; SCHMELLER I,212; ZAUPSER 60.– WBÖ III,1302f.

Komp.: [**Apotheker**]**b.** Verkaufstisch des Apothekers: °*Apothekerpudl* Wallkfn MAL.– Phras.: °*dea riacht wia a ganze Apothekerpudl* „sehr intensiv" Neukchn a.Inn PA.

[**Blöcher**]**b.** Langholzstapel: °*Blöcherpudl* Breitenbg WEG.

[**Holz**]**b. 1** wie →*B.*3, °OB, °NB, °OP vereinz.: *Holzpudl* Wagen, auf dem der Stamm während des Sägens gleitet Peiting SOG.– **2** wie →[*Blöcher*]*b.*: °*Holzpudl* Breitenbg WEG.

[**Kegel**]**b.** wie →*B.*4: °*(mittlere) Keglpudl* Kreuth MB.

WBÖ III,1303.

[**Laden**]**b.** Ladentisch, °OB, °NB, °OP, °SCH vielf., °Restgeb. vereinz.: °*unta da Lonbudl hot ses aussazong* Grafing EBE; °*s Geld liegt am Lonpudl duat!* Steegen WÜM; *wia i zwoa Fünferl aufn Ladenbudl leg* DITTRICH Kinder 174.

WBÖ III,1303f.

[**Musikanten**]**b.**: *d'Musikandabudl* „balkonartiger Aufbau in einer Saalecke für die Musikanten" Mering FDB.

WBÖ III,1304.

[**Roll**]**b.** wie →*B.*3: °*Rollpudel* „bringt den Stamm zum Gatter" Fdkchn SR.

[**Schank**]**b.** wie →*B.*1b: °*Schankbudl* „Theke im Gasthaus" Mchn.

[**Schneid**]**b.**: °*Schneidpudl* „geschnittene Baumstämme" Schlehdf WM.

[**Schneider(s)**]**b.** Arbeitstisch, Arbeitsbühne des Schneiders, °OB, °OP mehrf., °NB, °SCH vereinz.: °*er hockt am Schneiderbudl obn* Pertolzhfn OVI.

WBÖ III,1304.

[**Schuster(s)**]**b.** Arbeitsbühne, Arbeitstisch des Schusters, °OB, °NB, °OP vereinz.: °*Schuastabul* Münsing WOR.

[**Stoß**]**b. 1** Tischkegelbahn, °OB, °NB, °OP vereinz.: °*Schtousbuhl* „40x200 cm große Platte mit aufgezeichneter Raute und Stellfläche für Kegel" Langdf REG; „In einer Ecke ... manchmal auch ein *Stoßpudel*" LENTNER Bavaria Almen 55.– Phras.: °*ich muß nur den Stoßpudel machen* „werde zu jeder Arbeit herangezogen" Fronau ROD.– **2** Billard: °*Stoßpudl* Vilshfn; „die Billards in Bayern ... *Stoßbudel* genannt" 1814 Dt.Gaue 15 (1914) 64.

SCHMELLER I,382.– WBÖ III,1304.

Abl.: [*stoß*]*budeln*. J.D.

Budel[2]

F., Behälter für Getränke, Trinkgefäß, °Gesamtgeb. vereinz.: *Bull* „Fäßchen mit seitlicher Röhre zum Trinken und Einfüllen" Staudach (Achental) TS; °*aus der Bull trinken* „Flasche" Simbach EG; °*Bull* „flaches Trinkgefäß aus Email mit Patentverschluß, bei Bauarbeitern" Kchnthumbach ESB; *bŭdl* Ergertshsn ND nach SBS XIII,513.

Etym.: Wohl gleicher Herkunft wie →*Bouteille*; WBÖ III,1304f.

WBÖ III,1304f.

Komp.: [**Bier**]**b.** Behälter, Trinkgefäß für Bier, °OB, °OP vereinz.: °*Bierbudl* „feldflaschenähnlich" O'nrd CHA.

[**Schnaps**]**b.** Behälter für Schnaps, °OB, °OP, °MF vereinz.: °*dua s Schnapsbudä* (Glaskaraffe) *aussa von Kasdn und zwoa Schdambbal dazua* G'holzhsn RO; °*Schnapsbuddl* „Schnapsflasche" Lauf; *šnåpfbūl* Grafrath FFB nach SBS XIII,516.– Auch: °*s Schnapsbudei* „kleines Glas zum Schnapstrinken" O'au BGD.

[**Wasser**]**b.** Behälter, Trinkgefäß für Wasser, °OB, °NB vereinz.: °*a Wassabull hom d'Baurn aufs Foid mitgnomma* Wildenroth FFB. J.D.

Pudel

M. **1** Pudel, Hund, OB, NB, °OP, SCH vereinz.: *Bu(d)l* Ingolstadt; *Bu'l hod ma Nu'l gem* I. PRÖLS, Der Ochs im Luftballon, Nabburg o.J.[, 8]; „Euch ... soll man ... wie die *Budln* ins Wasser sprengen" BUCHER Pferderennen 117f.– Phras.: *davolaffa wia a taffda Pudl* „schnell" Rechtmehring WS;– *schwitzn duai wöi a nossa Budl* „ich bin überall voll Schweiß" Cham;– *an Schwanz eiziang wia a übagossna Budl* „klein

beigeben“ O'alting STA;– *sich schämen wie ein nackter / begossener P.* u.ä. OB, OP, MF vereinz.: *dea schaamt si wia a nagada Budl* Ottendichl M; *wöi a bagoßna Puu(d'l dåustäih(n'* „sich sehr ... beschämt verhalten“ BRAUN Gr.Wb. 474.– *Der Pudl hat'n bissn* „er hat Gicht“ Wasserburg.– °*Git mäihara Hundd, wou Puudl hoißn* „es gibt auch noch andere deinesgleichen“ Wdsassen TIR.– Vers: *Mitm Bullbull bin i ganga, mitm Bullbull afs Eis. Mitm Bullbull geh i nimma, wei da Bullbull hot Läus* Grafenau REIMEIER Kinderreime 89.
2 übertr.– **2a** von Menschen.– **2aα**: *Pudl* „Mensch mit dichten krausgewellten Haaren“ Tölz.– **2aβ** jmd, der sich ausnützen od. sich alles gefallen läßt, °OB, NB, °OP vereinz.: *moanst i mach dar in ganzn Dag an Budel?* „Diener“ Passau; „Drecksarbeiten verrichten: *iich mou(ß ållawaal an ... Puu(d'l måch'n*“ BRAUN Gr.Wb. 474.– **2aγ** ungeliebtes Kind, OB, NB vereinz.: *Bul* zurückgesetztes Kind Aicha PA.– **2aδ** scherzh. Pedell, NB, °OP vereinz.: °*da Budl* „Schulhausmeister“ Kallmünz BUL.– **2b** von Dingen.– **2bα** vom Haar.– **2bαi** dichtes krauses Haar, °OB, NB vereinz.: *de hod so an Bu(d)l drom* Berchtesgaden.– **2bαii** struppiges Haar: *Pudl* Graßlfing FFB.– **2bβ** Halsbekleidung.– **2bβi**: *an Bul* „Halskrause“ Haidmühle WOS.– **2bβii** †Bekleidung mit Bändern: „Dim. *Pudə-l* ... ehmals ... Halsbekleidung ... aus mehrern kleinen, zottichten oder krausen ... Bändchen“ Mchn SCHMELLER I,382.– **2bγ** Kreisel: *Pudl* Abensbg KEH DWA I,26.

Etym.: Aus nd. *Pudel*; PFEIFER Et.Wb. 1057.

HÄSSLEIN Nürnbg.Id. 106; SCHMELLER I,382.– WBÖ III, 1299-1301.

Abl.: *pudelicht, pudeln.*

Komp.: [**Apotheker**]**p.** Pudel eines Apothekers, in Phras.: *Hoa wia-r-a n Abodäggabudl* grau gemischtes Haar Schöllnstein DEG;– °*der is wejdschö* (häßlich) *wia an Apothekapudl* Fürstenstein PA.

[**Haar**]**p.** wie →*P.*2bαii: *Hoarpudl* Etzelwang SUL.

WBÖ III,1302.

†[**Hals**]**p.** F., wie →*P.*2bβii: „die *Halspudel*, d. h. ein Viereck von schwarzem Sammt, von dem viele Stränge ... über den Rücken hängen“ nw. OB Bavaria I,435.

[**Hand**]**p.**, [**Hans**]**- 1** Handwerksbursche auf der Walz, °sw.OB vereinz.: °*doa kommt wieder so a Hammbudl* Eresing LL; *hampul* nach SCHWEIZER Dießner Wb. 58.– **2** Hanswurst, dummer Mensch, °OB vereinz.: °*du bist da a Hansbudl* Hohenpeißenbg SOG.– **3**: °*Hanspudl* „schlechter Mensch, Schimpfname“ Peiting SOG.– Bestimmungsw. wohl z.T. mit volksetym. Anlehnung an →*[Hans]wurst.*

[**Hunds**]**p.** wie →*P.*2aβ: °*moanst i mach dem an Hundspul* Mammendf FFB.

[**Mops**]**p.** Hundebastard, °OP vereinz.: °*Mopspudl* Wdmünchen.

[**Rütt**]**p.**: *Rittpudl* verwirrte Knoten in den Haaren Schrobenhsn.

[**Schul**]**p.** wie →*P.*2aδ: °*Schulbudl* „Schuldiener“ Haselbach BUL.

[**Stall**]**p.**: *da Schtoibuddl* Untermagd Staudach (Achental) TS.

[**Stroh**]**p.** rotw.: *Stroubūdl* „Gans“ Regenstauf R ZDL 57 (1990) 51.

[**Hand-werker**]**p.** wie →*[Hand]p.*1: *hampapul* nach SCHWEIZER Dießner Wb. 58.

[**Zotz**]**p.** wie →*P.*2bαii: *Zozpudl* Westerndf St.Peter RO. J.D.

pudelicht

Adj. **1** mit dichtem krausen Haar, °OB mehrf., NB vereinz.: *er hat an bullatn Kopf* G'höhenrain AIB.– Auch: dicht u. kraus (vom Haar), °OB, NB vereinz.: *bullerts Haar* Volkenschwand MAI.– Lockig, OB vereinz.: *bulad* Berglern ED.
2 mit wirrem struppigen Haar, °OB, °NB vereinz.: *a Bullada* Pfrombach FS.– Auch wirr u. struppig (vom Haar), °OB vereinz.: *oan bulad macha* Erding.
3 rauh, aufgerauht, °NB vereinz.: *a bullerter Stoff* Mainburg.– Auch: °*bulad* „mit Fusseln, bei Wollkleidung“ Langdf REG.
4 dick, auftragend, °OB, °NB, °OP vereinz.: °*heid bist awa bulad* „mit gepolsterter Kleidung“ Lohbg KÖZ.
5: °*dös is a bullarts Glump* „unpraktisch, unhandlich“ Rehling AIC.

Komp.: [**rauh**]**p.** wie →*p.*2: *rauhbullat* ungekämmt Hfkchn ED. J.D.

budeln
Vb. **1** wälzen, rollen.– **1a** sich wälzen.– **1aα** kollern, purzeln, °OB, °NB, °OP vereinz.: °*d Öpfl budln* „wenn man einen Baum schüttelt" Wilting CHA.– **1aβ** auch refl., sich balgen, OB, OP vereinz.: *d'Kinda bulln si* Willing AIB; *būdla* „balgen" nach FREUDENBERG Böbing 37.– **1b** rollend fortbewegen.– **1bα** wälzem, rollen allg., °OP vereinz.: °*Blöcher pudln* „im Sägewerk zum Gatter rollen" Fronau ROD.– **1bβ** im Kegelspiel.– **1bβi** kegeln, °OB vereinz.: °„früher *pudeln*, heute *Kegl scheim*" Ziegelbg RO; *pudeln* „auf neun Kegel scheiben" WESTENRIEDER Gloss. 448; *Pudeln* „Auf einem einzigen Brette Kegel schieben" ZAUPSER 60.– **1bβii** einen Fehlschub machen, °OB, °NB, °OP, °MF vereinz.: °*der hat pudlt, der Schub gilt it* U'ammergau GAP; *pūdln* „beim Kegeln ... vorbeischieben" BERTHOLD Fürther Wb. 171.– **1bγ** schütteln: *D'Körndl wernd ... in Mühlkasten pudelt* Oberpfalz 19 (1925) 237; *butteln* „rütteln, hin und her werfen" SCHMELLER I,311; *Pollitriduare budeln* Indersdf DAH 1419 Voc.ex quo 2046.
2: °*der bullt, net zum Dahoitn* „stürmt wild vorwärts, von einem Rennpferd" Pfarrkchn.
3: °*buld 's Brot scho?* „gärt der Brotteig?" Hirschling MAL.
4 in best. Weise behandeln.– **4a** anfassen, berühren: °*dou halt d Katz niad goa a so budln!* Hohenburg AM; „den Körper aus Scherz ... betasten, kitzeln. *Die Mutter pudelt ihr kleines Kind*" DELLING I,105; *bu:dln* „bürsten, streicheln" KILGERT Gloss.Ratisbonense 131.– **4b** †: *Einen pudeln* „ihn hart halten, zu schlechten Arbeiten verwenden" SCHMELLER I,383.– **4c** zerdrücken, zerknittern, unsachgemäß behandeln: °*bullt* „zerknautscht" Wasserburg; *pūln* „unachtsam behandeln" nach SCHWEIZER Dießner Wb. 157.

Etym.: Herkunft unklar; vgl. WBÖ III,1306.

Ltg: *bū(d)ln* u.ä., *-dlə* (SOG), vereinz. *-ua-* u.ä. (GAP, LL; KÖZ, VIT; WÜM), dazu *būlan* u.ä. OB.

DELLING I,105; SCHMELLER I,311, 383; WESTENRIEDER Gloss. 448; ZAUPSER 60.– WBÖ III,1305-1307.

Abl.: *Budel*[1], *Budler*.

Komp.: [**ab**]**b. 1** refl., wie →*b.*1aβ: *d Kinder buddeln sich ab* Staubing KEH.– **2** †wie →*b.*4a: *abpudeln* DELLING I,105.

DELLING I,105.

[**an**]**b. 1** beim Kegeln die Bande treffen, °OP vereinz.: °*oapudln* Traidendf BUL.– **2**: *apudln* Anschmiegen der Kinder an die Mutter Aßling EBE.– **3** anfahren, heftig zurechtweisen, NB, OP vereinz.: *oan obuln* Hztraubach MAL.

WBÖ III,1307.

[**um-ein-ander**]**b. 1** sich wälzen.– **1a** wie →*b.*1aα, °OB, °NB, °OP vereinz.: °*d Kinda burln aufn Bodn umanada* Eitting MAL; *wann so a arms Trutscherl* [unbedarftes Wesen] ... *in dera ... Welt ... umanandapudln muaß* CHRIST Werke 395 (Mathias Bichler).– **1b** wie →*b.*1aβ, OP vereinz.: *umanåndabudln* „balgen" Ensdf AM.– **2** umherstoßen: °*buld dea umananda!* Brennbg R.– **3**: *umanandapulln* „miteinander schäkern, von Liebesleuten" Ascholding WOR.

[**auf**]**b. 1**: *dö Junga afbulld* (mit aufgebauschten, lockeren Haaren), *dö oidn glat* Haidmühle WOS.– **2** refl.– **2a** sich aufplustern, aufblähen, °OB, °NB, °OP vereinz.: °*da Gockl bulld sich af* Sulzkchn BEI.– **2b** übertr.– **2bα** sich aufspielen, großtun, °OB vereinz.: *der bulld si auf* Schweitenkchn PAF.– **2bβ** aufbegehren, hochgehen, OB, °NB vereinz.: °*du di fei ned so aufbulln!* „sei bloß ruhig" Neufraunhfn VIB.

WBÖ III,1307.

[**aus**]**b.**: °*dean ma a Maß Bier ausbudln?* „auskegeln" Autenzell SOB.

WBÖ III,1307.

[**der**]**b. 1** wie →*b.*4c, °OB, °OP vereinz.: °*da host dei Gwand aba wieda sauba dapudlt* Rdnburg; *də'budln* „nicht schonend behandeln" SCHMELLER I,383.– **2** zerraufen, °OB vereinz.: °*die kimmt ganz dabullat daher* „mit verwirrten Haaren" Hohenschäftlarn WOR.

SCHMELLER I,383.

†[**ein**]**b.**: „die Blöcher *einzubudeln*, d.h. die Stämme in richtiger Weise ins Flußbett zu bringen" Bay.Wald BRONNER Bayer.Land 318.

WBÖ III,1307.

[**ver**]**b. 1** wie →*b.*4c, °OB, °NB, °OP, °MF vereinz.: °*alles hat er wieder vabuult* „zerknittert oder in Unordnung gebracht" Walleshsn LL; *vapūln* „zusammenknäueln (Wäsche)" nach SCHWEIZER Dießner Wb. 35.– **2** wie →[*der*]*b.*2, °OB, °NB vereinz.: °*vabuttl mi nöt!* „zerzause mein Haar nicht" Schaufling DEG.– **3** Part. Prät., übertr. verwirrt, unklar (im Kopf), °OB, °NB vereinz.: *an vapudltn Khobf ham* „vom Trinken" Iggensbach DEG.

WBÖ III,1307.

[**her**]**b. 1** herkollern, herpurzeln: °*grod herbuln däins* „Kinder einer kinderreichen Familie“ Muckenbach ROD.– **2** wie →*p.*4c: *hearpūln* nach SCHWEIZER Dießner Wb. 61.

[**da-hin**]**b.**: °*der budlt dahi* schwankend gehen Brunnen SOB.

[**zu-sammen**]**b. 1** †Geschlechtsverkehr ausüben: *Däs ä Strohschneider Mirl in Brunhaus unt zambllt hat* Weyarn MB 1834 ZIPPERER Haberfeldtreiben 156.– **2** wie →*b.*4c, °OB, °NB mehrf., °OP, °SCH vereinz.: °*a zambullats Gwand* Mauern FS; *Herrschaftseitn, hast du dein Rock zamabult* Winkelsaß MAL; *zsampudln* SCHMELLER I,383.– **3** wie →[*der*]*b.*2: °*d Haar sand so zammabuillt* Ramsau WS.

SCHMELLER I,383.– WBÖ III,1308.

[**stoß**]**b. 1** auf der →[*Stoß*]*budel*,Bed.1 kegeln, °OB, °NB vereinz.: °*stoußbuhln* „tischkegeln“ Langdf REG.– **2**: °*stoßpudeln* „Billard spielen“ Scharmassing R.

[**umher**]**b. 1** refl., wie →*b.*1aβ: *sich umerbudln* „sich herumbalgen“ Passau.– **2** wie →[*um-einander*]*b.*2: °*umaburln* „umherstoßen“ Ruhmannsdf VIT.– **3** refl.: *si umerbudln* „sich plagen“ Passau.

WBÖ III,1307f.

[**umhin**]**b.**: „*Gschwind Muader, ejtz tout er budl umi* (Kindersprache für Hinfallen)*!*“ Hohenwarth KÖZ BJV 1954,203. J.D.

pudeln

Vb.: *schlächti Woll budld leichd* „fusseln“ Windischeschenbach NEW. J.D.

Büden

(Genus?): *Bidn* „Boden eines Bergplateaus“ Naabdemenrth NEW.

Etym.: Wohl Nebenf. von→*Boden*; WBÖ III,1308.

WBÖ III,1308f. J.D.

büden, büdnen, bünen

Vb. **1** mit einem Fußboden versehen, °nö.NB, °OP mehrf., °OB, °OF vereinz.: °*s Haus is firti, grad dö Stubn muaß ma no bina* Rosenhm; *der bü'tə denn* Dinzling CHA BM I,73.– Phras.: *Von Kundtinger drin håt er stojjbiet* [den Stallboden gemacht] HALLER Bodenmaiser Sagen 72.– Auch †(ein Gefäß) mit einem Boden versehen: *büdnə˜, bü'nə˜* „ein Faß“ SCHMELLER I, 212.

2 (einen Fußboden) legen, °NB, °OP mehrf., °OB, °OF, °SCH vereinz.: °*blous in Summa, wenns Weda schäi is, sol ma bin* O'nrd CHA; *bina* „einen Holzfußboden legen“ SINGER Arzbg.Wb. 35.– Auch: °*bina* „ein Gerüst bauen für die Dreschmaschine“ Gottfrieding DGF.

3 †wohl eine Decke, ein Dach machen: *Larentz Zimerman hat in dem newen Turn gepünt von der Tachen* [Dohlen] *wegen* 1450 Frsg.Dom-Custos-Rechnungen I,56.

Etym.: Abl. von →*Boden*, teilw. wohl mit Anschluß an →*Bühne*; WBÖ III,1310.

Ltg: *bīna*, auch *bīn* nö.NB (dazu CHA, R, ROD, WÜM), *bīdn* (MÜ).

SCHMELLER I,212.– WBÖ III,1310.

Abl.: *Büdner*, *büdnern*.

Komp.: [**auf**]**b.**: °*aufbina* „auf einen alten Fußboden einen neuen setzen“ Bayrischzell MB.

[**aus**]**b.** wie →*b.*1: °*as Zimma muaß nei ausbühnt werdn* Aidenbach VOF.

WBÖ III,1310.

[**ein**]**b.** wie →*b.*2, °NB, °OP vereinz.: °*eibin* Wiesenfdn BOG.

WBÖ III,1310.

[**ver**]**b.** einen nicht mehr genutzten Schacht u.ä. mit einem Bretterboden bedecken, bergmannssprl.: *verbühnen* HUBER Bergmannsspr. 18; „Wenn man in einer Zeche einen Stollen … *verbühnen* … will“ 1784 Berggesetze 363.

WBÖ III,1310. J.D.

Puder

N., M. (M; GRI; °NEW), Puder, °OB mehrf., Restgeb. vereinz.: *uns braung a sua Woa wäi Buhda niet* Wunsiedel; *neilings hat s' es furtgschickt um an Puder* VALENTIN Werke I,49.

Etym.: Aus frz. *poudre*; KLUGE-SEEBOLD 730f.

WBÖ III,1310.

Abl.: *pudern*.

Komp.: [**Fratt**]**p.** Kinderpuder: *Frottbuda* Höll WÜM.– Zu →*fratt* ‘wund’.

[**Haar**]**p.** Haarpuder, OB, NB, OP vereinz.: *da Hoapuara* Mittich GRI; „*Har Buder* aus feinem

Weizenmehl auf die Locken und die Perücken" Tutzing STA 1.H.18.Jh. Sauber! Hygiene früher in Oberbayern, hg. von F. LOBENHOFER-HIRSCHBOLD u. A. WEIDLICH, Großweil 1995, 85.

WBÖ III,1310f.

[**Streu**]**p.** wie →[*Fratt*]*p.*: *s Schtreibuda* Eurasburg FDB. J.D.

budern[1]

Vb., schütteln, kräftig bewegen, °NB, °OP vereinz.: °*tou ma butan, aufbutan* „Wasser in Bewegung bringen, aufrühren" Neumarkt; *budə'n* „rütteln, hin und her werfen" SCHMELLER I,311.

Etym.: Abl. zur selben Wz. wie →*budeln.*

SCHMELLER I,311.

Komp.: [**zu-sammen**]**b.**: °*Herrschaft na, dö budat heit wieda epas zamm* Flüssigkeiten durcheinanderschütteln, panschen Winklsaß MAL. J.D.

budern[2] →*buttern.*

pudern

Vb., pudern, OB mehrf., Restgeb. vereinz.: *de pudat se, daß ma ira wülds Ksicht net siecht* Ingolstadt.

WBÖ III,1311.

Komp.: [**ein**]**p.** dass., OB, OP mehrf., Restgeb. vereinz.: *an Boat eibudan* Hengersbg DEG.

WBÖ III,1311. J.D.

Budler

M.: °*Budler* Block, zugeschnittener Baumstamm O'ammergau GAP.

WBÖ III, 1313.

Komp.: [**Blöcher**]**b.**: *Böcherbuller* „Mann, der die getrifteten Langhölzer stapelt" Passau.

[**Stoß**]**b.** jmd, der →[*stoß*]*budeln*,Bed.1 spielt: °„jeden Freitagabend treffen sich sie *Stoßbuhler* in der Glasmacherschänke" Langdf REG. J.D.

Büdner, Büner

M., jmd, der den Fußboden legt, °OB, °OP vereinz.: °*da Bina is niat kumma* Schnaittenbach AM. J.D.

büdnern

Vb.: „Bödeneinlegen bei Holzschächtelchen ... *Bidnan*" HELM Mda.Bgdn.Ld 37. J.D.

Büfett

N., Büfett, Anrichte: °*Biffäh* Wasserburg; *dös Bifee ruckma an halm Meter aaf d'Seitn* SCHEMM Neie Deas-Gschichtn 104.

Etym.: Aus frz. *buffet*; KLUGE-SEEBOLD 160.

WBÖ III,1316f. A.R.R.

Puff

M., N. **1** Stoß, Schlag, °OB, NB, °OP, °OF, MF vereinz.: *håud scho vül Büff krejgd* Sulzbach; *Der ... halt scho˜ ə˜n Buff aus* SCHMELLER I,213; *Buff* HÄSSLEIN Nürnbg.Id. 54.– Phras.: *alle Püffe* alle Augenblicke, immer wieder, ständig, °OB, °NB, °OP vereinz.: °*der is so vogessn, oi Biff muaß i n mohn* „mahnen" Metten DEG; *Alle Büff* SCHMELLER ebd.

2 Kredit, Zahlungsaufschub, nur in Phras. *auf B.* ohne sofortige Bezahlung, °OB, °NB vereinz.: °*auf Buff hoin* Frauenau REG; „*Auf Buff nemen*, oder *geben*" SCHMELLER ebd.

3 †Würfelspiel, Wurf darin.– **3a** Würfelspiel mit dem Ziel, mit allen Würfeln die gleiche Zahl zu würfeln: *Buff spilen* SCHMELLER ebd.– **3b** best. Wurf darin: „wenn die gleichen Zahlen oben aufstehen ... *ich hab'einen Puff g'worfen*" DELLING I,105.

4 Bordell, °OB vereinz.: *ins Buff ge* Ingolstadt; *I hob s' gfrogt, ob des a Buff is* TOCHTERMANN Oiß wos Recht is 176.

5: °*a Gifthüttn, a Buff* schlechtes Wirtshaus Edelshsn SOB.

6 Arrest, Haft(zelle), °OB, °NB, °OP, °MF vereinz.: °*hättst nix angfang, brauchast di net ins Puff einihockn* Schwandf.

7 Speise.– **7a** best. Kuchen, °OB, °NB, °OP vereinz.: *Buff* „feinere Gugelhupfart" Wasserburg.– **7b**: °*Buff* „Kartoffelnudel" Stamsrd ROD.

Etym.: Mhd. *buf* stm., Abl. von →*puff*; KLUGE-SEEBOLD 731.

DELLING I,105; HÄSSLEIN Nürnbg.Id. 54; SCHMELLER I, 213.– WBÖ III,1314-1316. A.R.R.

puff

Interj., Ausruf zur Nachahmung eines Schusses od. Stoßes: °*puff* Töging AÖ.– Auch subst. in Wiederholung: *Puff puff* „Schuß, Gewehr in der Kindersprache" Ingolstadt.

Etym.: Onomat.; WBÖ III,1314.

WBÖ III,1314.

Abl.: *Puff, Puffel, püffeln, puffen, Puffer(er), Pufferling.* A.R.R.

Puffel
M., altes Messer, OP vereinz.: *a Buffl* Nabburg. A.R.R.

Büffel
M. **1** Büffel, exotisches Rind, °OB vereinz.: „der amerikanische Bison heißt *Biffi*" Ingolstadt; *Büffel* „eine fremde Gattung Ochsen" Koch-Sternfeld Salzb.u.Bgdn II,349; *ain purger von gretz hat meinem herrn iij pifl geschickt* Landshut 1477 MHStA Fürstensachen 1346, fol.19[v]; „eine Menge von denen besten Ungarischen Ochsen und *Püflen*" A.G. Ertl, Chur-Bayer. Atlas, Nürnberg 1687-1690, [I,] 158.– Phras.: °*der arbat wia a Büffl* „sehr viel" Kötzting, ähnlich °OP, °MF vereinz.– Als Tiern. bei männlichen Rindern OB, NB, OP vereinz.
2 von Menschen.– **2a** sturer, uneinsichtiger, grober Mensch, °OB, °NB, °OP, °MF vereinz.: °*des sieht dem Büffe glei, daß er d'Leni net im Bett laßt, wenns krank is* Wettstetten IN; *Du bist und bleibst a Büffl* Lauerer I glaub, i spinn 36; *du hartnäckiger Piffel, du fauler Esel* 1707 Bayer.Barockpr. 144 (Marcellinus Dalhofer).– Ortsneckerei für die Einwohner von O'teisendf LF: *Oberteisendorfer Büffel* Teisendf LF;– für die Einwohner von Staudach (Achental) TS: *Staudacher Büffln* Hager-Heyn Dorf 307;– °*Roddalla Biffön* „verspottet man die Rottaler" Vilsbiburg;– Spottv. auf die Einwohner von Altenmarkt VOF: °*Klousterer Büffen, steigst aufi auf Gipfin, fallst owe auf d'Eard, seids zammklaum net wert* Osterhfn VOF.– **2b** jähzorniger Mensch, °OB, °NB, °OP vereinz.: °*dös is a Büffl* Aicha SUL.– **2c**: *a Büffel* „dickes Kind" Mchn.
3 abwertend Kopf, °OB, °NB mehrf., °OP, °SCH vereinz.: *do hama eah di Biffein a weng daklopft* Vachendf TS; °*dem lauf da Büffö o* Eging VOF.
4 Stirnjoch, °NB mehrf., OB vereinz.: °*schau aaf, daaß da Biffö ban ollö zwä Ouxn gud draaf sidzd* Grafenau; *bife* Moosburg FS nach Stör Region Mchn 920.
5 seitliche Seilhalterung an Donauschiffen: *Büffl* Rosenhm; „Zum Festmachen der Seile dienen die an den Innenseiten der Wände … stehenden *Büffel* … aus hartem (Eichen-) Holz" Neweklowsky Schiffahrt I,239.

Etym.: Mhd. *büffel* stm., frz. Herkunft; Pfeifer Et.Wb. 1057.

Schmeller I,213.– WBÖ III,1317f.

Abl.: *büffelhaft, büffelicht, büffelisch, büffeln.*

Komp.: [**Bauern**]**b.** **1** Schimpfw. für einen Bauern, OB, NB vereinz.: *du Bauanbiffö!* Innernzell GRA.– **2** wie →*B.*2a, °OB, °NB, °OP vereinz.: °*was wuischt mit dem Bauernbüffi?* Wettstetten IN; *Bauanbiffe* „sturer, ungehobelter Mensch" Binder Saggradi 19.

WBÖ III,1318.

[**Pfingst**]**b.** wer an Pfingsten zuletzt aufsteht: *Pfingsdbiffi* Kchasch ED.

[**Hirn**]**b.** wie →*B.*4: °*Hirnbüffel* Garching AÖ.

[**Holz**]**b.** **1**: *Holzbüffe* Holzknecht Mehring AÖ.– **2** wie →*B.*2a: °*Holzbüffi* Rettenbach WS.

[**Ochsen**]**b.** wie →*B.*4, °OB, °NB vereinz.: °*Ochsnbüffö* Aich VIB.– Übertr.: °*dem soi ma an Ochsnbüffi ånlegn* „er ist dumm" Kchbg PAN.

[**Rotz**]**b.** wie →*B.*2a, °OB, NB vereinz.: *Rotzbüfl* Hengersbg DEG.

[**Stirn**]**b.** wie →*B.*4, °OB, NB vereinz.: *Stiernbüffl* Aunkchn VOF.

[**Zorn**]**b.** wie →*B.*2b, °OB, OP vereinz.: *Zornbüffl* Zell RID. A.R.R.

büffelhaft
Adj. **1** stur, uneinsichtig, grob, OB, °OP vereinz.: °*a büfflhafta Kerl* Windischeschenbach NEW; *Aa so aa biffehafte … Bauansau* Binder Saggradi 25.
2 wild, ungezogen (von Kindern), NB, OP vereinz.: *büfföhaft* Hengersbg DEG.
3 kräftig gebaut, °OP vereinz.: °*bifflhaft* Stökkelsbg NM. A.R.R.

büffelicht
Adj., stur, uneinsichtig, grob, OB, NB vereinz.: *büfflad* Rechtmehring WS; *der büfflete Baumhacklgori* [PN] oberes Naabtal BHV 7 (1920) 61.

WBÖ III,1318. A.R.R.

†büffelisch
Adj., derb, grob: *wir groben püfflischen Teutschen* Rgbg 1541 Chron.dt.St. XV,182,3. A.R.R.

büffeln
Vb. **1** auch refl., sich abrackern, °OB, °NB vielf., °OP mehrf., MF vereinz.: °*de Leit büffln si, dass weitergeht* Tuntenhsn AIB; °*da hab i schö büfflt, daß i ferti worn bi* Herrnwahlthann KEH; *büffeln* „sich plagen" OP SCHMELLER I,213; *Büffeln* HÄSSLEIN Nürnbg.Id. 54.
2 büffeln, °Gesamtgeb. vielf.: *büffeln, ochsn* Passau; *biffln* KILGERT Gloss.Ratisbonense 51.
3 sich in der Arbeit verzetteln: °*biffön* „sich in etwas unnütz vertiefen" Fischbachau MB; *büffeln* „bei irgendeiner Sache stehen bleiben" EBE Obb.Heimatbl. 6 (1928) Nr.7[,4].

HÄSSLEIN Nürnbg.Id. 54; SCHMELLER I,213.– WBÖ III, 1318.

Komp.: [**ab**]**b. 1** refl., wie →*b*.1, °OB, °NB, °OP vereinz.: °*hot ma se den ganzn Doch obüfflt* Batzhsn PAR.– **2**: *D Leid hand richtö obüfföd woan* „geschunden" KERSCHER Waldlerleben 119.

[**hin-ein**]**b.**: °*neibüffln* sich in den Tisch lümmeln Uffing WM.

[**ver**]**b.** Part.Prät., stur, uneinsichtig, grob, °OB, NB vereinz.: °*der is ganz vabiffit* Hirnsbg RO.

WBÖ III,1318 A.R.R.

püffeln
Vb. **1** †: *Püffeln* „tüchtig schlagen" DELLING I, 105.
2: *biffin* paffen, rauchen Neubeuern RO.

Komp.: [**der**]**p.**: °*die derbüffln si* „verhauen sich gegenseitig" Polling WM. A.R.R.

puffen, †-**ü**-
Vb. **1** stoßen, schlagen, OB, NB, OP, °MF vereinz.: *s Kaiberl pufft* Haag WS; „einen *puffen*, einen mit der Faust stossen" WESTENRIEDER Gloss. 448; *Puffen* ZAUPSER 60.
2: *Roa puffa* „den Rain abmähen" Ruhstorf GRI.
3 knallen (von Schüssen): *der Schuß pufft aus m Gwehr* Passau; *Wann's so pufft, wann's so kracht* RATTELMÜLLER Soldatenlieder 32; *zu puffen zu der püchssen* Rgbg 1410 Stadtarch. Rgbg Cam. 7, fol.77[r].
4 (paffend) rauchen, NB, °OP vereinz.: °*puffen* Bodenwöhr NEN.– Auch: *die Lok bufft* Passau.
5 †ein Würfelspiel spielen, dessen Ziel es ist, mit allen Würfeln dies. Zahl zu werfen: *buffen* SCHMELLER I,213.

Etym.: Mhd. *buffen*, Abl. von →*puff*; PFEIFER Et.Wb. 1057.

HÄSSLEIN Nürnbg.Id. 54; SCHMELLER I,213; WESTENRIEDER Gloss. 448; ZAUPSER 60.– WBÖ III,1319.

Komp.: [**ab**]**p.**: *obuffn* „unaufgebundene Garben obenhin überdreschen" Fürnrd SUL.

HÄSSLEIN Nürnbg.Id. 54.– WBÖ III,1319.

†[**auf**]**p.** Part.Prät., mit gekünstelter Frisur: *Dé is recht auf'bufft* SCHMELLER I,213.

DELLING I,36; SCHMELLER I,213.

[**der**]**p.** wie →*p*.1, °OB vereinz.: °*den hå i richti dapufft* Erling STA.

WBÖ III,1320. A.R.R.

Puffer(er)
M. **1** Stoß, Schlag, °Gesamtgeb. vielf.: *Puffer* Stoß mit dem Ellenbogen Partenkchn GAP; *gib eam an Buffer aufn Khoupf* Mering FDB; *Pufferer* „Schlag, Stoß (bes. mit der Faust)" BERTHOLD Fürther Wb. 172.
2 Schlag-, Schneid-, Stoßinstrument.– **2a**: *Buffa* formloser Holzprügel Reisbach DGF.– **2b**: *Buffer* Hammer des Steinmetzen M'nwd GAP.– **2c** (abwertend) Messer, °Gesamtgeb. mehrf.: °*schneid jå so nix, der Buffa* Ebersbg; *buffə* Dinzling CHA BM I,73; *Puffer* ZAUPSER 60.
3 Breiter Rohrkolben (Typha latofolia), OB vereinz.: *Buffer* Schrobenhsn.
4 Puffer der Schienenfahrzeuge, Gesamtgeb. vereinz.: *Buffan* „Mehrzahl" Mengkfn DGF.– Übertr.: °*Buffer* „große Frauenbrüste" Fronau ROD.
5 bergmannsprl.: *bū̆ffa* „ein kleiner Sprengschuß" Penzbg WM HuV 16 (1938) 269.
6 Pistole, ä.Spr., in heutiger Mda. nur im Komp.: *7 par feistling oder puffer* Lichtenbg LL 1603 SbMchn 1910, 5.Abhandlung 10 (Inv.).
7 von Menschen.– **7a**: °*Buffer* „ungeschlachter, grober Mensch" Neumarkt.– **7b** untersetzter Mensch, °OB vereinz.: °*a kloana Buffa* Edelshsn SOB; *Der Buffer* „kurzer, untersetzter Mensch" M'nwd GAP SCHMELLER I,213.
8 Rind.– **8a** Rind, das gerne stößt, °OB, °NB vereinz.: °*Buffer* Metten DEG.– **8b** kleiner Stier, °OB vereinz.: °*Buffer* „geringgewichtig" Fischbachau MB.– **8c** Rind mit kurzen Hörnern, °OB, °NB, °OP vereinz.: °*a Buffa* Dach-

au; *Der Buffer* „Rind, das keine oder nur kurze Hörner hat" Traunstein SCHMELLER ebd.
9 kurzes Horn eines Rindes, °OB, °OP, °MF vereinz.: °*der hot so Buffer dro* Bayersoien SOG.
10: °*Puffer* Scherzname für die Kartoffel Landshut.

DELLING I,105f.; SCHMELLER I,213; WESTENRIEDER Gloss. 448.– WBÖ III,1320f.

Komp.: [**Gänse**]**p.** wie →*P.*2c, OP vereinz.: *Gensbufal* Kalchenhfn NM.

[**Heirats**]**p.** Heiratsvermittler, OB vereinz.: *der Heiratsbuffer, der wo dö Bar zsamkupplt* Hfhegnenbg FFB.

[**Käse**]**p. 1** wie →*P.*2c, OB, NB, OP vereinz.: *Kasbuffa* Dietldf BUL; *kà:sbuffa* KILGERT Gloss.Ratisbonense 104.– **2** scherzh. soldatensprl.: °*a Kaaspuffer* „Seitengewehr" Grafing EBE.

[**Katzen**]**p.** wie →*P.*2c, OB, NB, OP vereinz.: *Katznpuffa* Furth LA.
WBÖ III,1321.

[**Kreuzer**]**p.** dass., OB, NB vereinz.: *Graizabuffa* Aicha PA.
WBÖ III,1321.

[**Metten**]**p.** wie →*P.*6: *Mettnbufa* Berchtesgaden.

[**Rain**]**p.**: „das Gras zwischen den Furchen wird an *Roanbuffan* (armen Leuten) zum *Buffn* (abschneiden) überlassen" Ruhstorf GRI.

[**Schinder**]**p.** wie →*P.*2c: *Schinderbuffer* Donaustauf R; *ə'rechte' Schinde'buffə', der gár nicks schneidt* SCHMELLER I,213.
SCHMELLER I,213. A.R.R.

Pufferling
M., Schlag, Stoß: *Buffaling* Jesendf VIB.
A.R.R.

Bug[1]
M. **1** (um)gebogene Stelle.– **1a** Falte im Stoff, Papier, °OB, °NB, °OP, °MF vereinz.: *s Dåu* [Tuch] *nån Bug schnän* Zandt KÖZ; „Die Hose hat einen *Bug*" CHRISTL Aichacher Wb. 100.– **1b**: °*Bug* „Bogen" Ramsau BGD.– **1c**: °*Biegl* „die gebogenen Schwanzfedern des Enterichs" Bganger EBE.
2 Beule, Delle, °OB, °NB, °OP vereinz.: *da Roaf hat an Bug* „ist verbogen" Degerndf RO; *Buch* Maiersrth TIR DWA V,7.
3 Körperteil.– **3a** Kniekehle, Knie, °OB, °OP vereinz.: °*mi hat's am Bug* Ismaning M.– **3b** Schulter: °*Bug* „bei Mensch und Tier" Partenkchn GAP.
4 Schiffsbug, OB vereinz.: *der Bug* Wasserburg.
5 First, °OB, °OP, °MF vereinz.: °*Bug* Garmisch-Partenkchn.
6 †Stärkemaß für Rohmessing: *3 Bug auf länge 6 schuh auf Breitte 8 Zohl* 1780 Stadtarch.Rosenhm Abt. B/H Nr.1218, 108.

Etym.: Abl. zur Wz. von →*biegen*; WBÖ III,1322.

Ltg: *būg*, auch *būx* (KEH; AM, TIR), vgl. Lg. § 29b3.

SCHMELLER I,217.– WBÖ III,1322f.

Abl.: *Büge, -bügeln*[1], *bügig*[1], *-bügler.*

Komp.: [**Arm**]**b.** Armbeuge, OB, NB vereinz.: „*Oambug*, Mehrz. *Oambüg*" Hengersbg DEG.
WBÖ III,1323.

[**Knie**]**b. 1** wie →*B.*3a, °OB, °NB, OP vereinz.: *da Knöibuch* Hohenburg AM; *kniepug* Weihenstephan FS um 1469 Clm 21656, vorderes Vorsatzbl.[v]; *an dem Knyebug deß rechten Fuß* Gnadenblum 123.– **2**: °*Kniabug macha* Kniebeugen Zustorf ED.
WBÖ III,1323.

[**Üchsen**]**b.** wie →*B.*3b, °OB, °NB, °OP vereinz.: °*Iaxnbug* Seifriedswörth VIB.– Zu →*Üchse* 'Achselhöhle'. A.R.R.

Bug[2], **-ch**
M., N. (WS; KEH, VOF), F. (RO, TS). **1** Körperteil.– **1a** des Tieres.– **1aα** Schenkel, insbes. Vorderschenkel mit Schulterpartie, °OB, °OP, °SCH vielf., °NB mehrf., °MF, °SCH vereinz.: °*bei da Gans is as bessa* [beste] *as Biagl* Rosenhm; °*Buach* „Schulterteil bei Rehen" Aidenbach VOF; *Der Buag* OB BzAnthr. 8 (1889) 163; *puag* [Mask.] *piag* [Mz.] „Schulterstück (Fleisch)" SCHWEIZER Dießner Wb. 156; *mit demo ... poake* Tegernsee MB 9.Jh. StSG. II,221,26; *an den andern tiern haizzen sie pūg* KONRADvM BdN 43,12; *An der Faßnacht jedem ein Piegl Hennen* Ambg 1540 VHO 52 (1900) 227.– **1aβ** vorderes Viertel des Rumpfes, °OB, °OP vereinz.: °*Bug* „Brustkorb der Gans" Neustadt.– **1aγ** Nacken, °NB, °OP vereinz.: °*Bug* „Genickstück bei Schweinen" Neumarkt.–

1b des Menschen.– **1bα** Gelenk, °OB, °NB vereinz.: °*der ganz Buag tuat mir weah* „an der Achsel" Rehling AIC.– **1bβ** Schenkel: *Auf'n Biegn und auf'n Boan … Als wann zwoa Bes'nstiel zamma thaat'n loan'* [lehnen] Berchtesgaden KOBELL Schnadahüpfln 157.– **1bγ** Rist, Fußrücken, °OB, °NB, °OP vereinz.: °*hat uns am Vordafuas de Buag wehtoa* Halfing RO.
2 Balken in Dachstuhl.– **2a** Strebe, °OB mehrf., °Restgeb. vereinz.: *Buag*, *Buang* Kchseeon EBE; *buag* „Kopfband, Strebe zur Verbindung des Gebälkes" nach LECHNER Rehling 168.– **2b** Hahnenbalken: °*Buag* Edelshsn SOG.
3 †Biegung: *Zu dem gerechten bůge hân ich die fart gelâzen* HADAMARvL 113,453.

Etym.: Ahd. *buog*, mhd. *buoc* stm., germ. Wort idg. Herkunft; KLUGE-SEEBOLD 160.

Ltg: *buag*, daneben vereinz. *buax* (FS, WS; DGF, KEH, VOF), ferner *boug* (PAR), ugs. küchensprl. v.a. in Bed. 1a *būg*, Dim. *bīgl*.

SCHMELLER I,196, 218.– WBÖ III,1324f.

Abl.: *-büge*, *-bügeln*[2], *-bugen*, *bügig*[2].

Komp.: [**Ein**]**b.**: °*Eibuag* Taille Pöcking STA.

†[**Für**]**b.** Sattelhalteriemen am Vorderbug, Teil der Pferdegeschirrs: *in furipuogin* Tegernsee MB 11.Jh. StSG. II,659,35; *Für Jre 2 Pferdt … 2 fürpig* Mchn 1580 WESTENRIEDER Beytr. V,168.

SCHMELLER I,218.– WBÖ III,1325.

[**Gans**]**b.** Gänseschenkel, °OB, °NB, °OP, °SCH vereinz.: °*Gansbiagla* Hütting ND; *ə Gansbüəgl* SCHMELLER I,218; *Ein Gansbügel, eine Bratwurst* BUCHER Pferderennen iv.

SCHMELLER I,218.

[**Hasen**]**b.** Hasenschenkel, °OB, °NB, °OP, °SCH vereinz.: °*a Hasnbiagl is ebbas Guats* Arzbach TÖL.

[**Jäger**]**b.**: *ją̄gabuag* „Kopfband, das mit einem Holznagel befestigt ist, Zimmermannssprache" nach LECHNER Rehling 221.

[**Knie**]**b.** Kniegelenk, °OB vereinz.: *da Kniabuag* Staudach (Achental) TS.

[**Kopf**]**b.** Strebe, Stütze an der Oberseite einer Balkenverbindung, °OB, °NB vereinz.: °*das Kopfbuag* Rettenbach WS.

[**Reh**]**b.** Rehschenkel, °OB, NB vereinz.: *a Rebigarl* „Vorderlauf mit Schulterblatt" Mengkfn DGF.

[**Üchsen**]**b.** Strebe, Stütze an der Unterseite einer Balkenverbindung, °OB, °NB, °OP vereinz.: °*Iaxnbuang* Dachau.– Zu →*Üchse* 'Achselhöhle'. A.R.R.

Büge

F. **1**: *die Bieg* „bei Rindern Teil des Rückens hinter den Schulterblättern" Malching GRI.
2: *Big* Kniekehle Weidach AIB.

WBÖ III,1326.

Komp.: [**Ein**]**b. 1** Taille, OB, °OP vereinz.: °*Einbiech* Brunn PAR.– **2**: °*Einbieg* „Eintiefung in Balken zum Einrasten von Querhölzern" Hirschling MAL.

[**Ell**]**b.** Ellbogen, NB, °OP vereinz.: *Åibig* Mengkfn DGF.

[**Knie**]**b. 1** Kniekehle, OB, °NB, °OP vereinz.: °*Gnejbü* Neukchn KÖZ; *Kniabieg* RASP Bdgn. Mda. 92; *in die knye püg am hintern fueß* BIHLER tierärztliche Rezepte Straubing 24.– **2** Kniegelenk, °OP vereinz.: *Knöibüch* Hohenburg AM.

WBÖ III,1326.

[**Kopf**]**b.** wohl Strebe, Stütze an der Oberseite eines Dachstubenbalkens: *Kopfbich* Ursulapoppenricht AM. A.R.R.

-büge

N., nur im Komp.: †[**Für-ge**]**b.** Sattelhalteriemen am Vorderbug, Teil der Pferdegeschirrs: *fürgepueg* Indersdf DAH 1.H.15.Jh. Lib.ord. rer. 248.– Mhd. *vürgebüege*, Abl. von →*Bug*[2].

SCHMELLER I,218. A.R.R.

Bugel →*Buckel*[2].

Bügel

M. **1** Ring.– **1a** †Eisenring: *die pùgel* Lererb. 8.– **1b**: „*Stecka* … und … *Schlegel* [des Dreschflegels], welche beide durch *Bügel* (Kappen) aus Holz oder Leder und durch Lederriemen zusammengehalten wurden" HÄRING Gäuboden 37.

2 Kleiderbügel, OB, NB vereinz.: *Bügal* Mchn; *bi:gl* Kilgert Gloss.Ratisbonense 51.
3 Tragbügel: °*Bigl* „Bogen beim Eimer" Rechtmehring WS; *I Hebladen samt dem Bügel* Haag WUN 1718 Singer Vkde Fichtelgebirge 87.
4 Verschlußbügel eines Gewehrs: *Bügl* Pfaffenbg MAL.

Etym.: Abl. zur Wz. von →*biegen*; Kluge-Seebold 160.

WBÖ III,1327.

Komp.: [**Kleider**]**b.** wie →*B.*2, Gesamtgeb. vereinz.: *Kloidabigl* Poppbg SUL.

WBÖ III,1327.

[**Ver-schluß**]**b.** wie →*B.*4, OB, NB vereinz.: *Voschlußbügl* Hohenpeißenbg SOG.

[**Steig**]**b.** Steigbügel, Gesamtgeb. vereinz.: *Staichbigl* Kohlbg NEW; „ein *Steigbiegel*, durch den man sich auf den ... Sattel ... schwingt" Bucher Jagdlust 7.– Phras.: *dö henkt d'Steigbügl na* „hat zerrissene Kleider an" Hfhegnenbg FFB.

WBÖ III,1327.

[**Ge-wand**(**ach**)]**b.** wie →*B.*2, OB, OP vereinz.: *Gwantabigl* Stadlern OVI. A.R.R.

bügeln →*bögeln*.

-bügeln[1]
Vb., nur im Komp.: [**knie**]**b.**: *kniabigln* „mit vorstehenden Knien schlapp gehen" Mchn.

WBÖ III,1327. A.R.R.

-bügeln[2]
Vb., nur im Komp.: [**aus**]**b.** eine Fehlstellung des Buggelenks entwickeln, °OB vereinz.: °*de Kuah hat ausbiaglt* Rottach-Egern MB. A.R.R.

-bugen, -buch-, -ü-
Vb., nur in Komp.: [**aus**]**b. 1** vom Rind u. Pferd.– **1a** auch refl., eine Fehlstellung eines Gelenks, v.a. des Buggelenks, entwickeln, °OB mehrf., °NB, °OP, °SCH vereinz.: *de Kua is ausbiagt* Ottendichl M; *döi hout si ausboucht* Kemnath; *ausbuəchə~* OB Schmeller I,218.– Übertr.: °*de ausbouchate Tritschn* „abschätzig von einem Menschen" O'nrd CHA.– **1b**: °*ausbiagt* „das Rückgrat der Kuh ist durchgedrückt" Neukchn PA.– **1c** Gebärmuttervorfall bekommen, °OB, °NB vereinz.: °*ausbuacha* Aidenbach VOF.– **2** krumm, ungerade werden, °OB, °OP vereinz.: °*de Stützn buagt aus* Halfing RO.– **3** krumm, ungerade machen, °OB, °NB vereinz.: °*tua d'Schua ned aso ausbuacha* Mittich GRI.

Ltg: *-bua(g)ŋ* OB (dazu GRI, MAL, WOS; FDB), vereinz. *-buan* (TÖL), daneben *-buaxa* u.a. OB, NB (dazu R, ROD), *-bouxa*, *-xŋ* (IN; BOG; CHA, KEM, R), vgl. Lg. § 29b3, ferner mit Uml. *-bia(g)ŋ* OB (dazu GRI, PA, WEG, WOS), *-bian* (TÖL), *-beixa* (BOG).

Schmeller I,218.– WBÖ III,1327.

Mehrfachkomp.: [**her-aus**]**b.** hervorstehen: °*s Hoiz buacht do a d Wies raus* Tandern AIC.

[**ein**]**b.** nach innen biegen, °OB vereinz.: °*Blech eibuagn* Thanning WOR. A.R.R.

Buger(**er**), **-ck-**, **-ng-**
M. **1** von Menschen.– **1a** böser, schlechter Mensch, OP, °SCH vereinz.: *Buger* „Leutausnutzer" Sulzbach; *Puger* „RaufIustiger Mann" EBE Obb.Heimatbl. 6 (1928) Nr.10[,4].– **1b** hart arbeitender Mensch, °OB vereinz.: °*Bugerer* „Arbeitssüchtiger" Fischbachau MB.
2 schlechtes Pferd, °OB mehrf., °NB, °OP vereinz.: °*dös is a richtige Buga, a ganz a aüta Heidda* Reichersbeuern TÖL; *Bugá* Heigenhauser Reiterwinkerisch 6.– Phras.: *der schnarcht wia a dämpfiger Buga* Kiefersfdn RO.
3 Laubtaler, alte Münze: *Buggerer* „dicke Kupfermünze früherer Zeit" Bauernfeind Volksleben 142.

Etym.: Aus frz. *bougre*, Schimpfw.; WBÖ III,1328.

WBÖ III,1327f.

Abl.: *bugern*. A.R.R.

Puger(**er**), Schlafstätte, →*Pograd*.

bugern
Vb., sich abrackern, °OB vereinz.: °*bugern* Gaißach TÖL.

WBÖ III,1328.

Komp.: [**zu-sammen**]**b.** refl., dass., °OB vereinz.: *da Oit da hot sö ganz zsambugascht* MB. A.R.R.

bügig[1]
Adj.: *dö Schi han recht biche* biegsam Fronau ROD. A.R.R.

bügig[2], **-icht, -bugicht**
Adj., mit Fehlstellung eines Gelenks, OB, °NB vereinz.: *biagö* „bei Nachgeben der Hinterbeine des Pferdes" Mittbach WS.

WBÖ III,1328.

Komp.: [**aus**]**b.** dass., °OB vereinz.: °*de Kuah is ausbiage* Peißenbg WM.

[**hohl**]**b. 1** o-beinig, °OB, °NB, °OP, °SCH vereinz.: °*der is hoibuagat* Rottau TS.– **2** mit krummem Rücken, °NB, °OP vereinz.: *hohlbouchat* „beim Vieh" Winklarn OVI.

WBÖ III,1326. A.R.R.

-bügler
M., nur in Komp.: [**Knie**]**b.** Mensch mit vorstehenden Knien: °*schaug den oidn Gniabigla o!* Dachau.

†[**Seil**]**b.** Mannschaftsmitglied eines Schiffzugs: „der *seilbigler*, welcher die knöpfe in das seil macht" PANZER Sagen II,230. A.R.R.

Pugrad, Schlafstätte, →*Pograd*.

bugsen, fortjagen, →*pochsen*.

bugsieren
Vb. **1** bugsieren, °OP mehrf., °OB, °NB vereinz.: °*den hob i buxiert!* Wettstetten IN; *Oins nan anan … haouta iwan Niastrand buxiert* HEINRICH Gschichtla u. Gedichtla 64.
2 †: „sehr plagen, in die Enge treiben … *er hat mich teuflisch bugsirt*" DELLING I,106.

Etym.: Aus nl. *boegseren*, portugiesischer Herkunft; KLUGE-SEEBOLD 160.

DELLING I,106.– WBÖ III,1328.

Komp.: [**aushin**]**b.** hinausbugsieren, °OP mehrf., °OB, °NB, °OF vereinz.: °*dea war owa schnel aussibuxierd* Brennbg R; *aöso hams n außöbuxiert* LÜERS Stammeskde 114.

[**umher**]**b.**: °*wia der den umabuchsiert!* „sinnlos herumschickt" Rgbg. A.R.R.

Bühel
M. **1** Hügel, Bodenerhebung, °OB, °OP, OF mehrf., °NB, MF, SCH vereinz.: °*auf'n Bichl bin i auffiganga* Lenggries TÖL; °*hinter dem Biehe is an Seppn sei Haus* Pfarrkchn; *Vo den gloan Bihä (Bihei) do lassmas eimfach owirutschn* HÖFER Bair.gredt I,101; *bis du alle Bichel grattelst* [erklimmst] LEOPRECHTING Lechrain 26; *daz aygen haus und hofstat in der Weytenstrazz auf dem půhel* 1373 Rgbg.Urkb. II,405; *als er … auff einem Bühel geackert/ seynd die zway Roß … lauffend worden* Wunderwerck (Benno) 259.– Als Fln. OB, NB, OP.
2 Leite, Berghang, °OB, NB, OP vereinz.: *Büchi* Ruhpolding TS; *Biche, Bichä* ILMBERGER Fibel 26.
3 erhöhter Feldrain, °OB vereinz.: *a Roa is bei uns a Bichl* Kreuth MB.
4 seichte Stelle in einem Gewässer, °OB, °NB, °OP vereinz.: °*d'Rout* [Rott] *hod fui Bichl* Mittich GRI; „Untiefen heißt man *Bichl*" Ammersee Bayerld 37 (1926) 382.

Etym.: Ahd. *buhil*, mhd. *bühel*, *büel* stm., Herkunft unklar; KLUGE-SEEBOLD 161.

Ltg: *biχl*, *-īh-*, *-e* u.ä., daneben *biaχl*, *-e* u.ä. sw.OB (dazu EBE), *bīe* (BGD, LF), *bial* OF (dazu M; LAN, MAL, PA; AM, CHA, NAB, OVI, TIR; LAU); *beil* (KÖZ, LAN); *bül* u.ä. OP, OF.

DELLING I,75; HÄSSLEIN Nürnbg.Id. 54; SCHMELLER I,218; ZAUPSER Nachl. 45.– WBÖ III,1329f.

Abl.: *bühelig*.

Komp.: [**Ameis**]**b.** Ameisenhaufen, °OB vereinz.: °*Amesbichi* Halfing RO.

[**Tanz**]**b.** Tanzplatz, °OB vereinz.: °*Tanzbiche* Starnbg; „vor der *Tafern* und dem *Tanzbüchl*" SCHNEIDER Pörnbach 106; „Er … schreibt, daß er im Jahre 1677 die Linde auf dem *Tanzbüchl* … setzte" O'taufkchn MÜ OA 21 (1859/1861) 283.

WBÖ III,1330.

[**Feig(en)**]**b.** Hämorrhoide, °OB, °NB vereinz.: °*Feingbichl* Mittich GRI; *Pru[n]nkrezzsaft vertreÿbt dÿ veÿgpůchel der ez darűbr leÿt* Indersdf DAH 15.Jh. Clm 7744,fol.93[v].

SCHMELLER I,696f.

[**Oster**]**b.** Hügel, von dem an Ostern Eier gerollt werden, OB vereinz.: *Oasterbichl* „Hügel, an dem das Eierkugeln stattfindet" Ettal GAP.

[**Sand**]**b.**: °*Sandbichl* „Sandhaufen" Fdkchn SR.

WBÖ III,1331.

[**Stein**]**b.**: *Schdoabüchä* „steiniger Streifen" Willing AIB.

WBÖ III,1331. A.G.

bühelig, -icht
Adj. **1**: *bichiat* hügelig Staudach (Achental) TS. **2**: *dö Wies is büchlö* unebene Wiese Hohenpeißenbg SOG.

Etym.: Mhd. *büheleht*, Abl. von →*Bühel*; WBÖ III,1332.

WBÖ III,1332. A.G.

Buhi, Uhu, →*Buhu*.

†Buhle
M., Geliebter, Geliebte: *vorslagen … allain mit Jrem Pueln zum … Pier Preu gefahrn* Frsg 1590 MHStA Hexenakten 9a, fol.296v.

Etym.: Mhd. *buole* swm., germ. Wort unklarer Herkunft; Kluge-Seebold 161.

Schmeller I,233; Westenrieder Gloss. 62.– WBÖ III, 1335f.

Abl.: *buhlen, Buhler, Buhlian, Buhlschaft*.
A.R.R.

†buhlen
Vb. **1** mit jmdm ein Liebesverhältnis haben: *der ward von ainem, dem er sein weib puelet, erstochen* Aventin V,66,13 (Chron.).
2 um jmds Liebesgunst werben: *ob er umb die tochter, oder umb die muetter oder vielleicht beede zugleich puelle* Auerbach ESB Mitte 17. Jh. Helm Konflikt 115.

Schmeller I,233.– WBÖ III,1336. A.R.R.

†Buhler
M., Geliebter: *die Buler, Schmarotzer, Spillumpper* Moser-Rath Predigtmärlein 198.

Etym.: Mhd. *buolære*, Abl. von →*Buhle*; WBÖ III, 1336.

WBÖ III,1336. A.R.R.

†Buhlian
M., Kuppler: *da bei gewesen … Mertel der schreiber ein pulian* 1.H.14.Jh. Rgbg.Urkb. I, 741.

Etym.: Mhd. *buoliân* stm., Abl. von →*Buhle*; vgl. Schwäb.Wb. I,1514. A.R.R.

†Buhlschaft
F. **1** Liebschaft, Liebesverhältnis: *pflag der lieb und puelschaft* Aventin IV,955,3 (Chron.).
2 Geliebter, Geliebte: *Nu hett sy ain puelschaft … der kam … zu seiner hübscherin* Füetrer Chron. 210,7f.

Etym.: Mhd. *buolschaft*, Abl. von →*Buhle*. A.R.R.

Bühne
F. **1** hölzerne Plattform.– **1a** Schaufläche, Podium, °OB, °NB, °OP vereinz.: °*d'Musikantn auf der Bih* Ering PAN; *von der pün, so man an sölchen waltägen aufmacht* Aventin IV,557,15f. (Chron.); *zoller öberist* [ganz oben] *auf der bün* Landshut um 1650 Jb.Schmellerges. 2012, 19,61.– Auch Theaterbühne, °OB, NB vereinz.: °*hamant dö a schöne Bi!* Ismaning M.– **1b** erhöhte Lade- u./od. Arbeitsfläche, °OB, °NB, °OP vereinz.: °*a Bi beim Dreschn* O'neukchn MÜ; „Auf dem Floß … *e˜ Bi˜* … für Pferde" Schmeller I,246; „Man baute … direkt neben dem Dreschwagen … eine *Bi*, eine Arbeitsbühne, auf" Wildfeuer Kchdf.Ld 26; *Dise wochen die bin beim Ablaß gemacht* 1591 Stadtarch. Rosenhm Abt. B/A Nr.29, 137.
2 hölzernes Gerüst, Stellage, °OB, °NB, °OP vereinz.: *a Bih fias Obst* Mittich GRI; *Bii* „Anrichte in Küche und Speisekammer, Ablage" Spr.Rupertiwinkel 9.– Auch: °„die *Bih* (gemauerte Lagerbühne im Keller) war besonders kühl" Weildf LF.
3 Bretterboden.– **3a** gezimmerter Fußboden in Haus, Stall od. Stadel, °OB, °NB, °OP, °MF vereinz.: °*Bih* „Tennenboden" Heufd AIB; °*da Stumbon brauchat a neue Bieh* M'rfels BOG; *In der Stuben ist die Bie voller Löcher* Linke Jahr 7; *geschucht* [ausgemessen] *zu der punn* Frsg 1450 Sammelbl.HV.Frsg 11 (1918) 87.– Phras.: „*Auf da Bieh … wachst s'Fleisch hi! …* Draußen beim Ungeziefer wären die Almviecher den ganzen Tag geplagt gewesen" Silbernagel Almsommer 39.– Auch: °*Bih* „mit Holz bedeckter Platz vorm Haus" Kreuth MB.– *Binn* „Bretter, die quer über die Brückenbalken liegen" Altglashütten TIR.– **3b** Bretterboden, Verschlag, v.a. über Tenne u. Stall, °OB, °NB, °OP vereinz.: °*s Schdrou miaßma auf de Bie auffedoa* G'holzhsn RO; *Es brinnt … auf da Bü˜ a˜ den Stroh* Eisenärzt TS Hartmann Volksl. 116.
4: *Büh* Totenbrett N'pöring VOF.

Etym.: Mhd. *büne* stf., wohl germ. Wort idg. Herkunft; Kluge-Seebold 161.

Schmeller I,246.– WBÖ III,1391-1394.

Komp.: [**Better**]**b.**: *d Böttabü* „Gestell zum Auslüften der Betten" Reisbach DGF.

[Bollen]b. Gerüst zum Flachstrocknen: *Boinbi* Breitenbg WEG.
WBÖ III,1394.

[Tanz]b. Tanzbühne, °OB vereinz.: *dMusikantn sitzn a da Tanzbih am Musikantnglanda åm* Erding; *dåntſbĩ* nach MAIER südmbair.Mda. 89; *ledige Knecht uf der Tanzpin beim gemain Tanz* 1600 Chron.Kiefersfdn 558.
WBÖ III,1394.

[Ge-treide]b. Dachraum im Stadel zum Lagern von Getreide, °OB, NB vereinz.: *Droadbi* Haidmühle WOS.
WBÖ III,1394.

[Eis]b. Gerüst zum Lagern von Eis, °OB vereinz.: °*Eisbühn* „für Stangeneis" Kohlgrub GAP.

[Haar]b. wie →*[Bollen]b.*, °OB, NB vereinz.: *Hårbi* Mittich GRI.– Zu →*Haar* 'Flachs'.
WBÖ III,1394.

[Heu]b. Heuboden, °OB, °NB vereinz.: *d'Haapö in der Aömhüttn* Bayrischzell MB; *Da steigt s' auf d'Heubüh* KOBELL Ged. 364.
SCHMELLER I,246.– WBÖ III,1394.

[Hoch]b. Dachraum im Stadel, °OB vereinz.: *Houbih* Traunstein.

[Katzen]b. oberster Dachraum im Stadel, °NB vereinz.: °*Katznbie* Kchbg REG.

[Milch]b. Gestell für Milchkannen, °NB vereinz.: °„*a Milibi* neben der Straße" Passau.
WBÖ III,1395.

[Musikanten]b. Podium für die Musikanten, °OB, °NB, °OP vereinz.: °*Musikantnbüh* Reichersbeuern TÖL.

[Obst]b. Gestell zum Lagern von Obst, °OB, °SCH vereinz.: °*Obstbüh* Thanning WOR.
WBÖ III,1395.

[Ofen]b. Stangengestell als Trockenvorrichtung am Ofen, °OB, °NB, °OP, °SCH vereinz.: °*Ofabi* O'nrd CHA.

[Schuster]b. Arbeitsbühne des Schusters, °OB, °NB vereinz.: °*Schuastabie* Pocking GRI.

[Ge-sott]b. Raum, wo das Viehfutter (→*[Ge]sott*) geschnitten wird, NB vereinz.: *Gsottbi* Dietelskchn VIB.

[Stall]b. Holzboden im Stall, °OB, °NB, °OP vereinz.: *Stoibi* Patersdf VIT; *šdǫibĩ* nach MAIER südmbair.Mda. 89.

[Stiefel]b. Dachraum im Stadel zum Aufbewahren der Heutrockengestelle (→*Stiefel*), °OB vereinz.: °*Stiefäbi* Bayrischzell MB.

[Stroh]b. Dachraum im Stadel zum Lagern von Stroh, OB, °NB vereinz.: *Schtroubü* Valley MB.
WBÖ III,1395.

[Stuben]b. hölzerner Fußboden der Stube, °NB, °OP vereinz.: °*d Stumbi eilåssn* Kötzting; *der Postbot ... hots gsegn, wej d'Kinna af der Stubnbie ... gsessn san* Wettzell VIT BJV 1952,32.
WBÖ III,1395.

[Über]b. wie →*[Hoch]b.*: *Üwabüh* Germering FFB. A.R.R.

bühnen, Boden legen, →*büden*.

-bühr

F., nur in: **[Ge]b. 1** †zustehender Anteil: *von solcher der Floßleute Gebühr sollen sie den Gottesdienst ... erhalten* Wolfratshsn 1588 ZILS Handwerk 41.– **2** das Angemessene, Gebührende, ä. Spr.: *mit ... obliegender Gebühr* Instruction Rgbg 2.– **3** †Anspruch, Berechtigung: *Yederczeit die gebür Zuhandlen* 1601 Satzgn Landsbg 17.– **4** †Geschehen, Zufall, Schicksal: *Euentus ... kapuri* 9.Jh. StSG. I,135,40.

Etym.: Ahd. *giburî*, mhd. *gebür* stf., Abl. von →*[ge]bühren*; KLUGE-SEEBOLD 338.
WBÖ III,1426.

Komp.: **[Lade-ge]b.** Trinkgeld für das Hochzeitsladen: „dreißig Pfennig war meist die *Lade-Gebühr*" Altb.Heimatp. 7 (1955) Nr.34,5.

[Stol-ge]b. Stolgebühr, OB, NB vereinz.: *a Stoigebia zåin* Mittich GRI; *Stolgebühren* LENTNER Bavaria Almen 283.

†**[Un-ge]b.** ungebührliches Benehmen: *Vmb vngebür an geweichten örtern* Landr.1616 401.
WBÖ III,1427. A.R.R.

†bühren, -den
Vb. **1**: *Mi' bürts it* „mich geht es nichts an" M'nwd GAP SCHMELLER I,267.
2 zustehen, gebühren: *so gaben wir im ... xlvj dn also purtt im daz* 1387 Stadtarch. Rgbg FZA-Donaustauf a.1387, fol.133ᵛ.
3 angemessen, üblich sein: *2 Pf. Münchner Pfenning oder di Münz, di dafür pürt ze der Zeit* Rott WS 1379 MB II,38.

Etym.: Ahd. *-burien*, mhd. *bürn* 'aufrichten, geschehen', germ. Bildung idg. Herkunft; vgl. KLUGE-SEEBOLD 338.

SCHMELLER I,267; WESTENRIEDER Gloss. 449.– WBÖ III, 1435.

Abl.: *-bühr, bührlich, -bührnis.*

Komp.: [**an**]**b.** wie →*b.*2: *allez dez geltz ... daz mich ze meinem tayl anpůrt* 1372 Rgbg.Urkb. II,396.

SCHMELLER I,267.

[**ge**]**b. 1** dass.: *DEn Vormundern wil in allweg gebühren und obliegen/ gute und fleissige Nachfrag zu halten* Instruction Rgbg 12.– **2** wie →*b.*3: *so schůllen wir im dez zins dez leiptings, der ye von derselben zeit gepůrt, auch geben* 1377 Runtingerb. III,17.

SCHMELLER I,267.– WBÖ III,1435f. A.R.R.

†bührlich
Adj., angemessen, üblich: *wäre nicht purlich noch muglich, das mein Frau von Schönfelden sollte die Güter ... annemen* Rain ND 1498 MB IX,315.

Etym.: Zu ahd. *giburilîh*, Abl. von →*[ge]bühren*; PFEIFER Et.Wb. 407.

SCHMELLER I,267f.

Komp.: [**ge**]**b.** dass.: *als sy nach gepürlicher zeit das gepar* FÜETRER Chron. 65,25; *die gebirliche Steir so obbemelts Jar vorfallen erlögt 369 gldn 30 kr* 1612 HAIDENBUCHER Geschichtb. 26.

WBÖ III,1447. A.R.R.

†-bührnis
F., nur in: [**Ge**]**b.** zu leistender od. zustehender Anteil: *Summa thuet der erben gebürnuß an gelt 1771 fl.* 1603 SbMchn 1910, 5.Abhandlung 19 (Inv.).

WBÖ III,1448.

Komp.: [**Erb-ge**]**b.** Erbanteil: *unserer Pflegtochter ... ir erbgebürnus vermög ainer quittung ... zuegestellt* Rgbg 1571 VHO 60 (1908) 202.

WBÖ III,1448f. A.R.R.

Buhu, -ei, -i
M. **1** Uhu, °OB, NB, °OP vereinz.: *°hörts den Buhu schrein* Schnaittenbach AM.– Phras.: *Auga wiara Buhu* „große Augen" O'ammergau GAP, ähnlich °OB vereinz.
2 von Menschen.– **2a** großäugiger Mensch, °OB vereinz.: *°des is a Buchä!* Thanning WOR.– **2b** dummer, derber Mensch, Schimpfw., °OB vereinz.: *°Buhu* „unfähige Person" Ismaning M.

Etym.: Onomat.; WBÖ III,1332.

WBÖ III,1332. A.R.R.

bui, Lockruf, →*bul.*

Buiselein
N., Küken, °OB, SCH vereinz.: *d'Buiserlan* Derching FDB; *Buiserl, das* „Kücklein" ED Zw. Sempt u. Isen 16 (1976) 11.

Etym.: Abl. von →*bul.* A.R.R.

Puis(t)ling, Pilz, →*Pilzling.*

Bukett
N. **1** Blumenstrauß, NB, OP mehrf., °OB, MF vereinz.: *dö kriegt gråd a Bugedl aufn Kobf, koan Kranz* „Braut, die keine Jungfrau mehr ist" Rottal; *Bugejd* Michelfd ESB; *A so a Bugedl dös hod dasejm scho 2 bis 3 Magg kost* KERSCHER Waldlerleben 156.
2 jägersprl.: „Ein *Bouquet* [Gruppe] Fasanen rauscht aus dem Dickicht auf" ALLERS-GANGHOFER Jägerb. 174.

Etym.: Aus frz. *bouquet*; KLUGE-SEEBOLD 161.

WBÖ III,1334.

Komp.: [**Blumen**]**b.,** [**Blümlein**]- wie →*B.*1, NB mehrf., OB, OP vereinz.: *Blumanbuged* Mokkersdf KEM; *Statt a Schneppenhauben hat s'an Kapothuat mit an schwarzen Bleamelbukett* THOMA Werke IV,13.

WBÖ III,1334.

[**Braut**]**b.** Brautstrauß, NB, OP, OF vereinz.: *Braudbuged* Beilngries.

WBÖ III,1334.

[**Brust**]**b.**: °*er is a Brustbuket* „scherzhaft Ehemann, der kleiner ist als seine Frau" Mchn.

[**Feuer**]**b.** rothaarige Frau, °OP vereinz.: °*dös is so a Feierbuket* Neunburg. E.F.

bul, bui

Lockruf für Hühner in Wiederholung u. Abwandlungen, °OB, °OP, MF mehrf., °Restgeb. vereinz.: *buisi, bui, bui, bui* Mittbach WS; *buibaba* Neßlbach DEG; *bulla bulla bulla* Stein WUG; *Pullipullipulli ho!* QUERI Matheis 37; *Pul, Pul!* „So wird in der O.Pf. den Hühnern gelockt" SCHMELLER I,387.

Etym.: Onomat.; vgl. WBÖ III,1335.

SCHMELLER I,387.– WBÖ III,1335.

Abl.: *Buiselein, Bulle*[2]. E.F.

bulgarisch

Adj.: *bulgarisch spieln* „rücksichtslos spielen" OB.

Etym.: Abl. vom Ländernamen *Bulgarien*. E.F.

Bulge

F. **1** Sack, Schlauch (aus Leder): °*Buim* „großer Sack, z.B. *Hobfabuim* für Hopfen" Neufraunhfn VIB; *Bulgng* SCHMELLER I,237; *Zaberna ... pulga* Frsg Mitte 9.Jh. StSG. IV,244,4; *der bessern Verwahrung wegen in ledernen Bulgen und Futtralen ... hinterlegt* 1451 GEMEINER Chron. III,196.

2 †Getreidehülse: *'s Kaə'n hàt dické Bɪlge'n* Bay.Wald SCHMELLER ebd.

Etym.: Ahd. *bulga* stf., mhd. *bulge* st/swf., Herkunft unklar; KLUGE-SEEBOLD 161.

SCHMELLER I,237.– WBÖ III,1342f. E.F.

-bulgeln, -ld-

Vb., nur im Komp.: [**ver**]**b.** zerknittern: „Sie legt den ... Kittl auf ihr Bett hin, *daß er mir nit vabuiglt werd*" ANGERER Göll 40. E.F.

-bulgen

Vb., nur im Komp.: [**ver**]**b.**: °*vobülligt* im Wachstum zurückgeblieben Högl BGD.– Herkunft unklar; WBÖ III,1344.

WBÖ III,1344.

Abl.: *-bulgeln, -bulgern, bulgicht*. E.F.

-bulgern

Vb., nur in Komp.: [**zu-sammen**]**b.** zerknittern: °*zambuikern* Scheffau BGD.

[**zer**]**b.** dass., °OB (BGD) mehrf.: °*dei neis Gwand host åwa schia z'buigert* Au BGD; „Ein Geldschein ist *z'buiggat*" RASP Bgdn.Mda. 37. E.F.

bulgicht

Adj.: *buiggat* „faltig, zerknittert" RASP Bgdn. Mda. 37.

Etym.: Abl. von → *-bulgen*; anders WBÖ III,1344.

WBÖ III,1344. E.F.

Bülken

M., Leib, breite Schultern: *Der Bülken* „der Leib. R. A. *Einen rechten Bülken haben*, breitschulterig, untersetzt seyn" nördl.OP SCHMELLER I,237; „bevorzugte man ... Mägde, die einen *rechten Bülken*, d.h. eine breite Schulter hatten" Wdmünchn.Heimatbote 20 (1989) 26.

Etym.: Herkunft unklar.

SCHMELLER I,237. E.F.

Bulldog

M., Bulldog, Traktor, °OB, °NB, °OP, °SCH vereinz.: °*de Buam deafn min Bulldog an Fej din langsam fahn* G'holzhsn RO; *weil ma koin Buldog ho'm spann ma an Gaßbua'g aa* KRAUS lusti 29.

Etym.: Aus engl. *Bulldog*, urspr. Markenname der Firma Lanz; EICHHOFF Wortatlas I,23. E.F.

Bulle[1]

F., Gefäß, in das beim Schafkopf jeder Spieler einen Einsatz zahlt, wenn kein Spiel zustande kommt, °OP vereinz.: °*Bull* „Tellerchen" Sulzbürg NM.

Etym.: Herkunft unklar. E.F.

Bulle[2], **-i**

F., Henne, MF vereinz.: *Bulli* „Henne" Ettenstatt WUG; *Bull, Bulla* OP, MF BJV 1950,97; *wie die jungen Pullen vnter der Hennen flüglen* HUEBER Granat-Apfel 372.

SCHMELLER I,387.– WBÖ III,1346f. E.F.

Bulle[3], **-en, -o-**
M. **1** Stier, °MF mehrf., °Restgeb. vereinz.: °*Bolla* Walleshsn LL; °*a junger Pudl* Allersbg HIP; *puln* EIH WEBER Eichstätt 63.– Kinderspiel: °*buli buli buß* „scherzhaftes Zusammenstoßen der Köpfe mit kleinen Kindern" Frauenau REG;– Ausruf dabei: °*Boll duß!* Wiesenfdn BOG.
2 Ochse: °*Buhl* Rattenbg BOG; *Bull* SCHMELLER I,233.

Etym.: Wohl aus einem Lockruf; WBÖ III,1346. Ugs. auch aus schriftsprl. *Bulle*.

SCHMELLER I,233.– WBÖ III,1346.

Abl.: *bullicht*[1]. E.F.

büllen, -u-
Vb. **1** von Tieren.– **1a** bellen, °OB mehrf., °NB, °OP, °SCH vereinz.: °*da Hund bullt scho die ganz Zeit* Straubing; *büla* nach FREUDENBERG Böbing 38; *daz ein man gepizzen wirt … vnd daz er die clainen hůndel danne lekt … vnd pullt sam ein hunt* KONRADvM BdN 151,24-26; *Man hört kein Hund mehr billen* Gesangb. 122.– **1b** brüllen (vom Rind), °OB, °OP mehrf., °NB, °MF vereinz.: °*gi de Käi z'fressn, däi bün scho a hawe Stund!* Dietfurt RID; *Aaf da Droot* [Weide] *is a Bumml* [Stier] *… ohne Koopf ummagrennt und hod büllt* Enzelsbg OVI BÖCK Sitzweil 110; *pullotun* Rgbg 11.Jh. StSG. II,421,54.– **1c** heulen (v.a. vom Hund), °OB mehrf., °NB, °OP, °SCH vereinz.: °*bei Mondschai buin d'Hund oiwei* Teisendf LF.
2 von Menschen.– **2a** laut schreien, brüllen, °OB, °NB, °OP vereinz.: °*so brauchst a net bulln, als wennst im Messa steckast* Herrnwahlthann KEH; *Bilt hàt ə' wəi ən Ochs* Bay.Wald SCHMELLER I,233; *do kamen di teufel mit … grossem püllen und geschray* ARNPECK Chron. 480,22f.– **2b** heftig weinen, °OB, °OP mehrf., °NB, °MF, °SCH vereinz.: °*de håt buit* „am Grab" Ebersbg; *büllen, billen* „weinen, heulen" SCHMELLER I,233; *Ir tagezeyt ist newert ach uñ wee Weinen uñ pullen ymer mee* Schäftlarn WOR 15.Jh. Clm 17284,fol.257[v].– **2c** schimpfen, °NB, OP vereinz.: °*der Mensch bullt* „schimpft mit lauter Stimme herum" Geiselhöring MAL.– **2d** bellend husten, °OB, °NB vereinz.: °*er hat grad buid vo lauta Huastn* Garching AÖ.
3 übertr.– **3a** krachen, dröhnen, °OB vereinz.: °*der See buillt* „wenn das Eis zerspringt" Taching LF; *das erdrich püllet wie ein ochs* AVENTIN IV,836,16f. (Chron.).– **3b** heulen, rauschen, °OB, °OP mehrf., °NB vereinz.: °*da Wind buit* Garching AÖ; °*etz hots zwölfe bllt* „Heulen der Fabriksirene" Maxhütte BUL.– **3c**: *s Auto büllt* „hupt" Haselbach BUL.

Etym.: Ahd. *bullôn*, mhd. *bullen, -ü-*, germ. Bildung zur selben Wz. wie →*bellen*; vgl. Et.Wb.Ahd. II,432.

SCHMELLER I,233.– WBÖ III,1348f.

Abl.: *Büller(er), bullern, bullig*.

Komp.: [**an**]**b.** anschreien, °OB, OP vereinz.: °*bul mi nit so o!* Bayersoien SOG. E.F.

-büllen
Vb., nur in Komp.: [**auf**]**b.** unangemessen viel Platz einnehmen: °*bui de net so auf!* Rechtmehring WS.– Wohl Spielform von →*bellen*[3].

[**hin-ein**]**b.** refl., sich hinlümmeln, breit hineinsetzen, °OB, °NB, °OP vereinz.: °*büllt di net so nei* Ensdf AM. E.F.

Buller
M.: *bula* „männliches Glied (nicht abfällig)" KOLLMER II,76.

Etym.: Herkunft unklar; anders WBÖ III,1349.

WBÖ III,1349. E.F.

Büller(**er**)
M. **1** einmaliges lautes Husten: °*der hat Bülla dån* O'nrd CHA; *Buiara* „Bellen, Husten" GÖTTLER Dachauerisch 19.
2 Kuh, die nicht aufnimmt: °*Bülla* Germannsdf WEG. E.F.

bullern
Vb. **1**: *bulan* die Stimme ertönen lassen (vom Tier) Aicha PA.
2: °*heit bullat aba da Wind im Kamin* „heult" Rosenhm. E.F.

bullicht[1]
Adj.: °*bullad* „stark, kräftig" Simbach PAN. E.F.

bullicht[2], mit krausem Haar, →*pudelicht*.

bullig, -icht
Adj., ständig brünstig (von der Kuh), °OB, °NB vereinz.: °*die is bulad* Seifriedswörth VIB.
E.F.

Bülling, im Wachstum zurückgebliebenes Tier, →*Büttling*[1].

Pullover
M., Pullover: °*bei dera Kaytn ko i den Bullover scho dalein* Sindlfing ED; *an oltn schofwollern Bullowa* LAUERER I glaub, i spinn 71.

Etym.: Aus engl. *pullover*; KLUGE-SEEBOLD 731.

WBÖ III,1350. E.F.

Bulmes, (großer) Kopf, →*Bilwiß*.

Pulpit →*Pult*.

Puls, -st
M., F. **1** Puls, Pulsschlag, °OB, NB, OP vereinz.: *an da Åda an Puis a*ⁿ*graiffa* Mittich GRI; *i' steh' und schau' und greif'n Buist* BIBERGER Gschichten 44; *Die Pulß wirdt nimmer lauffen* Gesangb. 114.
2 †Glockenläuten: *darnach ein ganze stundt ein pulß mit dem gleut der stat geleut* Rgbg 1519 Chron.dt.St. XV,33,12f.
3: *Pulsarl* Pulswärmer Ebnath KEM.

Etym.: Mhd. *puls* stm./f., aus lat. *pulsus*; KLUGE-SEEBOLD 731.

SCHMELLER I,388.– WBÖ III,1350f. E.F.

Püls →*Pilz*.

Pulster →*Polster(er)*.

Pult, †Pulpit
N. **1** Schreib-, Lesepult, °OB vereinz.: °*Püüt* Erling STA; *An Güngstn ihra Pulta sen vorn … gstandn* SCHEMM Internist 12; *vmb acht Pulped vnd newnn Peck* 1457 Frsg.Dom-Custos-Rechnungen I,96; *Pult* „cista scriptoria vel libraria" SCHÖNSLEDER Prompt. I8[r].
2 Ladentisch, °OB, °NB vereinz.: °*Buid* Pfarrkchn.

Etym.: Mhd. *pulpit* stn., aus lat. *pulpitum*; KLUGE-SEEBOLD 731.

WBÖ III,1350, 1355.

Komp.: **[Laden]p.** wie →*P.*2, °NB mehrf., °OB vereinz.: °*Lonpuit* Teisbach DGF; *hinter seinem Ladenpult* GRAF Werke XI,3,221 (Kalendergesch.). E.F.

Pulver[1]
N., †M. **1** Pulver.– **1a** staubfeiner Stoff, °OB, °NB vereinz.: *dö ham sogoar a Biaschdn und a exdrös Puiva* „zum Zähneputzen" Haidmühle WOS; *Pulver* SCHMELLER I,389; *Wer ein chroten ze puluer prennt vnd den puluer læzt ligen* KONRADVM BdN 325,3; *Außgab auf Puluer … und Leinoehl* N'aschau RO 1752/1753 JAHN Handwerkskunst 411.– Phras. †: „Das *bayrische Pulver*, weiße Rüben, zu einer pulverförmigen Masse kleingehackt … gesäuert … als Zugemüse" SCHMELLER I,221.– *dös is aufganga wia Pulver* [das Gerücht verbreitet sich sehr schnell] THOMA Werke VI,112 (Andreas Vöst).– Auch †: *Pulver* „auf dem Land: Gewürze, das zerstoßen oder gepulvert ist" SCHMELLER I,389.– **1b** z.T. scherzh. Arznei, Gesamtgeb. vielf.: *Buival* Mirskfn LA; *Was hast'n du grad für a Buiferl, daß d'… daher kimmst, wiara Hochzeiter!* HALLER Dismas 143; *dem Smid vmb Puluer, vnd salm zu meins Herrn Sawmer* Ingolstadt 1392 FREYBERG Slg II,115; *Nimme gais milch … und etwas pulver darunter gemischt* BIHLER tierärztliche Rezepte Straubing 66.– †Phras.: *Pulver Juckjuck* „(im Scherz) Arsenik oder anders Giftpulver" M'nwd GAP SCHMELLER I,389.– **1c** Schießpulver, OB, NB, OP vereinz.: *s Puiva saudumm verschoißn* Hengersbg DEG; *a Buiva hon ö … in Bachofa vostöckt* SCHLICHT Dorftheater 1; *Puluer … zum schiessen* SCHÖNSLEDER Prompt. I8[r].– Phras.: *sein P. verschossen haben* mit seinen Kräften od. Argumenten am Ende sein: *dea håd sai Buifa schå foschossn* Aicha PA; *der håut saa(n' Pulva vaschoss'n* BRAUN Gr.Wb. 475.– *weil i Pulver in die Wadeln hab* [schnell gehen kann] Altb.Heimatp. 6 (1954) Nr.51,13.– *Das P. nicht erfunden haben* nicht bes. klug sein, °OB, OP vereinz.: °*s Pulver hat der net dafundn!* Hartpenning MB; *dea haut 's Bulva niad dafuna* KONRAD nördl.Opf. 90;– °*der war dabei, wia si's Pulva erfundn håm* „ist superschlau" O'audf RO.– *Keinen Schuß P. wert sein* u.ä. zu nichts nütze, °OB, NB, OP vereinz.: °*da Resi ihra Arbat taugt koan Schuß Pulva* Wettstetten IN; *Dees is kõàn Schuus Buifà ned weàd* KAPS Welt d.Bauern 53.– *Der hot a no koa Puifa g'schmeckt* „ist unerfahren" Wasserburg, ähnlich Baier.Sprw. I,102.– **1d** Pulverschnee, OB, MF vereinz.: *Buiva* Pöttmes AIC.

2 †: *Pulver* „Streu von Laub und Moos für das Vieh" SCHMELLER I,389.
3 Geld, °OB, NB, °OP vereinz.: °*as Puifa is ma-r-ausgånga* Fürstenfeldbruck; *Des is a Publikum mit am Glaubn und am Puiva* LOEW Grattleroper 166.

Etym.: Ahd. *pulver* stn., mhd. *pulver* stm./n., aus mlat. *pulvere*; KLUGE-SEEBOLD 731.

DELLING I,106; SCHMELLER I,389.– WBÖ III,1336-1338.

Abl.: *Pulver*², *Pulverer*, *Pulveret*, *pulverln*, *pulvern*.

Komp.: †[**Back**]**p.** Backpulver, OB, NB vereinz.: *Backpuiva* Hengersbg DEG; *Unta as letze weng Möll haout se as Backpulva drunta gmischt* SCHMIDT Säimal 124.

WBÖ III,1338.

[**Blitz**]**p.** Bärlappsporen, OB vereinz.: *Blitzpulver* Schrobenhsn.

[**Büchsen**]**p.** Schießpulver für das Gewehr: *Bixnpulver* „Mittel gegen eine belegte Zunge" Partenkchn GAP; *Büchsenpulver* SCHMELLER I,389; *nimb … püchsn pulfer* Roßarzney (DEINHARDT) 84.

SCHMELLER I,389.– WBÖ III,1338.

†[**Temperier**]**p.** beruhigendes, ausgleichendes Arzneipulver: *schon drey Täge hintereinander auf dem Abend Temperierpulver genommen* BUCHER Pferderennen 31.

[**Vieh**]**p.** Arzneipulver für Großvieh: „*Vöichpulfa* … Mischung von spanischen Fliegen … zerrieben … und Süßholzpulver" Bay.Wald um 1900 SHmt 44 (1955) 8.

†[**Fluß**]**p.** gichtlösendes Arzneipulver: „wickelt den leidenden Theil in Flanell … zuvor mit … *Flusspulver* … beräuchert" LAMMERT Volksmed. 267.

†[**Freis**]**p.** Arzneipulver gegen Schüttelkrampf (→*Freise*): *Erbrech- und Fraiß-Pulver, vor kleine Kinder* Rgbg 1713 Bayerld 6 (1895) 382.

WBÖ III,1339.

[**Gall**]**p.**: *Gallpulver* „Abführmittel bei Gicht" Weiden.

WBÖ III,1339.

[**Gift**]**p.** wie →*B.*1b: *Giftpulverl* Haselbach BOG.

[**Gold**]**p.** Arzneipulver gegen Fieber: *Goidpuiva* „in Wasser aufgelöst gibt man es den kleinen Kindern" OB.

WBÖ III,1339.

[**Hitz**]**p.** kühlendes Arzneipulver: *a Hizbuifa nema* „bei hitzigen Augen" Ettal GAP; „Das Hirschhornpulver ist das … *Hitzpulver*" HÖFLER Volksmed. 163.

WBÖ III,1339.

[**Höppin**]**p.** blutstillende Arznei aus pulverisierten Kröten (→*Höppin*): *Heppinpulver* Hiesenau PA.

[**Juck**(**en**)]**p.** **1** Juckpulver, °OB, °NB vereinz.: *Juckpulver* „haben wir oft in die Schule gebracht" Passau.– **2** Hagebutte, Frucht der Heckenrose, °OB, °NB vereinz.: °*Juckapuifa* Seeon TS; *Juckpuifa* Würding GRI DWA XI,K.2.

WBÖ III,1339.

[**Kroten**]**p.** wie →[*Höppin*]*p.*, OP vereinz.: *a wengal Krottnpulva afi gstraht, holt 's Blüat'n af* Cham.

WBÖ III,1339.

[**Marsch**(**ier**)]**p.** **1** Abführmittel, °OB, NB vereinz.: *Maschiapuival* Ascholding WOR; *Maschierbulval* JUDENMANN Opf.Wb. 108.– Phras.: *der is grennt, dem hams'Marschierpuifa aigöhm* „Angst gemacht" Passau.– **2** Gift, °OB, °NB vereinz.: °*de hod sein Mo a Maschierpuiver gem* Grafing EBE; *I mõà, den … ham-s à Màschiàbuivàl gem* KAPS Welt d.Bauern 151.

WBÖ III,1340.

[**Schuh-nägel**]**p.** nur in Phras.: *håjt, oda-r-ös gibt Schuanöglbujva!* „Drohung" Reisbach DGF.– *Nix Dawak, Schuanöglbujva!* „grobe Ablehnung" ebd.

[**Nies**]**p.** Niespulver: °*Niaspuüva* Erling STA; *döi Hund, döi elendn, hom Nöißpulver immagstraat* SCHEMM Internist 80.

WBÖ III,1340.

†[**Ratzen**]**p.** Rattengift: „den Entschluß, ihre Dienstesfrau mit *Ratzenpulver* zu vergiften" Neunburg 1828 Oberpfalz 63 (1975) 283.

[**Schaben**]**p.** Mottenpulver, OB, NB vereinz.: *Schåmbuiva* St.Oswald GRA.

†[**Scheiben**]**p.** wie →*P.*1c: *Wenn man mit Wassermachen das Leiden hat 2 Schnöpl* [Prisen] *Scheibenpulver in Baumöhl zu nehmen* Neukchn KÖZ 1.H.19.Jh. SCHLAPPINGER Wurzelholz 105.
WBÖ III,1340.

[**Schieß**]**p.** dass., OB, NB, OP vereinz.: *Schuispuifa* „Mittel zum Schwitzen" St.Englmar BOG; *den inwendig Brand … so nimm Schießpulver* ERNST Heilzauber u. Aberglaube Opf. 20; *Nimb 2 lot schies pulfer* Roßarzney (DEINHARDT) 50.– Phras.: *dea hots Schiasbulvr o it* [nicht] *erfunda* „ist sehr dumm" Peiting SOG, ähnlich OB, NB vereinz.
WBÖ III,1340.

[**Schwarz**]**p.** Schwarzpulver, OB, °NB vereinz.: °„mit *Schwoazpuiva* Wurzelstöcke sprengen" Osterhfn VOF.
WBÖ III,1340.

[**Schwitz**]**p.** schweißtreibendes Arzneipulver, OB, NB, OP vereinz.: *göih in d'Abadegn und hol da a Schwitzpulva* Cham; *vermög anligenter Zötl vor gebrauchte Pflaster: vnnd Schwitzbuluer … 56 Kr.* StA. Mchn, Hofmark Amerang Pr.18 (30.12.1748).
WBÖ III,1340.

[**Seifen**]**p.** Seifenpulver, OB, NB, SCH vereinz.: *Soafapuifa* Hengersbg DEG; *sǫəfəpulvr* Landsbg nach SBS V,404.
WBÖ III,1340.

[**Spreng**]**p.** Sprengpulver, OB, NB, SCH vereinz.: *Schbreengbulfr* Derching FDB; *Zwoa Pfund Sprengpulver hätt i braucht* BILLER Garchinger Gsch. 46.
WBÖ III,1340.

†[**Streu**]**p.** Streusand zum Trocknen der Tinte: *Für … Sträpulfer vnnd annder Schreiberey Zeug* 1632 Stadtarch. Rosenhm Abt. B/A Nr. 54, fol.70[v].

Mehrfachkomp.: [**Ein-streu**]**p.** wie →[*Blitz*]*p.*: *Einstreupulver* „die schwefelgelben Sporen des Bärlapp" Wasserburg.

[**Wurm**]**p.** Arzneipulver gegen Wurmbefall, OB, NB vereinz.: *t Wiam gengand åb aufs Wuambuifa* Mittich GRI.

[**Zahn**]**p.**, [**Zähne**]- Pulver zum Zähneputzen, OB, NB mehrf., OP, MF vereinz.: *s Zänbulfa* „geschabte Kreide, zerstoßene Holzkohle" Zandt KÖZ; *Die Klauen zu Aschen gebrennt, und als ein Zahn-Pulver gebraucht* SCHREGER Speiß-Meister 80.
WBÖ III,1341. E.F.

Pulver[2]

F. **1** Vielrednerin, Schwätzerin, °OB, °NB vereinz.: °*Buifan* Hangenleithen REG.
2 schimpfende, nörgelnde Person: °*die Puivan* Garching AÖ; „Jemand, der ständig schimpft, ist eine *Bui:fån*" CHRISTL Aichacher Wb. 246.
E.F.

Pulverer

M., schimpfender, nörgelnder Mann, °OB mehrf., °NB, °SCH vereinz.: °*des is a oider Buiferer* Friedbg.
WBÖ III,1341. E.F.

Pulveret, -pulverach

N., Geschimpfe: °*Buiferat* „Geschimpfe" Marzoll BGD.

Komp.: [**Ge**]**p.** dass.: °*hör af mit deim Gebulfara* Edelshsn SOB. E.F.

pulverln

Vb. **1** nach Pulverdampf riechen, OB, NB vereinz.: *puivalan* O'audf RO; *pulfə-ln* „nach Schießpulver … riechen" SCHMELLER I,389.
2 unangenehm riechen, stinken: *puifaln* „nach Schweiß" Hengersbg DEG; *pulfə-ln* „(im Scherz) nach Bauchwinden riechen" SCHMELLER ebd.
SCHMELLER I,389.– WBÖ III,1341. E.F.

pulvern

Vb. **1** †pulverisieren: *dar nach puluert er in* KONRADVM BdN 292,11.
2 †: *pulvern* „würzen" DELLING I,106.
3 schießen, sprengen.– **3a** einen Schuß, Schüsse abgeben, OB, NB, OP, SCH vereinz.: *pulfan* „recht oft schießen" Kohlbg NEW.– **3b** †: *Pulvern* „Steine, große Eichenblöcke … mit Schießpulver sprengen" SCHMELLER I,389.
4: *pulvern* den Stein werfen, schleudern Wasserburg.
5 schimpfen, nörgeln, °OB, °NB mehrf., SCH vereinz.: °*wos buivast'n scha wieda aso* Stamm-

ham AÖ; *n oam furd bulfern* Derching FDB; *iatzt muaß i d Kathl aafwecka, mei de wiad puivan!* Wandtner Apfelbaum 63.
6 *buivan* „Muhen der Kühe“ Rasp Bgdn.Mda. 37.
7: *puivan* „Geld spenden“ Osterhfn VOF.

Etym.: Mhd. *pulvern*, Abl. von →*Pulver*; WBÖ III, 1341.

Delling I,106; Schmeller I,389.– WBÖ III,1341f.

Komp.: [**an**]**p.** **1**: *oapulvan* „einen Schuß landen“ Naabdemenrth NEW.– Übertr. „schwängern“ ebd.– **2** anschreien, beschimpfen, OB, NB, OP vereinz.: *oan obuifan* Rieden WS.

WBÖ III,1342.

[**aushin**]**p.** **1**: *außöpuivan* „jemand hinauswerfen“ O'audf RO.– **2** vergeuden, verpulvern, °NB, OP vereinz.: °*höa hoid s Koadnschbejn af, du duasdas Gejd dö ganz Zeid grad aussöbuifan!* Grafenau.

[**der**]**p.** **1** durch Schießen aufbrauchen: *dabuifan* Aicha PA.– **2**: *den hån ö an Schell dabuöfad* „verhauen, verprügelt“ ebd.

[**ein**]**p.** **1** einpudern, OB, MF vereinz.: *eipulvan* „Pelzwerk mit Mottenpulver“ Mchn.– **2** stark einheizen, feuern, OB, NB, OP vereinz.: *eipuivern* Euernbach PAF.– **3**: °*då muast scha an Badzn Gejd eibuivan* „investieren“ Grafenau.

WBÖ III,1342.

[**ver**]**p.** **1** wie →*[der]p.*1, NB, SCH vereinz.: *fabuifan* „Pulver verschießen“ Mittich GRI; „das *puyfa*, das man nicht umsonst verschießen – *fapuyfan* – soll“ Kuen Bair. 64.– **2** wie →*[aushin]p.*2, °OB, °NB, OP, MF, SCH vereinz.: °*dea hod sei ganz Goed vobuifad* Neufraunhfn VIB; *Wannst scho moanst, daß d'as Geld verpulvern muaßt* Altb.Heimatp. 54 (2002) Nr.1,8.– **3**: °*i hab mir den Fuaß verbuifert* prellen, verrenken Kchbg PAN.

WBÖ III,1342.

[**nachhin**]**p.** nachmaulen, °OB vereinz.: °*der hod a so nochbuifad!* Fraunbg ED. E.F.

bülzen, abstützen, →*bolzen*.

Bum, Bumbum

1 (Genus?), kindersprl.– **1a**: *a Bumbum* scherzhaft Gewehr Aicha PA.– **1b**: *Bumbum* „Kanone“ Ingolstadt.– **1c**: *Bumbum* „große Trommel“ ebd.
2 (Genus?), scherzh.: „Für die Artillerie ... *Bum(s)*“ Mchn SHmt 46 (1957) 490.
3 M.: *an Bumm aufhabn* „einen großen, dicken Kopf“ Tegernsee MB.

WBÖ III,1357. A.S.H.

[**Belli**]**bum**, (großer) Kopf, →*Bellibum(s)*.

bum

I Interj., auch in Wiederholung u. Abwandlungen.– **1** Nachahmung eines dumpfen Schlages, Schusses: *da geht's: Bumm bumm! – Oa Granate um die anderne* Christ Unsere Bayern II,91.– Reim: *pumperdi pum, der Kaiser get um, mit Händ und mit Fiaß, mit eiserne Spiaß, håt d'Fenster eingschossn, håt Kugeln draus gossn, håt Bauern daschossn* Wasserburg, ähnlich GRI.
2: *bum-bum ... machen* „kindersprl. ... hinfallen, stürzen“ [4]Zehetner Bair.Dt. 84.
II verstärkendes Erstglied in Komp.: *-fest*, *-voll*.

Etym.: Onomat.; Pfeifer Et.Wb. 183.

WBÖ III,1357f.

Abl.: *Bum*, *Bummel*, *-bümmel*, *bummeln*, *bummen*, *Bummer(er)*, *bummeretzen*, *bummerisch*, *Bümmerling*, *bummerln*, *bummern*, *Bummerus*.

A.S.H.

Bumbardon, Bumberer →*Bombardon*.

Bumeise →*Binse*.

Bumhart →*Bomhart*.

Pumm →*Pump*.

Bummel

M., auch als Dim. meist M. **1** Kirchenglocke: „das kleine *Bummerl* auf dem Thurme zu Neuenhammer [VOH]“ Schönwerth Opf. II,123.
2 Tier.– **2a** (junger) Stier, °OB, °NB, °OP, °OF vielf., °Restgeb. vereinz.: °*mia ham zeecha Kiah und oan Bummal* Frsg; °*Kouh wiad zum Bumml tribm* Hirschau AM; *laß ma an Bummerl schneiden, na ham ma an Ochsen* Hubrich Schindeldach 11; *A Pummel* „Zuchtstier, Wucherstier“ Zaupser 60.– Phras.: *einen Kopf / Schädel wie*

ein B. haben u.ä. einen großen Kopf, °OB, °OP vereinz.: °*dea hot an Schedl wöi an Buml* Wdmünchen;– °*er hat an Schädl wia a Bummerl* „ist unnachgiebig" Griesbach DGF.– *Ein Genäck wie ein B. haben* einen breiten Nacken, °OP vereinz.: *dea hat a Gnack wie a Bumml* Weiden.– *Kraft haben / stark sein wie ein B.* u.ä. sehr stark, kräftig sein, °OB, °NB, °OP vereinz.: °*dea hot Kraft ois wira Bumal* Ruhstorf GRI; *Der håut Kreft'n … wöi a Bumm'l!* BRAUN Gr.Wb. 74.– *Schauen wie ein B.* u.ä. trotzig, störrisch blicken, °OB, °NB, °OP, °MF vereinz.: °*heid schauda wieda drei wäi a Bummö* Lohbg KÖZ;– verständnislos, verdutzt blikken, °OB, °NB, °OP vereinz.: °*der schaut drei als wie a Bummal* Herrnwahlthann KEH;– auch erweitert: °*schaua wäi da Bumml am Stearbbett* Wdsassen TIR;– wütend, angriffslustig blicken, °OB, °OP vereinz.: °*schaung wira Bummerl* U'föhring M;– „*gšā̄d … hǫda … wei a bumal …* gefühllos" nach KOLLMER II,380.– *Einen Schädel machen wie ein B.* u.ä. trotzig, störrisch blicken, °OB, °NB, °OP vereinz.: °*du mogst a heint an Schell wia Bummal* Eging VOF; *An Schedl machn wöi a Bumml* Ambg WINKLER Heimatspr. 85;– °*dem lauft der Schädel o als wia am Bummerl* „vor Zorn" Brunnen SOB.– *Saufen wie ein B.* viel trinken, °OB, °NB, °OP, °OF vereinz.: °*wie a Bumml saffn* Schönwd REH.– *Dea rennt af d'Leut laous wie a Buml* „belästigt Fremde" Ebnath KEM.– °*Sie halt o wia Bummerl* „Mädchen, das für jeden bereit ist" Neusorg KEM.– °*Dö Suppn is so dick wia a Buml* „dickflüssig" Winklarn OVI.– *Jmdm könnte der B. nicht genug Geld stampfen / scheißen* u.ä. jmd lebt verschwenderisch, °OB, °NB, °OP, °SCH vereinz.: °*da kunt da Bummall nöt gnua Gejd stampfn* Hengersbg DEG;– °*laß da vam Bummerl a Geld drucka* Ismaning M.– °*Dir scheißt der Bummerl äbbs* „du bekommst nichts" Wiesenfdn BOG.– *Einen B. heimweisen* u.ä. betrunken nach Hause gehen, °OB, °NB, °OP vereinz.: °*da Hias hot ganz an schön Bummei hoamtriebn* O'högl BGD; *àn Bummàl hõàm-wàisn* „im Rausch nach Hause torkeln" KAPS Welt d.Bauern 17.– Ortsneckereien: „Rinchnach [REG] … *Klosterer Bummel*" BRONNER Schelmenb. 141.– °*Hoiadaua Bummal* „Bewohner der Hallertau" VIB.– *Ihr Holzlandler Bummerl* „Bewohner des Holzlandes um Reichlkofen" Dietelskchn VIB.– Übertr.: *Bummerl* „jegliches große, kräftige Tier" [4]ZEHETNER Bair.Dt. 84.– **2b** Insekt.– **2bα** Schmeiß-, Fleischfliege, °OP vereinz.: °*is scho wieda so a Buml am Fensta* Nabburg; *Bumml* JUDENMANN Opf.Wb. 33.– **2bβ**: °*Bumml* „große Bremse" Wiesau TIR.– **2bγ**: °*Bumml* Hummel Geiselhöring MAL.– **2bδ**: °*dö Bummerl werdn aussibissn* „die Drohnen werden im Bienenstock getötet" Rathmannsdf VOF.– **2bε** Maikäfer: *Bummerl* JUDENMANN ebd. 32.– **2bζ** Mistkäfer: °*Bummerl* Halfing RO; *Bumm'l* BRAUN Gr.Wb. 74.

3 von Menschen.– **3a** meist Dim., großer, kräftiger Mensch, °OB, °NB, °OP vereinz.: *der reinste Bummerl* Dornach LAN; *A so a štiagnackada Bummal!* AMAN Schimpfwb. 42.– **3b** Dim., dikker, untersetzter Mensch, dickes Kind, °OB, °NB, °OP vereinz.: *a dika Bumal sei* Parsbg MB; *Mei liawa, du bist aa ganz scheens Bummal worn!* BINDER Saggradi 36.– **3c** Dim., schwerfälliger, ungeschickter Mensch, °OB vereinz.: °*Bummerl* Frasdf RO; *Bummerl* „Tolpatsch" SCHNEIDER Bair.gschimpft 14.– **3d** Dim., einfältiger, dummer Mensch, °OB, °NB, °OP vereinz.: °*Bummerl* Reichenhall.– **3e** Dim., langsamer, langweiliger Mensch: °*a Bummerl* Mchn; *Bummerla* BERTHOLD Fürther Wb. 33.– **3f** meist Dim., trotziger, störrischer Mensch, °OB, °NB, °OP vereinz.: °*laß doch den Bumal steh* Gangkfn EG; *puml* Eichstätt WEBER Eichstätt 63.– **3g** meist Dim., flegelhafter, ungehobelter Mensch, °OB, °NB vereinz.: °*du bist a rechta Bummal* Bodenmais REG; *bumml* KILGERT Gloss.Ratisbonense 51.– **3h**: °*schaugn o, den Bummal* „stolzer, eingebildeter Mensch" Dachau.– **3i** lüsterner Mann, Schürzenjäger, °OB, °NB, °OP vereinz.: *Bumml* Altfalter NAB.

4 Gesichtsausdruck.– **4a** trotziger Gesichtsausdruck, °OB, °NB, °OP, °SCH vereinz.: °*der Micherl macht a an Bumml* Eslarn VOH; *dea mǫcht se … an bumal … ā̃* nach KOLLMER II,373.– **4b** zorniger Gesichtsausdruck, °OB, °OP vereinz.: °*der macht heut an Bummerl* „schaut gereizt" Trostbg TS.

5 großer Kopf, NB, °OP vereinz.: °*der håt so an Buml af* Rgbg.

6 meist Dim., großer rundlicher od. unregelmäßiger Stein, °OB, °NB mehrf., °OP vereinz.: °*früras hams koane ghautn Markstoa ghabt, na hams kopfgroße Bummal neito* Halfing RO; °*wirf Bummerl ausm Bach außa zum Wegrichtn* Pfarrkchn; „Die alten Mauern … aus zwei Schichten *Bummerl*" Grasbrunn M SZ Ebersberg 55 (1999) Nr.194,4.

7 Schusser, °OB, °OP vereinz.: °*Bumml* Glasschusser Ammerthal AM.

8 meist Dim., (dunkel verfärbter) gekochter Eidotter, °NB mehrf., °OB, °OP vereinz.: °*da Bummerl is scho ganz grab* Fürstenstein PA; °„*Bummerl* dunkles, *Kaiberl* helles Dotter" Nittenau ROD; „*Dutara* (roh), *Bumal* (gekocht)" Zandt KÖZ DWA XIX,15.
9 knorriger Holzklotz, °OB, °NB vereinz.: °*Bummerl* „für den Ofen im Winter" Schönbrunn LA.
10 Dim., Kinderkreisel: *Bummal* N'traubling R; *Bummerl* Bogen Schlappinger Niederbayer II,69.
11 Dim., best. Balken im Dachstuhl, °OB, °NB vereinz.: °*Bummal* „kurze Traghölzer, auf die Pfette aufgesetzt, oben für den Strebebalken eingekerbt" Dachau.
12: *Bummerl* „kurzer, dicker Nagel" Ilmberger Fibel 36.
13: °*Bummal* „Pferdegeschirr" Passau.
14 Lokalbahnzug: „um den letzten *Bummerl* zu erreichen" Dachau SZ Dachau 64 (2008) Nr. 40,R3.
15: *Bum:mål* „Strafpunkt beim Kartenspiel" Christl Aichacher Wb. 138.
16 meist Dim., Rausch, °OB, °NB, °OP vereinz.: °*dea hout an ganz schäina Bummerl boranand* Dietkchn NM; *er hat … einen Bummerl* NB ObG 15 (1926) 165.
17 Bummel, Spaziergang: *Bummel* „Studentensprache" Passau; *Bumm'l* Braun Gr.Wb. 74.

Etym.: Abl. von →*bum*; WBÖ III,1359. Dim. auch zu *Bummer* (→*Bummer*(*er*)) möglich.

Delling I,106; Schmeller I,391; Zaupser 60.– WBÖ III, 1358f.

Komp.: [**Bach**]**b. 1** Dim., wie →*B*.6, °OB mehrf., °NB, °OP vereinz.: °„früher wurden die Häuser aus *Bachbummerl* gebaut" Aibling; *A Bochbummerl* „großer, vom Wasser abgeschliffener Steinblock" Ilmberger Fibel 36.– **2** Bachbunge (Veronica beccabunga): *Båchpummeln* KÖZ, REG Marzell Pfln. IV,1058.

[**Bauern**]**b.** Dim., wie →*B*.3f: °*Bauanbummal* Simbach PAN; *Mei is des aa Bauanbummal, aa bockboaniga!* Binder Saggradi 19.

[**Pferd**]**b.** wie →*B*.2bζ: °*Pfabumml* Tirschenrth.

[**Dorf**]**b. 1** Dorfstier, OP, OF vereinz.: *Duafbumml* Leupoldsdf WUN; „der *Dorfbummerl* … zur Sicherstellung der Viehzucht … ist in Vergessenheit geraten" Bayer. Gemeindetag 2010, 395.– **2** von Menschen.– **2a** wie →*B*.3i, NB, OP vereinz.: *da Dafbummal* Ruhstorf GRI.– **2b**: *Doafbuml* „gröbster Bursch des Dorfes, der gleich zuschlägt" Meßnerskreith BUL.

WBÖ III,1359.

[**Dreck**]**b.** wie →*B*.2bζ: °*Dreckbuml* „Mistkäfer" Nabburg.

[**Feld**]**b. 1** meist Dim., großer rundlicher od. unregelmäßiger Feldstein, °OB mehrf., °NB, °OP, °SCH vereinz.: *de Seitnwänd san mit Foidbummal außagmauat* Marschall MB; „Auf dem Herd befanden sich … *Feldbummerl* … die die Hitze in sich aufnahmen" HuV 16 (1938) 86.– Phras.: *I hab oan* [Knödel] *erschwischt, hart wia a Feldbummerl!* G. Stöger, Der Störenfried, Bad Kissingen [1947], 4.– **2** scherzh. Kartoffel: °*Feldbummerl* Anzing EBE.

[**Fleisch**]**b.** wie →*B*.2bα: °*a Trumm Fleischbumml is gråd zum Fensta einagflogn* Rgbg; *Fleischbummerl* Judenmann Opf.Wb. 57.

[**Gang**]**b.** Zuchtstier: *da Gangbumml* Hirschling R.

[**Gäu**]**b.** →[*Geil*]*b.*

[**Geil**]**b.** wie →[*Gang*]*b.*, NB (KEH, MAL) mehrf., OP vereinz.: *da Gålbumal* Hainsbach MAL; *gáibumml* Dinzling CHA BM I,362.– Phras.: *Der macht an Schädl hi wia a Gäubummerl* „schaut wild drein" Wagner Zuwanderung 7.

[**Haar**]**b.** Breche für das erste, gröbere Brechen des Flachses (→*Haar*): *Hoabumal* Aicha PA.

[**Herd**]**b.** wie →[*Gang*]*b.*, OP (KEM) vielf.: *da Heabumml* Immenrth KEM; *da Herdbummerl brüllt* Pangkofer Ged.altb.Mda. 50.

[**Hunds**]**b.** wie →*B*.10: *Hundsbummerl* Elisabethszell BOG DWA I,26.

[**Juni**]**b. 1** meist Dim., Junikäfer, NB, °OP vereinz.: *Junibummerl* Prienbach PAN; *das … ju:nibummal* Kilgert Gloss.Ratisbonense 103.– **2** Leuchtkäfer: °*der Junibumml* „Johanniskäfer" Arzbg WUN; *Junibummel* Perkam SR DWA III,13.– **3** Dim., Marienkäfer, OP, OF vereinz.: *Junibummerl* Wolfsegg R; *Junibummerl* [Ef.] WUN ZMF 30 (1963/1964) 202.

†**[Kerr]b.** wie →*B.*10: *„da Käabummerl* … der Kreisel mit spitzigem Fuß und dickem Kopfe" westl.KEH J. SCHLICHT, Niederbayern in Ld, Gesch. u. Volk, Regensburg 1898, 337.– Zu →*kerren* 'schreien, schrill tönen'.

[Kuh]b., [Kühe]- wie →*[Gang]b.*, NB (BOG, VIT) mehrf., OP vereinz.: *Kouhbummal* Heilbrunn BOG; *Die Kehjbumml san bejs* SIEBZEHNRIEBL Grenzwaldheimat 288.

[Mai]b. 1 wie →*B.*2bε, °OP vereinz.: *Maibumel* Maikäfer Reinhsn R.– **2**: °*a Maibummerl* „am ersten Mai Hereingelegter" Mintraching R.

[Ge-mein]b. 1 wie →*[Dorf]b.*1, °OP mehrf., °OB, °NB vereinz.: °*früher hot a jeds Dörfl sein Gmoabummerl ghobt* Obing TS; *Gmoibummel* Edelsfd SUL K. REGLER, Postgesch., Edelsfeld 2006, 91.– **2** von Menschen.– **2a** wie →*B.*3f: °*da Gmoabummal* „sturer Kerl" Dingolfing.– **2b** meist Dim., wie →*B.*3i, °OB, °NB, °OP vereinz.: °*dös is da Gmoabummerl* „verkehrt mit vielen Frauen geschlechtlich" Arnstorf EG; *Gmoibumm'l* BRAUN Gr.Wb. 183.

WBÖ III,1359.

[Mist]b. wie →*B.*2bζ: °*der, das Mistbummerl* „Mistkäfer" Hahnbach AM.

[Moos]b. Dim. **1** im Wachstum zurückgebliebener Stier: °*Moosbummerl* Rgbg.– Phras.: *Der macht an Schädl hi wia a … Moosbummerl* „schaut wild drein" WAGNER Zuwanderung 7.– **2** von Menschen.– **2a** wie →*B.*3a: °*Moosbummal* „kräftiger Mann" Schrobenhsn.– **2b** wie →*B.*3c: *Moosbummerl* „Tolpatsch" SCHNEIDER Bair. gschimpft 36.– **2c** einfältiger, rückständiger Mensch, bes. vom Land, °OB vereinz.: °*Mossbummerl* „Lehrmädchen, die vom Land in die Stadt kommen" Steinebach STA; *Moosbummal* „Hinterwäldler" BINDER Saggradi 138.– Ortsneckerei für die Bewohner einer Moorgegend: *Moosbummerl* „für die Dachauer" GÖTTLER Dachauerisch 50.– *Do schau her, d'Erdinga … Moosbummal san aa … scho do!* BINDER ebd.– **2d** wie →*B.*3f: °*Moosbummal* Schrobenhsn; *Moosbummerl …!* „Sturer Kerl" MM 3./4.3.2001, J2.– **3** Gemeine Pestwurz (Petasites hybridus): *Moosbummerl* Leizachtal MARZELL Pfln. III,621.

[Roß]b. 1 Insekt.– **1a** wie →*B.*2bα: °*Roßbummerl* Thanning WOR.– **1b** wie →*B.*2bζ, °OB, °NB, °OP, °OF vereinz.: °*a Roßbummerl glänzt schöner wia a Maikäfer* Gäuboden; *Roßbumml* „der schwarze Mistkäfer" SINGER Arzbg.Wb. 190.– **2** auch F., wie →*B.*3e: °*de arwadt wia a Roßbummi* „fauler Mensch, der nichts fertig bringt" Dachau.

WBÖ III,1359.

[Ruck-sack]b. Besamungstechniker, °OP vereinz.: °*der Rucksackbumml* Falkenbg TIR; *Rucksackbummerl* SZ 70 (2014) Nr.21,35.

[Stall]b. wie →*[Moos]b.*1, OB, OP vereinz.: *a Stallbummel* Zeitlarn R.

[Stier]b. Dim. **1** wie →*B.*2a, °OB, °NB, °OP vereinz.: °*wiara an Schdiabummal in Schdöi ummigweist hod, wara eam boid bollisch* (wild) *worn* Ebersbg.– Phras.: „Ist ein Genick besonders stark entwickelt … *Er hat a Gnack wia-r-a Stierbummerl*" STEMPLINGER Altbayern 46.– **2** von Menschen.– **2a** wie →*B.*3a: *Štiabummal* AMAN Schimpfwb. 134.– **2b** wie →*B.*3b: *Schdiabummal* BINDER Saggradi 194.– **2c** wie →*B.*3f: „dickschädliger, sturer Mann … *Štiabummal*" AMAN ebd.– **2d**: *ein Stierbummal* Draufgänger Margarethenrd FS.

WBÖ III,1364 (-pummer).

[Stutz]b. 1 wie →*B.*3f: *Stutzbummel* Babilon KEM.– **2** leicht aufbrausender Mensch: *Stutzbummel, Zuanbummel* O'wappenöst KEM.

[Zucht]b. wie →*[Gang]b.*, OB, NB, OP vereinz.: *da Zuchdbumal* Ergoldsbach MAL. A.S.H.

Bümmel, dicker Bauch, →*Bümming.*

-bümmel

N., nur in: **[Ge]b.** männliche Genitalien: *Gebimmel* Herrsching STA. A.S.H.

Bummelein →*Bommel.*

bummeln

Vb. **1** trotzig sein, schmollen: °*warum bummelst du?* Seebarn NEN.

2: *bummle* „sich balgen" Pflugdf LL.

3 bummeln, schlendern, OB, NB vereinz.: *bumln* Ingolstadt; *bumml'n* BRAUN Gr.Wb. 74.

4 trödeln, langsam arbeiten: *bumln* Passau; *bummln* BERTHOLD Fürther Wb. 33.

5 faulenzen, nichts tun: °*bumeln gehn* blaumachen Schönsee VIT; *bummln* Berthold ebd.

WBÖ III,1360.

Komp.: [**her-ab**]**b.** **1**: °*i bi den Berg robumet* „heruntergelaufen" Scheyern PAF.– **2** kullernd herunterfließen: °*die Zacha san eam robumet* ebd.

[**an**]**b.**: *obumöln* sich den Kopf anschlagen Fdkchn SR.

WBÖ III,1360.

[**aus**]**b.** refl.: °*ma muaß si halt wieder langsam ausbummeln* „versöhnen" Passau.

[**ver**]**b.** **1** untätig verbringen, verstreichen lassen, OB, OP, MF vereinz.: „die schönste Zeit haben wir *verbummelt*" Waidhs VOH; *vabummln* Braun Gr.Wb. 740.– Auch: „etwas vergessen ... außer acht lassen. *Va latta(r Årwat hoowe 's Mittochess'n vabummlt!*" ebd.– **2** durch Nichtstun herunterkommen: *verbummelter Student* Passau; *Da Mich'l iis in da letzan Zeit totåål vabummlt!* Braun ebd.– Auch: °*a vabummeta Åcka* „verunkrauteter, verwilderter Acker" Marktl AÖ.

WBÖ III,1360. A.S.H.

bummen

Vb. **1** dumpf u. laut tönen: „Ein leeres Faß ... *bumt*, wenn man daran schlägt" Delling I,22; „*Bei an Arma bempats* [bimmelt es], *bei an Reichn bumts! (das Läutn bei da Leich)*" Kiem Kreuther Tal 138; *so gab es ein gar groß g'schäl und bummen, das man's gar weit hört* Aventin IV,278,5f. (Chron.); *an schissling* [junger Mensch] *Säch i fügln* [fiedeln] *än ... Schragn ... dös dät so gasti Pummä* Stubenbg PAN 1796 Ph. Lenglachner, Gesänger Buch I, München 2014, 136.
2 muhen: „die Kuh *bumt*" Adldf LAN.

Delling I,106.– WBÖ III,1360f.

Komp.: †[**an**]**b.** **1** anprallen, anstoßen: *Er ist mit dem Kopf an d'Wand anbumt* Delling I,22; *Anpummen* Zaupser Nachl. 9.– **2** anecken, Unwillen erregen: *Da ist er recht anbumt* Delling ebd.; *Anpummen* „ungeschickter Weise sich Verdrusse zuziehen" Zaupser ebd.– **3** sich täuschen: „Einst fragte ein Pfarrer ... ob Gott überall sey, z. B. auch im Keller. *Oha, anbumt, Herr Pfarra ... mein Vata hat koan Kella*" Delling ebd.– **4**: *Dé is à˜-'pummt* „ist schwanger worden" Schmeller I,393.

Delling I,21f.; Schmeller I,393; Zaupser Nachl. 9.– WBÖ III,1361f. A.S.H.

Pummer

M., auch als Dim. meist M. **1** Hund, bes. Spitz, OB, NB, °SCH vereinz.: *tuat mei Bummerl allwei bella* (Ef.) M'wd GAP; *Der Pummer, der Pummerl* „der Pommer, eine Art Hundes" Schmeller I,391; *Als 's Bauerns Bummerl g'wacht* Sturm Lieder 112.– Phras.: „Hat einer stark das Rheuma ... *Den hots Bummerl biss'n*" Oberpfalz 68 (1980) 212;– *Dèn hàd də' Puməʼl 'biss·n* „er hat das Podagra" Mchn Schmeller ebd.– „Abzählreime ... *Baua, henk dein Bummerl an, Daß ar mi niad beiss'n kann. Beißt ar mi, Verklog i di. Hundert Thaler kost es di. AUS Du bist draus*" Schönwerth Leseb. 262f., ähnlich Schemm Dees u.Sell 155.
2 Dim., übertr.– **2a**: °*Bummerl* „Schafbock, der sich vom Hüter abrichten läßt" Steinhögl BGD.– **2b** jmd, der sich ausnutzen läßt, °OB, °NB, °OP, °SCH vielf., °MF vereinz.: °*d'Resi hod an Hans, dös is ihra Bummal* Ismaning M; °*i han dia lang gnua an Bummerl gmacht* Simbach EG; *Daß mir Hausbesitzer de Bummerln vom Magistrat san* Sailer Lach od. stirb 100.

Etym.: Aus lat. *canis Pomeranus*; WBÖ III,597.

Schmeller I,391; Zaupser 60.– WBÖ III,596f.

Komp.: [**Haus**]**p.** wie →*B*.2b: °*dös is a Hausbumal* „gutmütige Person, die die Arbeit für die anderen macht" Gangkfn EG.

†[**Stall**]**p.** Wachhund im Stall: „die rechten theologischen Heitzer ... wenn sie schon ... nur kleine ... *Stallpummerln* sind" Bucher Werke III,65. A.S.H.

Bummer(er)

M. **1** Stier: *Bumma* Bronn PEG.
2: *Pumr* übermäßig kleiner Mensch Epfenhsn LL.
3: *hast da dein Bummern agstöißn* „Kopf" Ambg.
4: *Bummara* „große Spielkugel aus Ton oder buntem Glas" Singer Arzbg.Wb. 46.
5 Frucht, Beere.– **5a** Pflaumenart, °NB, MF vereinz.: *Bumman* Stirn WUG.– **5b** Beere der Kartoffelstaude: °*Bummerl, Erbirnbummerl* Offenhsn HEB.

6 Kartoffelknödel: °*Bummrer* Kumrt WOS; *Bumman* „aus … rohen … geriebenen Kartoffeln“ BRAUN Gr.Wb. 74.
7: °*der hot an schön Bummer Strouf zohln mejn* „große Menge“ Trausnitz NAB.
8 rotw.: *Bummɐn* „Schulden“ Regenstauf R ZDL 57 (1990) 51.
WBÖ III,1362-1364.

Komp.: [**Bach**]**b.** Bachbunge (Veronica beccabunga): *Boo(ch)bumman* Grafenkchn CHA MARZELL Pfln. IV,1059.

[**Feld**]**b.**: °*Feldbummerer* „rundlicher Feldstein“ Trausnitz NAB.

[**Röhren**]**b.** wie →*B.*6: „Kartoffelknödel … *Röhrenbummerl*“ HÄUSSLER Oberpf.Kartoffelkochb. 19.

[**Roß**]**b. 1** Mistkäfer, °OB, °NB, °OP, °SCH vereinz.: *Roßpummerer* Gündlkfn LA; *Roßpummer* Ebnath KEM DWA V,31.– **2** Frucht.– **2a** wie →*B.*5a, °OB, °NB, °OP vereinz.: *d'Roßbumman* Beckendf NEW.– **2b**: °*Roßbummer* „Früchte der Schlehe“ Fischbachau MB.
WBÖ III,1364.

[**Wasser**]**b.** wie →[*Bach*]*b.*: *Wasserbummera* Schönbg HEB MARZELL Pfln. IV,1059f. A.S.H.

bummeretzen
Vb.: *bumaretzn* „krachen“ Unterer Bay.Wald nach KOLLMER II,320. A.S.H.

bummerisch, -ü-, -o-, -ö-
Adj. **1** stark, kräftig, °OB, °NB vereinz.: °*dös is a bummerischa Bock* Passau; *bimareš* nach KOLLMER II,60.
2 flegelhaft, ungehobelt: °*dea is rächt bummerisch* Fronau ROD.
3 außerordentlich, in hohem Maße, heftig, °OB (v.a. S) mehrf., °NB, °OP, °MF vereinz.: °*a bimmerische Hitz is heit* Degerndf RO; °*da Hans ko bummaresch saufa* Mittich GRI; *da könnens jetzt a bummerische Straf zahln* Mchn Zwiebelturm 5 (1950) 214.– Auch: °*an bummareschn Fleg man* „ein großflächiges Wiesenstück“ Parsbg MB.
SCHMELLER I,391.– WBÖ III,1366. A.S.H.

Bummerl, Stier, Stein, Rausch, →*Bummel.*

Bümmerling, -u-, Bümmling
M. **1** v.a. von Menschen.– **1a** dicker, untersetzter Mensch, °OB, °NB, °OP, °MF vereinz.: °*dös werd scho so a Pimmerling* Bayerbach GRI.– **1b**: *Bimmerling* „Mensch mit großem, unförmigem Kopf“ Rötz WÜM.– **1c**: °*Pimmerling* „kleines Kind, Kosewort“ Grafenau.– **1d** im Wachstum zurückgebliebenes Lebewesen, °OB, °NB vereinz.: °*der Bimmerling wachst net* „Mensch oder Tier“ Gottfrieding DGF.– **1e**: °*so a Pimmerling* „Mensch, der bleich aussieht“ Kronbg WS.– **1f**: °*weißer Pimmerling* „Person mit blonden Haaren“ Kemnathen PAR.– **1g** trotziger, störrischer Mensch, °OB, °OP vereinz.: °*Bimmerling* Neunburg.– **1h**: *des is da a Bimaleng* „schlauer, findiger Mensch“ Nabburg.
2 Körperteil.– **2a** (dicker) Bauch, °NB vereinz.: °*der hat an gscheitn Bimmleng* Lembach GRA.– **2b** Rindermagen.– **2bα** Pansen, °NB vereinz.: °*Pimerling* Söldenau VOF.– **2bβ**: °*Bimerling* Blättermagen Pfarrkchn.– **2c**: *Bimmerling* Blinddarm des Schweins Haag WS.– **2d**: *Bimaling* „Stierhoden“ Spr.Rupertiwinkel 9.– **2e** (großer, unförmiger) Kopf, °OP vereinz.: *du mit dein lausena Pimerling* Taxöldern NEN.– Auch: *der hod fei an Bimaleng auf* „schlauer, findiger Kopf“ Nabburg.
3: °*Bimmerling* „Pressack, in den Schweinemagen gefüllt“ Tirschenrth.
4 Gebackenes, Teil davon.– **4a** Schmolle, °NB (v.a. PAN) mehrf., °OB vereinz.: °*Pimerlin* Kchbg PAN.– Auch: °*Pimmerling* „frisches Brot“ Trostbg TS.– **4b** unförmige, schlecht aufgegangene Dampfnudel od. Backware, °NB, °OP vereinz.: °*Bimmling* Gangkfn EG.– **4c** oberer Teil der Dampfnudel, °OB, °NB vereinz.: °*Bimmerling* Ramsau WS.– **4d**: °*Bimaling* „sehr hohes Brot, sehr hohe Dampfnudel“ Pokking GRI.– **4e**: °*Bimaling* „mit Milch und Eiern übergossene Dampfnudeln“ Ergolding LA.
5: °*Bimaling* „kleines, dickes Buch“ Pocking GRI.
Etym.: Abl. von →*bum*; WBÖ III,1365. In Bed.2a, b, c, 3 u.a. wohl Umbildung aus →*Bümming*; vgl. ebd.
WBÖ III,1364f.

Komp.: [**Bäcker**]**b.** bleiche, schlecht aufgegangene Backware, °NB vereinz.: *dö Bäckabimalöng* „von Semmeln, Weckenbrot“ Pfarrkchn.

[**Roß**]**b.** Pflaumenart, °OB, °NB vereinz.: °*Roßbimmalen* Egglfing GRI.
WBÖ III,1365.

[**Schmollen**]**b.** wie →*B.*4a: °*der Schmoinpimmerling* „auch von Rohr- und Dampfnudeln“ Malching GRI. A.S.H.

bummerln
Vb. **1** trotzig sein, schmollen, °OB, °NB, °OP, °SCH vereinz.: °*schau hi, wia dea bummalt* Ergolding LA; *Wei de wida bumald!* KOLLMER II,413.
2: °*n Seppl tuare wos bummalan* „die Meinung sagen“ Wiefelsdf BUL.
3: *bumerln* „hinter den Mädchen her sein“ Perach WS.
4 bummeln, schlendern, °OB vereinz.: °*bummerln* Fischbachau MB.

Komp.: [**einhin**]**b.**: °*einibummerln* sich in den Tisch lümmeln St.Englmar BOG. A.S.H.

bummern
Vb. **1**: °*buman* „stoßen“ Fischbachau MB.
2: *buman* Muhen der Kuh Gergweis VOF.

Komp.: [**der**]**b.**: °*derbummert* „durch Nichtstun verwahrlost, von Menschen“ Griesbach.

[**durch**]**b.**: °*bummern wir halt alle Schulranzen durch* „durchsuchen“ Pfarrkchn. A.S.H.

Bummerus
M.: °*Bumerus* großer, dicker Kopf Parsbg MB. A.S.H.

Bümming, Bümmel
M. **1** Bauch.– **1a** dicker Bauch, °NB vereinz.: °*dem zprents schon no an Pimi* Kchbg PA.– **1b**: °*der Pimmön is afglaffa* „der Pansen des Rindes ist aufgebläht“ Reut PAN.
2 Schmolle, °NB vereinz.: °*Pimmen* Passau.
Etym.: Nebenf. zu *Büdeming* (→*Bödenling*). A.S.H.

Pump, Pumm
M., Kredit, Zahlungsaufschub: *an Pump aafnämma* BRAUN Gr.Wb. 475; *Der Bump* „Borg“ SCHMELLER I,392.– Phras.: *auf* (*den*) *P.* ohne sofortige Bezahlung, °OP vielf., °OB, °SCH mehrf., °Restgeb. vereinz.: °*i habs eam auf Bumm gem* Abens FS; °*des mouma halt af Pump nehma* Schnaittenbach AM; *Oachkatzl … kimmst wiedr amol zu mir auf Pump, weilst meine Nussen schmeckst?* DINGLER bair. Herz 25; *áf Bum káffə~* „auf Borg … kaufen“ Passau SCHMELLER I,241; *Auf den Pump … etwas heraus nehmen* HÄSSLEIN Nürnbg.Id. 106.
Etym.: Abl. von →*pumpen*[2]; WBÖ III,1366.
HÄSSLEIN Nürnbg.Id. 106; SCHMELLER I,241, 392.– WBÖ III,1366. A.S.H.

pump
Interj., Ausdruck für ein plötzliches Ereignis, eine schnelle Bewegung, nur in Phras.: °*dös håt er pump überecks gmacht* „unüberlegt, Hals über Kopf“ Weiden.
Etym.: Onomat.; WBÖ III,1369.

Abl.: *Pumpe*[1], *Pumpel*[1], *-pumpel*, *pumpeln*, *-pumpen*, *Pumper*[1], *Pumper*(*er*)[1], *Pumperet*, *Pumperling*, *-pumperln*, *pumpern*[1], *Pumpes*[1], *Pumpetzer*, *pumpicht*. A.S.H.

Pumpe[1]
F. **1** dicker Mensch: °*so a dicke Pumpe is* Dietfurt RID.
2 Aß der Kartenfarbe Schellen, °OB, °NB, °OP vereinz.: °*dö Pump* O'högl BGD. A.S.H.

Pumpe[2]
F. **1** Pumpe.– **1a** Pumpbrunnen, Pumpe zur Förderung von Wasser, °OP mehrf., °OB, °NB, OF vereinz.: *d'Pumbn* Nöham PAN; *Pump'm* BRAUN Gr.Wb. 475; *Sy und ihr dachter … haben uns auch die pumpen machen lassen* 1540 Dok. Mchn.Familiengesch. 274.– Schnaderhüpfel: *Do drunt af da Bumpn, wos Wåsalbia laft, do hot mi mai Muata min Holtsschaitla daft* Bruck ROD.– *Dao druntn bo da Pumpn, Waos Brünnerl schöi rinnt, Dao danzt da Herr Pfoarra Daz Kutt'n in d'Höich springt* SCHÖNWERTH Leseb. 223, ähnlich ROD.– **1b** Vorrichtung zum An- u. Absaugen von Flüssigkeiten od. Luft, °OB vereinz.: °*mit der Pumpn wird der Odl aussapumt* Marktl AÖ; *I glaub, die Pumpn is kaputt* Altb. Heimatp. 62 (2010) Nr.52/53,27; *da hats greauß pumppen* Landshut um 1650 Jb.Schmellerges. 2012, 20.
2 Herz: °*Pumpn* Schrobenhsn; *Da geht dir as Pumperl!* KILGERT Gloss.Ratisbonense 132.
Etym.: Aus mnd. *pompe*, rom. Herkunft; KLUGE-SEEBOLD 731.
WBÖ III,1367.

Abl.: *Pumpel*[2], *pumpen*[1], *Pumper*[2], *Pumper*(*er*)[2], *pumpern*[2].

Komp.: [**Adel**]**p.** **1** Jauchepumpe, OB, NB, °OP, OF vereinz.: °*der Odl wird mit der Odlpumpn in Odlfaß und Odlwagn pumpt* Laaber PAR; „die *Odlgruabm mit der Odlpumpm*" POLLINGER Landshut 142.– Phras.: *Der hat a Mäui wia-r-a Odl-Pumpn* [loses Mundwerk] HALLER Dismas 143.– **2** übertr.– **2a** (abwertend) Tabakspfeife, NB, °OP, MF vereinz.: °*in ganzn Dooch bringt der sei Odlpumpm niat aasn Maal* Kchndemenrth NEW.– **2b**: °*wos wuistn mit deina Olpumpm, do brauchst ja drei Tog bis auf Minga auffi* „langsames, altes Auto" Frsg.
WBÖ III,1367.

[**Hand**]**p.**, [**Hände**]- Handpumpe: *Hambumpm* Kochel TÖL; *wüis miidara Henddbumbm as Wassa àasm Booch hulln wolldn* LODES Huuza güi 28.
WBÖ III,1367.

[**Kreisel**]**p.** Kreiselpumpe: *Kreislpumpn* Ascholding WOR.– Phras.: °*dea ziagt a wiara Kreislpumpm* „trinkt zu schnell" Hochdf FDB.

[**Mist-lach(en)**]**p.** wie →*[Adel]p.*1: °*Mīschlachapumpm* Griesbeckerzell AIC; *mīšlåxbumbm* Dettenhm WUG nach SBS XII,154.

[**Luft**]**p.** **1** Fahrradpumpe: °*Lufdbumbm* Neufraunhfn VIB; *An Schwanz ... fast wiar a Luftpumpn so lang* BILLER Garchinger Gsch. 6.– **2** übertr. dicker Mensch: *Gschwoaßte Luftpumpn* Passau PNP 20.11.2010, 10.
WBÖ III,1368.

[**Rädlein**]**p.** **1** wie →*[Luft]p.*1, in Phras.: *Dee hod a Figua wiar a oide Radlbumpn!* „dick, aufgeblasen" BINDER Bayr. 170.– **2** übertr. wie →*[Luft]p.*2: *Du oide ... Radlbumpn derfst aa ... aufpassn, daß di ned z'reißt* ders. Saggradi 166.
WBÖ III,1368. A.S.H.

Pumpel[1]

F. **1** abwertend Frau: °*Pumpl* „Schimpfwort" mittl.OP; *Bumpal* „leichtlebige, sinnesfreudige junge Frau" AMAN Schimpfwb. 42; *mein alte Bumpel dahaim wird mich ausgrein'n, wenn i nit hoam komm zu rechter Zeit* DELLING I,106.
2 Vagina, °OB, °NB, °OP, °SCH vereinz.: *Håua af da Pumpl* Vohenstrauß; *s Moidl liegt im Stroußgrobn drin ... hupft a Fruasch aafs Bumperl hin* Falkenbg TIR Wirtshauslieder Opf. 42; *Schwarzs Pimperle Weiße Bein* Polling WM 17.Jh. Mus.ms.1657,fol.12r.– Phras.: °*d'Pumpi hihoidn* „sich bereitwillig einem Mann hingeben" Schwaben EBE.– Scherzspruch: *Batsch Bumbbö! håd Bäuarön gsågt und håd midn Fuas ön Disch eighaud* Reisbach DGF.
3 scherzh. Hose, Unterhose: °*Bumpl* Erbendf NEW; *Bumpl* „der Frau" ANGRÜNER Abbach 20.
4 Aß der Kartenfarbe Schellen, °OB, °NB, °OP, °SCH vielf., °Restgeb. vereinz.: °*i spui iaz mit da Pumpö* Ruhstorf GRI; °*kart endli de Pumpl aas* Haselbach BUL; *mit da Bumpl konnst aa spüln* LAUERER I glaub, i spinn 16.– Phras.: °*mit da Alten seiner blauen Bumpe* „scherzhafte Antwort auf die Frage nach der gerufenen Aß" Aibling.– Reim: °*i spiel mit der Pumpl, da gibt's a Grumpl* Pielenhfn R.
5: °*Gsicht voller Bumbl* „Tränen" Fdkchn SR.
6 als Adv.: „egal, gleichgültig ... *Was du treibst is mir pumpel!*" KILGERT Gloss.Ratisbonense 132.

Etym.: Abl. von →*pump*; WBÖ III,1369. In Bed.3 wohl Kurzf. aus →*[Pump(el)]hose*; [4]ZEHETNER Bair. Dt. 278.

DELLING I,106; HÄSSLEIN Nürnbg.Id. 106; SCHMELLER I, 392.– WBÖ III,1368f.

Komp.: [**Bet**]**p.**: *die Betbumpl* „scherzhaft alte Frau, die oft in die Kirche geht" Beratzhsn PAR.

[**Schellen**]**p.** wie →*P.*4, °OP vereinz.: °*Schellnbumpl* Weiden.

[**Unter**]**p.** Unterhose: °*Unterbumbbl* Rottendf NAB; *undabumpl* KILGERT Gloss.Ratisbonense 132. A.S.H.

Pumpel[2]

F.: *bumpe* „Milchflasche für Säuglinge" nach KOLLMER II,77. A.S.H.

-pumpel

M., nur im Komp.: [**Zorn**]**p.** jähzorniger Mensch, OP vereinz.: *der Zoarnbumbl* Pechbrunn TIR. A.S.H.

pumpeln

Vb. **1** kullernd fließen, °OB, °NB, °OP vereinz.: °*s Wasser is ihr grad so aus de Augn pumplt* Mallersdf.
2 lärmen, poltern: °*dö bumpln owa richte* „durch Schlagen auf den Tisch" Fronau ROD;

naus zum Rauchfang mit Rumpeln und Pumpeln Südd.Monatsh. 18,1 (1920-21) 62.
3 Part.Prät., rundlich, dick, °OP, °SCH vereinz.: °*dös isch a pumpelts Ding* Augsburg.
WBÖ III,1369. A.S.H.

pumpen[1]
Vb. **1** mit einer Pumpe befördern, OP, OF, MF vielf., °OB mehrf., °NB vereinz.: *muaß ma Wassa pumpn* Haag WS; *Odl pumpn* „in das Faß" Cham; *Da Wirt ... tout Wåssa pump'm* BRAUN Gr.Wb. 475.
2 durch Pumpen leeren: *Wenns vor da Holledau scho d'Kella pumpm, dann is dös höchste Alarmstufe* Altb.Heimatp. 67 (2015) Nr.27,10.
3 den Blasebalg der Orgel treten: °*pumpt homa i da Kiachn d'Åagl oan Sunnta fräi* Plößbg TIR.
WBÖ III,1369f.

Komp.: [**auf**]**p.** **1**: °*d'Luft aubumbbm* „fehlende Luft im Fahrradreifen pumpend auffüllen" Neufraunhfn VIB.– **2** durch Pumpen mit Luft befüllen: °*aubumbm* „in etwas Luft pumpen" ebd.; „*iatz trittst gscheid drauf ... Aufpumpen!* ... so daß sich der Blasbalg ... ausdehnte" TREMMEL Ziagwagl 41.– Auch die Reifen von etwas durch Pumpen mit Luft befüllen: °*dei Radl deafst aa amal wieda aafbumbm* Windischeschenbach NEW.
WBÖ III,1370.

[**aus**]**p.** **1** durch Pumpen herausholen, NB, OP vereinz.: *d'Schöfknecht miaßnt s Wåußa ausbumpm* „aus dem Schiff" Mittich GRI.– **2** wie →*p.*2, NB vereinz.: *auspumpta Mogn* Hengersbg DEG.– **3** Part.Prät.: *auspumpt* ganz erschöpft Walching VOF.
WBÖ III,1370. A.S.H.

pumpen[2]
Vb. **1** borgen.– **1a** auf Borg, zu leihen nehmen, °Gesamtgeb. vereinz.: *Gejd vo oan pumpn* Plattling DEG; *Von main Lumpen, mein Pumpn Wird gar so viel g'redt* J. v.HEFNER, Tegernsee u. seine Umgegend, München 1838, 162.– **1b** auf Borg geben, leihen, °OB, °NB, OP vereinz.: °*konnst ma 5 Mark pumpn?* N'bergkchn MÜ; *awer etz pumptn ka Mensch mäher wos* BERTHOLD Fürther Wb. 172.
2: *i und da Peta hama Lore pumpt* „mit den Rollkippwagen Material gefahren, Kundensprache" Traunstein.

Etym.: Aus rotw. *pumpen* 'stechen, stoßen' (WOLF Wb.Rotw. 257), unklarer Herkunft; KLUGE-SEEBOLD 731f.
WBÖ III,1370.

Abl.: *Pump*, *Pumperer*, *pumpern*[3].

Komp.: [**an**]**p.** anpumpen, °OB, NB, °OP, MF, SCH vereinz.: °*er möcht oan opumpn* Rgbg; *Den bumb i oo* MAAS Nürnbg.Wb. 185.
SCHMELLER I,392.– WBÖ III,1370. A.S.H.

-pumpen
Vb., nur in Komp.: [**an**]**p.** **1** Geschlechtsverkehr ausüben: °*opumpn* Perach AÖ.– **2**: *o'bumbm* „jemanden schwängern" JUDENMANN Opf.Wb. 117.– Mhd. *pumpen* 'dumpf tönen', Abl. von →*pump*; WBÖ III,1369.
WBÖ III,1369.

[**ver**]**p.**: °*verpumpn* „verhauen" Allersbg HIP.
A.S.H.

Pumper[1]
F.: °*i spej mit der Pumpan* „Aß der Kartenfarbe Schellen" Schaufling DEG.
WBÖ III,1371. A.S.H.

Pumper[2]
F. **1** Pumpbrunnen, Pumpe zur Förderung von Wasser, °östl.NB vielf., OP vereinz.: °*geh naus zu der Pumpern und wasch dich aus!* Wildenranna WEG; „mit *Pumpan* bezeichnet man ... den Ziehbrunnen" Tittling PA Zwiebelturm 6 (1951) 195.
2 Herz: °*Pumbban* Grafenau; *mit da Bumpern wenns amol lousgejt* LAUERER Wos gibt's Neis? 22.
WBÖ III,1371.

Komp.: [**Adel**]**p.** Jauchepumpe, NB vereinz.: *d'Åudlbumpan* Mittich GRI.
WBÖ III,1371. A.S.H.

Pumper(er)[1]
M. **1** dumpfer Schall od. Aufprall, °OB, °NB, °OP vereinz.: °*wos war des für a Pumpera?* Reit i.W. TS; *an' Pumperer hat's to* FRANZ Lustivogelbach 23; „*der ... Pumper ...* einmaliges ... Krachen" SCHMELLER Mda. 417.– Auch: *Bumperer staußn* „mit den Füßen Takt schlagen" Berchtesgaden.

2 Glocke, Schlegel.– **2a**: °*Bumberer* „große Kuhschellen" Götting AIB.– **2b** Trommelschlegel: *mitn Bumbera* Erding.
3 Furz: °*Bumperer* Neustadt; *Pumper* BERTHOLD Fürther Wb. 172.
4: *Bumba* schwere Schuhe Fürnrd SUL.
5 von Menschen.– **5a**: °*Pumperer* „Klöpfler an den Klöpfeltagen" Ziegelbg RO.– **5b**: „die einzelnen Mannschaften [der Artillerie] ... *Bumber* oder *Pumper*" P. HORN, Die dt. Soldatenspr., Gießen 1905, 30f.– **5c**: °*Bumpera* „Faßbinder" O'nrd CHA.– **5d** kleiner, untersetzter Mensch, °OP, MF vereinz.: *a Pumperer* Bruck ROD.– Schnaderhüpfel: °*i bin a kloina Bumperer, i bin a kloina Bär, und wöi mi Gott daschaffa hot, so troll i halt daher* Pertolzhfn OVI.– Auch: °*a kloas Pumpal* „Kind" Erling STA.
6 Kinderschreck, °OB, °OP vereinz.: °*wenn er koa Ruah gibt, kummt der Pumperer mitn Såck und holtn* Rgbg.
7: *a Pumpal* kurze Nase Nabburg.
8: °*Pumpal* „etwas Kleines" Erling STA.
9 Unterhose: „an der Taille und an den Knien einen festen Gummizug ... *Pumper*" Naab TIR Altb.Heimatp. 55 (2003) Nr.10,8.
10 Pfln., Frucht.– **10a** Sauerampfer (Rumex acetosa): °*Bumperer* O'motzing SR.– **10b**: *Bumpar* „Früchte der Wiesenflockenblume (Centaurea Jacea)" O'ammergau GAP.– **10c**: „Kartoffel(n) ... *bumbə*" Bittenbrunn ND nach SBS VIII,298.
11: °*Pumper* „Polterabend" Hiltersdf AM.
SCHMELLER I,391.– WBÖ III,1370-1372.

Komp.: [**Pech**]**p.** mit Pech u.a. gefülltes Osterei zum Eierpecken, °OB, °OP vereinz.: °*der hot an Pechbumbara* Nabburg; „*Des kant ... a Beechbumbara sei* (ein mit Pech oder Wachs gefülltes *Oar*)" MM 2./3./4.4.1994, 3.

[**Filial**]**p.**: °*Filialpumperer* „junger Priester, der auf dem Rad in die Filialen fahren mußte" Geiselhöring MAL.

[**Geiß**]**p.**: °*Goaßbumperer* „Schafkopfspiel, in dem jeder Spieler nach dem Aufnehmen der ersten drei Spielkarten den Spielwert verdoppeln darf" Vilshfn.

[**Haar**]**p.**: *Hoabumbal* „die am Hinterkopf aufgebundenen Haarzöpfe" Simbach PAN.

[**Roß**]**p.**: °*Rossbumberer* „größere blaue Pflaumen" Kaltenbrunn NEW.
WBÖ III,1372.

[**Wasser**]**p.** **1** Libelle: *Wåssabumpara* Schloppach TIR; *Wasserpumper* Tröstau WUN DWA II,K.55.– **2** Gelbe Seerose (Nuphar luteum): *Wåssabumperer* Schloppach TIR.

[**Zorn**]**p.** jähzorniger Mensch, OP vereinz.: *Zornbumperer* Mähring TIR. A.S.H.

Pumper(er)[2]
M. **1** Pumpe, Teil davon.– **1a** Pumpbrunnen, Pumpe zur Förderung von Wasser, °OB, OP, MF vereinz.: *a Pumper* Neuötting AÖ; „der Brunnen (*Pumperer*)" SCHILLING Paargauer Wb. 61.– **1b**: *da Bumpa* Zugstange der Pumpe Kochel TÖL.
2: „die Anzahl der Pumpzüge [an der Wasserpumpe], der *Pumpara*, wurde genau gezählt" JUDENMANN Opf.Wb. 174.
3: *da Pumpra* „scherzhaft Pumpenwächter" Ascholding WOR.

Komp.: [**Adel**]**p.** **1** Jauchepumpe: °*Olbumba* Baar ND; „Gefüllt wurde das *Odlfaßl* ... mit dem *Odlpumper*, der einer Hauswasserpumpe mit Schwengel und Standrohr ähnlich war" HÖSCHL Himmel 77.– **2** übertr. Tabakspfeife: *Adlpumpa* Margarethenrd FS.

[**Herz**]**p.** Herzklopfen: *Die Stas'kriegt den Herzpumperer* Altb.Heimatp. 54 (2002) Nr.23,25.

[**Wasser**]**p.** wie →*P.*1a, OB vereinz.: *Wossapumpa* Pfaffenhfn RO. A.S.H.

Bumperer →*Bombardon*.

Pumperer
M. **1** Bettler, Landstreicher, °OB vereinz.: °*Bumperer* Zeiling MÜ.
2 Hausierer, °OB, °NB, °OP vereinz.: °*da kimt scho wieda a so a Bummberer* Pfarrkchn.
3: °*Bumperer* „Handwerksburschen" Rehling AIC.
4: *Bumberer* „Hausbesitzer" Berchtesgaden.
WBÖ III,1372. A.S.H.

Pumperet
N., Gepolter, Lärm: *dös is a ewögs Pumparat mit so ara Wiagn* Hengersbg DEG; *da is ... a Pumperat draußt in Stoj', ois wann d' Küah oill's z'sammschlog'n tat'n* BIBERGER Gschichten 54.
WBÖ III,1371 ((Ge)pumperach). A.S.H.

Bumperl →*Bonbon.*

Pumperling
M., dicker Mensch, °OB, °OP vereinz.: °*Pumperling* Amperpettenbach DAH.
WBÖ III,1372f. A.S.H.

Pümperling, kleiner Mensch, →*Pimperling.*

-pumperln
Vb., nur in Komp.: [**her-ab**]**p.** kullernd herunterfließen: °*dera san dö Zachalön grod a so robumbalt, weis so fescht greant hot* Pöcking STA.

[**abher**]**p.** dass.: °*dera pumperlns wieder aber* Kchhm KEH. A.S.H.

pumpern[1]
Vb. **1** laut u. heftig klopfen, schlagen.– **1a** klopfen, schlagen, °Gesamtgeb. vereinz.: *ea schlagt, trummlt, pumpat* Ingolstadt; *bumpan* „dumpf hämmern und pochen“ DENZ Windisch-Eschenbach 222; *all drei ... haben sich bey der Mötten zu Ostern mit schlagen vnd pumppern der stiell* (Kirchenstühle) *gar vngeschickht gehalten* N'haching M 1552 BJV 1956,86.– Phras.: °*Arschpumpern* „Geschlechtsverkehr ausüben“ Walleshsn LL.– °*Glei werds pumpern* „Androhung von Schlägen“ N'bergkchn MÜ, ähnlich °PAR.– **1b** anklopfen, °OB, °NB, °OP, MF vereinz.: °*wenn a no so bumbbad, machts ned auf* Dachau; *pumba a moi* „klopf mal an“ Wb.Krün 40.– **1c** pulsieren, °OB, NB, °OP vereinz.: *i hea mei Heaz pumpan* Mengkfn DGF; *ihr Herz haout aweng bumpert* SCHEMM Stoagaß 73.
2 ein dumpfes Geräusch machen.– **2a** lärmen, poltern, °OB, °NB, °OP vereinz.: °*dua ned a so bumbban* „geh leiser“ Neufraunhfn VIB; *schmeißt eahm an Deckel auf sei' Platten, daß s'grad pumpert* STEMPLINGER Obb.Märchen II,78; *den Kopf auf den Stuben poden ... nider gestossen, das es Pumppert* 1730 StA Mchn Hofmark Amerang Pr.16, fol.225v.– Phras.: *so hart / spör, daß es pumpert* u.ä. °OB, °OP vereinz.: °*s Brod is scho zauspea, daß grod bumpert* Eitting MÜ; „so hart, daß es *pumpert*, wenn man daran stößt oder schlägt“ SCHMELLER I,391.– *Do hots da pumat* „Streit gegeben“ Waidhfn SOB.– *Mit dem sein Schedl kunst glei d'Wand einrenna, na frogt er no, wos bumbat hat* „von einem begriffsstutzigen Menschen“ Mchn, ähnlich MAI.– **2b** donnern, °OB, NB, °OP vereinz.: °*i hear scho bumbra, s kummt bald a Wettr vo hint hea* Peiting SOG.– **2c**: °*dea Bon pumpert* „knirscht unter den Füßen“ Fronau ROD.
3: *pumpern* „furzen“ [4]ZEHETNER Bair.Dt. 277.
4 Geschlechtsverkehr ausüben: °*pumpern* Marquartstein TS; *pumpern* „koitieren“ [4]ZEHETNER ebd.

Etym.: Mhd. *pumpern*, Abl. von →*pump*; WBÖ III,1373.

DELLING I,107; SCHMELLER I,391.– WBÖ III,1373-1375.

Komp.: [**ab**]**p.** abklappern, °OB, °OP vereinz.: °*dös ganz Darf ho i abummbad, bis i'n gfundn ho* Schleching TS.

[**an**]**p.** **1**: *anpumpern* sich den Kopf anschlagen Neukchn LF.– **2** wie →*p.*1b, OB, NB, °OP vereinz.: °*da hot oana anpumpert* „ans Fenster geklopft“ Laaber PAR; *ǫǫⁿpumpərn* Eichstätt ZHM 5 (1904) 173.

[**der**]**p.** **1**: °*der Eimer is derpumpert* „verbeult“ O'nrd CHA.– **2**: °*der is derpumpert* „niedergeprügelt“ ebd.– **3**: °*derpumpern* „die Torte in der Schachtel durch Erschütterung verformen“ Michelsneukchn ROD.– **4** Part.Prät., hart, nicht richtig aufgegangen (vom Brot), °NB, °OP vereinz.: °*dös Brot is scho ganz dapumpert* Reut PAN.– **5** Part.Prät., im Wachstum zurückgeblieben, °NB vereinz.: °*dabozt, dapumpert und net übikemma* „Bauernspruch“ Ering PAN.– **6** auch unpers., verwahrlosen, herunterkommen, °NB (v.a. GRI, PAN) mehrf., °OB, °OP vereinz.: °*den hats dapumpert* Pittenhart TS; *a dapumpada Bom* Mittich GRI.

[**dúrch**]**p.** **1**: °*durchpumpern* „durch einen morschen Dachfußboden fallen“ Aicha SUL.– **2** gründlich durchsuchen, °NB (v.a. GRI, PAN) mehrf., °OB, °OP vereinz.: °*heit hams mi an der Grenz richti durchpumpert* Bayrischzell MB; °*dö Grenza hama heut mein ganzn Wogn duachpumpat* Ruhstorf GRI.

[**ver**]**p.**: °*da Bodn is ganz vabumpat, wenn alwei dreigfahrn wead* „schwer, festgetreten“ Halfing RO. A.S.H.

pumpern[2]
Vb., mit einer Pumpe befördern, NB (v.a. O) mehrf., OP vereinz.: *Åudl bumpan* Mittich

GRI; *an Brunna khot, wou ma's Wassa mitm Schwengl bumban hot meisn* Oberpfalz 74 (1986) 59.

WBÖ III,1375. A.S.H.

pumpern[3]

Vb.: °*pumpern* „feilschen, handeln" Fdkchn SR.

Komp.: [**ver**]**p.** hausierend verkaufen, °OB vereinz.: °*vopumpern* „Obst in der Stadt von Haus zu Haus verkaufen" Steinhögl BGD. A.S.H.

Pumpes[1], **-ers, -et(s), Pumpus**

M. **1** Schläge: *Bumbers* BERTHOLD Fürther Wb. 172; *Da wenn ö aufkam, i kriagat aba Bumpas!!* SCHLICHT Dorftheater 3.
2 Furz, NB, MF vereinz.: *Bumpus* Passau; *nou genna di Pumpers[li] und dei Bauchelaweih vergeiht ā widder* BERTHOLD ebd.
3 von Menschen.– **3a** kleiner, untersetzter Mensch, °OP, °OF vereinz.: °*dös is doch ner so a Pumpes* Weiden; *Bumbas* „kleines (dickes) 'Kerlchen'" BRAUN Gr.Wb. 475.– **3b**: „Unteroffizier ... in Bayern *Bumbes*" P. HORN, Die dt. Soldatenspr., Gießen 1905, 51.
4 Kinderschreck, °OB, °NB, °OP, °OF vereinz.: °*bist stat, da Bumbat is draußn* Halfing RO; *Bumbats* BRAUN ebd. 74.– Phras.: *Däa siaht a(u)s wöi d Bumbets* SINGER Arzbg.Wb. 46.
5 Kopf, °OB vereinz.: °*i hau dir glei oane auffi auf deim Bumbas* Reichersbeuern TÖL.
6 Weißkraut, °OP vereinz.: °*Bumbas* Lauterhfn NM.

Etym.: Abl. von →*pump*. In Bed.5 wohl Spielform von *Bimpus* (→*Bims*[4]).

SCHMELLER I,392. A.S.H.

Pumpes[2], Kredit, →*Pumps*.

Pumpetzer

M.: *Pumpatsa* „Laut, wenn etwas auf dem Boden umfällt" Anzing EBE. A.S.H.

Pumpf, -ü-

M. **1** von Menschen.– **1a** kleiner, untersetzter Mensch: °*Pumpf* Abens FS; *Pimpf* „Kleiner Junge oder kleingewachsener Mann" CHRISTL Aichacher Wb. 254.– **1b**: *bimbv* „eigensinniger ... Mensch" Unterer Bay.Wald KOLLMER II, 317.– **1c** schwerfälliger, ungeschickter Mensch: *bimbv* ebd. KOLLMER ebd.– **1d** †flegelhafter, ungehobelter Mensch: *Was schlagst mich schon wider grober Pumpf!* BUCHER Charfreytagsprocession 193.
2: °*der håt a Trumm Pumpf* große, dicke Nase Rgbg.

Etym.: Onomat.; KLUGE-SEEBOLD 706 (Pimpf).

SCHMELLER I,392.– WBÖ III,1375-1377.

Abl.: *pumpf, Pumpfel, pumpfeln, pumpfen, Pumpfer, pumpficht.* A.S.H.

pumpf

Adj.: *bumpf* „plump, dick, rundlich" KOLLMER II,77. A.S.H.

Pumpfel, -ü-, Pumpfi

M. **1** kleiner, untersetzter Mensch, OB, NB, °SCH vereinz.: *Pumpfl* Mchn.
2: °*Pimpfe* Schmolle O'hsn LAN.
3 Strumpf, kindersprl.: *bumpfi, bumpferln* GOODWIN Ugs. 103.

Etym.: Abl. von →*Pumpf*. In Bed.3 kindersprl. aus →*Stumpf* 'Strumpf'.

WBÖ III,1375-1377. A.S.H.

pumpfeln

Vb., Part.Prät., plump, kugelig: *Wöi near döi [Kastanien] gaoua So bumpflt schöi' wer'n!* SCHWÄGERL Dalust 32. A.S.H.

pumpfen

Vb., lärmen, poltern: °*pumpfn, krachn* Metten DEG.

WBÖ III,1377.

Komp.: [**da-hin**]**p.**: °*der pumpft so dahin* „sinniert vor sich hin" Thanning WOR. A.S.H.

Pumpfer

M., dumpfer Aufprall: *is eahm a große Fleischmuck'n ... mit an Bumpfer an sei'Hirn o'tätscht* FRANZ Pegasus 77.

Komp.: †[**Schüttel**]**p.** derjenige, der den letzten Schlag beim Dreschen tut: „Der taktgewohnte Nächstdrescher ... beschließt so das Dreschen ... *Schiedlpumpfer*" AIC BRONNER Bayer.Land I,237. A.S.H.

pumpficht, -ig

Adj. **1** dick, rundlich.– **1a** dick, untersetzt, °OB, °NB, °OP mehrf., °MF, °SCH vereinz.: °*wia ko a so a groß Mannsbuid a so a Pumpfate heiratn* St.Leonhard LF; °*dea is niat grouß, oba pumpfat* Neualbenrth TIR.– **1b** knollig, rundlich: *a Nas'n … net z' spitz und net z' bumpfad* FRANZ Pegasus 30.– **1c** dick angeschwollen: *Döi Zäicha is bumpfat woarn* SCHWÄGERL Dalust 172.

2: °*pumpfet* „unbeholfen" Kohlgrub GAP.

3 dick, auftragend, °NB, °MF vereinz.: °*a pumpferter Stoff* Neunhf LAU.

WBÖ III,1377.

Komp.: [**dick**]**p.** wie →*p.*1a, °OB vereinz.: °*da Sepp is a dickbumpfata Keal* Tandern AIC.

A.S.H.

pumpicht

Adj. **1** dick, untersetzt, °OB, °NB, °OP, °SCH vereinz.: °*a pumperts Weiberleut* Schaufling DEG; *Stait a pumpats Mannarl drinn* Oberpfalz 2 (1908) 80.– Auch: *a bumbater Kopf* „rund und dick" Vohenstrauß.

2: *a bumbads Kii* kurzes Kinn Nabburg.

3: °*s Brot is bumpert* „schlecht aufgegangen, unförmig" Gangkfn EG.

SCHMELLER I,392.– WBÖ III,1368. A.S.H.

Pumps, †Pumpes

M. **1** Kredit, Zahlungsaufschub: *einen Pumbs machen* Pfatter R.– Phras.: *auf P.* ohne sofortige Bezahlung, °OB, °NB, °OP vereinz.: °*dös Kleid hob i auf Pumps kauft* Wiefelsdf BUL; *auf … Pumpis nehmen* SCHMELLER I,392.

2 †: *In Pumpes gehn* „in eine Gesellschaft, in ein Kränzchen gehen" OP ebd.

Etym.: Wohl Weiterbildung zu →*pumpen*[2].

SCHMELLER I,392. A.S.H.

Pumpse

F. **1** Pumpbrunnen, Pumpe zur Förderung von Wasser, °NB (REG) mehrf.: °*hat an Eimer voll Wasser in da Pumpsn draußn* Kchbg REG.

2 †Blasebalg: *do hots grausz pumbszen* Landshut um 1650 Jb.Schmellerges. 2012, 27.

Etym.: Wohl Weiterbildung zu →*Pumpe*[2].

Abl.: *pumpsen.* A.S.H.

pumpsen

Vb., mit einer Pumpe befördern, °NB vereinz.: *Wasser pumpsn* Rinchnach REG. A.S.H.

Bums[1]**, Bumps, -en**

M. **1**: *Pums* „Lautgeräusch bei einem Aufprall" BRAUN Gr.Wb. 475.

2: *bumps* „Stoß" KOLLMER II,77.

3 Furz, OB, °NB, °OP vereinz.: *Bumbs, Bumbsal* Fürstenfeldbruck; *Bums* CHRISTL Aichacher Wb. 108.

4 v.a. von Menschen.– **4a** scherzh.: „Für die Artillerie … *Bum(s)*" Mchn SHmt 46 (1957) 490.– **4b** kleiner Mensch, Kind, OB, NB vereinz.: *a Bums* Anzing EBE; „sie … ist … gar nicht groß, sondern *a kloas Pumpserl*" SCHLICHT Bayer.Ld 223.

5 großer, unförmiger Kopf, °OB, NB vereinz.: *Bumbs aufhom* Hzhsn VIB.

6 Gebackenes, Teil davon.– **6a** einfacher Hefekuchen od. Rohrnudel, °NB (v.a. O) vielf.: *Bumsn* „in der Reine gebacken und in Stücke geschnitten" Haidmühle WOS; *Pumbs* „Hefegebäck" MILLER Lkr.WEG II,10.– Scherzh. Deutung der Türbeschriftung an Dreikönig (→*CMB*): *Kaspa magst an Bumpsn* Krinning WEG.– **6b**: *bumsn* „Dampfnudel" Unterer Bay. Wald KOLLMER II,320.– **6c** unförmige, schlecht aufgegangene Backware: °*an Bumsn* „Semmel, Brot" Passau.– **6d**: °*der Kuchen hat einen Bums* „oben eine zu starke Wölbung" Schlehdf WM.

WBÖ III,1378.

Komp.: [**Weizen**]**b.** wie →*B.*6a, °NB vereinz.: „am Karsamstag backen die Bäuerinnen einen *Waiznbumsn*, eine Art Guglhupf mit Weinbeeren und Zibeben" O'nzell WEG.

[**Zwetschgen**]**b.** mit Zwetschgen gefüllter Hefekuchen od. gefüllte Rohrnudel, °OB, °NB vereinz.: *Zwöschnbumbsn* O'diendf PA. A.S.H.

Bums[2]**, Bumps, -e**

F. **1**: *Bumbsn, Schredbumbsn* scherzhaft Gewehr Aicha PA.

2 große Trommel, OB vereinz.: *dö Bums* O'audf RO.

3 von Menschen.– **3a**: °*dös is a so a Pumps* „dicke Frau" Hohenpolding ED.– **3b**: *Bumsn* „mürrische Person" Berchtesgaden.

4 Aß der Kartenfarbe Schellen, °OB, °SCH vielf., °NB, °OP mehrf., °MF vereinz.: °*di Bumbs hot zletzt no gstocha* Teisendf LF; °*i spül*

mit da Bumbs Sulzkchn BEI; *Jedenfalls muaßt a Sau ruafen, zum Beispiel d'Pumps* PESCHEL Schaffkopfen 66.– Phras.: °*de Bumps dreibt Buam* [Ober] *zsamm* „kündigt der Spieler an, der die Schellaß ruft" Weildf LF;– °*ba da Bumbs hand Buam* Breitenbg WEG.– Reim: °*de Bumbs macht a Gerumbs* Ried FDB.
5: °*die Bumpsn* „minderwertiges Lokal" Mchn.
WBÖ III,1379.

Komp.: [**Holler**]**b.**: °*Hollerbumbsn* „Holunderbüchse" Stöckelsbg NM.

[**Schell(en)**]**b.** wie →*B.*4, °NB, °OP, °MF vereinz.: °*wirf hoit dei Schellnpumps außa* Eschlkam KÖZ. A.S.H.

bums, bump(f)s
I Interj., Nachahmung eines dumpfen Schalls, Aufpralls: *pumps!* „krach!" SCHWEIZER Dießner Wb. 157.– Phras.: im Wortspiel mit →*Bums*[1], Bed.3: *Bumps hat's gmacht* ... „Pfurz" MM 5./6./7.1.2001, J2.– Im Wortspiel mit →*Bums*[2], Bed.4: °*bumps, da liegt sie druntn* „wenn man die Schellaß ausspielt" Autenzell SOB.
II Adv., sehr od. zu schnell, augenblicklich, überstürzt, auch in Wiederholung, °OB, °NB, °OP, °SCH vereinz.: °*der hats so pressiert, bumps war sie weg* Ziegelbg RO; °*beim dem geht alles bumps-bumps* Pfarrkchn; *Pumps, ist er davon g'loffen* DELLING I,107; *Pumps* „Augenblicklich" ZAUPSER 60.– Phras.: *b. übereck(s)* / *übers Eck* dass., °OP vielf., °OB, °NB mehrf., °MF vereinz.: °*bumsüberseck* „Hals über Kopf" Vilsbiburg; °*dös is alles bumps-übaecks zammapfuscht* Neualbenrth TIR;– (*mit*) *B. fallera*, °OB, °OP vereinz.: °*bumps-fallera, dös wer ma glei ham* Rehling AIC;– °*do wird wos gmacht, bumps schnell schnell, und is dann doch nichts gscheits* Perach WS.– °*Bumps-überecks zkriagt* „im Kleinen zerstritten" Schönbrunn LA.– Als N., nur in Phras.: °*afs Bumbs wor a am Bam drom* „im Nu" O'viechtach.
Etym.: Onomat.; KLUGE-SEEBOLD 162.
DELLING I,107; ZAUPSER 60.– WBÖ III,1378f.

Abl.: *Bums*[1], *Bums*[2], *Bumsel*, *bumsen*, *Bumser(er)*, *bumsig*. A.S.H.

Bumsch
M.: °*Bumsch* „Nachzügler, der den Takt beim Dreschen nicht halten kann" Brunnen SOB.
Etym.: Wohl Spielform von →*Bums*[1]. A.S.H.

Bumse →*Binse*.

Bumsel
M.: °*der Bumsel* „wer beim Dreschen nicht im Takt mit aufhört und nachschlägt" Kottingwörth BEI.

Komp.: [**Zorn**]**b.** trotziger, störrischer Mensch: *alter Zornbumsel* Babilon KEM. A.S.H.

bumsen, -mps-
Vb. **1** laut u. heftig stoßen, anklopfen.– **1a** stoßen, °OB, °NB vereinz.: °*der is ja sche mit'm Kopf an d'Tür bumpst* Hörbach FFB; *bumpsn* KOLLMER II,77; *wie sich itz im Hoamgehn, Laßen d Menscher* [Mädchen] *pumsen* MAYER Raindinger Hs. 80.– **1b** anklopfen, OB, MF vereinz.: *wos pumpstn der wieda draaß* Irlahüll EIH.
2 ein dumpfes Geräusch machen.– **2a** lärmen, poltern, °OB, OP vereinz.: °*dös hot schwar bumpst, wenn d'Ari* [Artillerie] *gschossn hot* O'df AIC; *bumsn* „knallen, krachen" BERTHOLD Fürther Wb. 33; *da hats erst wider gsaust vnd pumbst* Landshut um 1650 Jb.Schmellerges. 2012, 20.– Übertr. Aufsehen erregen: *Dö geht zum nächsten Schandi hi und scho hat's bummst* Mchn.Stadtanz. 8 (1952) Nr.17,4.– **2b** dumpf aufschlagen, aufprallen, °OB, NB, °OP vereinz.: *håt da dea bumsd!* der Baum schlägt krachend auf Griesstätt WS; *'s håut bumst* „zwei Autos sind zusammengestoßen" BRAUN Gr.Wb. 74.
3: *bumpsn* „furzen" KOLLMER II,77.
4 trotzig sein, schmollen: *bumsn* Berchtesgaden.
5 Geschlechtsverkehr ausüben, begatten, °Gesamtgeb. vereinz., ugs.: °*bumbsn* Frauenbg PAR; *bumpsn* „(abfällig) begatten" KOLLMER ebd.
6 beim Schafkopf nach dem Austeilen der ersten vier Karten den Spielwert verdoppeln, °OB (LF, TS) vielf.: °*wenn zerscht scho bumst is, muaßt net aa no spritzn!* „nochmals den Spielwert verdoppeln" Surbg TS.
DELLING I,108; SCHMELLER I,393.– WBÖ III,1379f.

Komp.: [**an**]**b. 1** heftig anstoßen, anklopfen.– **1a** an etwas stoßen, prallen, °OB, °NB, °OP, °MF, °SCH vereinz.: °*dösmal hob i mein Schädl gscheit anbumst* Ambg; *er ist an die Thür anbumst* DELLING I,17.– **1b** einen Stoß geben, °OB vereinz.: °*bumps mi net so an* Teisendf LF.–

1c wie →*b.*1b, OB, °NB vereinz.: °*wenn bei da Nocht oana opumst, moch a nöt af* Metten DEG.– **2** Geschlechtsverkehr ausüben, schwängern.– **2a** wie →*b.*5: *oani åbumbsn* verführen Derching FDB; *ǫǫⁿpumpsn* „den Beischlaf ausüben" Neuburg ZHM 5 (1904) 173.– **2b** schwängern, °OB, °NB vereinz.: °*dö hot oana obumbst* Wimm PAN; „schwanger ... *De is ã-bumsd*" KAPS Welt d.Bauern 10f.– **3** †anecken, Unwillen erregen: *ea mua-r-a˜pumps'n, dá-r-ăs woa-r-und ei˜siäht, dá-r-andärë Leit' à-r-ăn Vastànd habm* OB Bavaria I,354.– **4** †Part.Prät., Ausruf, mit dem man Aufmerksamkeit erregen will: *aber anpumpst, da sind wir a no da!* Die Stadtfraubas (München) 4 (1865) 123.

DELLING I,17; SCHMELLER I,393.– WBÖ III,1380.

[**zu-sammen**]**b.**: °*zambumsn* „schlecht schneidern" Metten DEG.

[**zuhin**]**b.** wie →[*an*]*b.*2b: *zuaröbumst* „schwanger" Ruhstorf GRI. A.S.H.

Bumser(er), -mps-

M. **1** dumpfer Schall od. Aufprall, °OB, °NB vereinz.: °*ejz hots oba an Pumbsara to* O'piebing SR; *hör an' Bumbser über mir, wia wann as Dach ei'fallat* FRANZ Lustivogelbach 82.

2 Stoß, Anprall: °*da hats an Pumpsa toan, grad Stern san gflogn* Inzell TS; „Stoß ... *bumpsa/ra*" KOLLMER II,77.

3 Furz, OB, MF vereinz.: *a Bumsal is ganga* Ingolstadt; *Pum[p]ser* BERTHOLD Fürther Wb. 172.

4 von Menschen.– **4a** kleiner, untersetzter Mensch, OB, OP vereinz.: *Bumbserer* Lengenfd TIR.– **4b**: *Pumsɐ* „Schmied" Regenstauf R ZDL 57 (1990) 46.– **4c**: *Bumser* „Hirte" R um 1900 ebd.

5 großer, unförmiger Kopf, °OB, °NB, OP vereinz.: °*der håt da r an Bumser aaf* Mchn; *bumsər* Daiting DON nach SBS II,3.– Auch: *Bumser* „eigensinniger Kopf" Tegernsee MB.

6 Kartoffel, °nw.OB (v.a. IN), sö.MF (v.a. EIH) vielf.: °*Bumbsa* Pettenhfn IN; *t'pumsa loun luk* „bleiben zurück, klein" Eichstätt WEBER Eichstätt 76.

7: °*Bumsa* „in der Reine gebackener Hefeteig" Brunnen SOB.

WBÖ III,1380f.

Komp.: [**An**]**b.** oberes Ende der Schlittenhörner: *Abumsa, Schlinbumsa* Wdkchn WOS.

[**Dick**]**b.** wie →*B.*4a: *Dikbumbser* starke, dicke Kinder Derching FDB.

[**Diel(en)**]**b. 1**: °*Dielnpumser* „letzter Schlag mit der Drischel" Neustürzlham MB.– **2** derjenige, der den letzten Schlag beim Dreschen tut: „der *Dielpumpser*, erhält einen *Hahna-Küchl* [best. Schmalzgebäck]" Leizachtal 231.

†[**Erd**]**b.** wie →*B.*6: *Erdpumser* EIH JIRASEK Beitr. 15.

SCHMELLER I,393.– WBÖ III,1381.

[**Essig**]**b.**: „Kartoffelsalat ... *esigbumsə*" Biesenhard EIH nach SBS X,278.

[**Häuslein**]**b.**: *a Haislbumsa* „ein ganz kleiner Gütler" Ruhstorf GRI.

[**Millionen**]**b.** Dim., reiches unscheinbares Mädchen: *Millionenbumsal* „Spottname vorm Krieg" Reisbach DGF; *Millionenbumpserl* NB HuV 6 (1928) 314.

[**Roß**]**b.**: °*Roßbumpser* schwarzer Mistkäfer Aidenbach VOF.

[**Schütt(el)**]**b. 1** wie →[*Diel(en)*]*b.*2, OB, SCH vereinz.: *Schīlbummsar* Friedbg.– **2**: °*Schiedpumpser* „letzte Druschgarbe" Klenau SOB. A.S.H.

bumsig, -mps-, -icht

Adj. **1** beleidigt, mürrisch, °OB, °NB, OP, °OF vereinz.: °*dea tout recht bumsat* Schönwd REH; *Heu˜t bist går bumpsi'* SCHMELLER I,393.

2 zornig, aufgebracht, OB vereinz.: *dea is a bumsiger Knirps gwen an Schuigehn* Traunstein.

3: °*bumsert* „nicht gärend, vom Brotteig" Passau.

4: °*dös host bumsi gmacht* „oberflächlich" Ramsau WS.

SCHMELLER I,393.– WBÖ III,1379, 1381. A.S.H.

bümsig, zornig, →*bimsicht*.

bumsti, bumpsti

I Interj., Nachahmung eines dumpfen Schalls, Aufpralls: *Pumpsdi – da is er niederg'schlagen* STIELER Ged. 224.

II Adv., auch in Wiederholung, sehr schnell, überstürzt, °OB, NB vereinz.: °*bumsdi war sie fertig* Wackersbg TÖL; *so bumstibumsti* „übereilig" Passau.

Etym.: Onomat.; WBÖ III,1382.

WBÖ III,1382. A.S.H.

Bund

M. **1** auch N. (FÜ), in best. Menge Zusammengebundenes, °OB, NB, OP, MF vereinz.: *a Bund Hei* Ottendichl M; *Gebn S'ma ... an Bund vo dene Wäscheklammern* Altb.Heimatp. 59 (2007) Nr.15,25; *6 Bind Spän* Grafenau 1842 Eisch Klingenbrunn-O'kreuzbg 115; *Swelich wepf* [Garn] *hat sehtzehen pfunt oder mer, den sol man wůrchen in siben punt* um 1300 Stadtr. Mchn (Dirr) 227,10f.; *Schindlnögl ... seindt in ainem ieden Punth 500 gewest, und hat der Punth alhie 2 1/2 Pfund gewogen* 1693 Poschinger Glashüttengut Frauenau 17.– Auch †best. Zählmaß für Tafelglas: „eine Kiste Glas ... wo 90 Stück eine Kiste und 3 Stück einen *Bund* machen" Frsg 1828 Frigisinga 4 (1927) 553.

2 an der Getreidegarbe.– **2a** Stelle, an der die Garbe zusammengebunden wird, OB, NB vereinz.: *Goam bon Bund nema* Mengkfn DGF.– **2b** Knoten des Garbenbandes, °OB, NB, OP, MF, SCH vereinz.: *Bund* „das Garbenband wird zusammengedreht und eingesteckt" Pförring IN.

3 Teil der Kleidung.– **3a** Bund an Hose od. Rock, °OB vereinz.: °*da Bund is ma z streng* G'holzhsn RO; *Bound* Christl Aichacher Wb. 84.– **3b** Bündchen: *Bund* „Abschluß am Hemd oder Kleid" Passau; „die Manschette am Hemdsärmel ist das *Bindla*" Maas Nürnbg.Wb. 83.– **3c** †turbanartige Kopfbedeckung: *ein hanttuch was ir pundt* Hayden Salomon u.Markolf 301,80.

4 Binde.– **4a** Wundverband, Wickel, ä.Spr., in heutiger Mda. nur im Komp.: *hätte sie ... seine Geschwer ... in Bündlein einwicklen sollen* Bayer.Barockpr. 21 (Georg Stengel).– **4b** Augenbinde: *Bund um d'Augn habm* Mchn.

5 Lederfleck od. -riemen, mit dem der Drischel am Stiel befestigt ist, °Gesamtgeb. vielf.: °*der Bund* „Lederkappe über dem Flegel, mit Schweinslederriemen festgemacht" Westerndf DAH; °*daßd fei den Bund net abdrahst* Schaufling DEG.– Auch eingekerbte Stelle am Drischel zur Befestigung, °OB, °OP vereinz.: °*Bund* Ambg.

6 †Fessel, Band: *Abraham von Kycing mit dem punt ... aufzogen, pekent nichtz* 1476 Urk.Juden Rgbg 80.

7 †Saite eines Musikinstruments: *tetrachordon 'das vier saitten, pund' ... hat* Aventin I, 592,29f. (Musicae rudimenta).

8 Kuchen aus Hefeteig, °OB, °NB, °OP vereinz.: *Hebfenzobf, Kranz, Bund, Datschi, Goglhobf* „je nach der Form" Wasserburg.

9 Dachstuhl, Balkengerippe, Teil davon.– **9a** hölzernes Tragwerk eines Dachs od. Gebäudes, °OB mehrf., °NB, °OP, °SCH vereinz.: °*do hama an Bund aufgsetzt* Inzell TS.– **9b** Gebinde, tragendes Bauelement eines Dachs od. Gebäudes, °OB, °NB, °OP, °SCH vereinz.: „eine große Scheune hat 4 bis 6 *Bund*" Wettstetten IN; *būnd* „Bundfeld, eine Anzahl von Balkengebinden im Dachstuhl" Lechner Rehling 169.– Phras. *stehender / liegender B.* Gebinde mit senkrechten / schrägstehenden Stützbalken, °OB, °SCH vereinz.: °*stehender, liegender Bund* Perach WS.– **9c** hölzerner Kniestock, °OB, °NB vereinz.: °*Bund* „um bei eingeschossigen Häusern den Dachstuhl höher ansetzen zu können" Brunnen SOB.– Auch in Phras.: °*unterer Bund* Gäuboden.– **9d**: °*1. Bund, 2. Bund* „Stockwerke eines Stadels" Fürstenstein PA.– **9e** Balkenverbindung allg., °OB, °NB, °OP, °SCH vereinz.: °„wenn Balken gestückelt werden müssen, wird ein *Bund* gemacht" Passau; °*Bund* „Verzapfung oben am First" Haselbach BUL; *Larentz Zimerman hat ... die Pund gefaltzen* 1451 Frsg.Dom-Custos-Rechnungen I,65.– **9f** Querbalken, Kehlbalken, °OB, °NB, °OP, °OF, °MF vereinz.: °*Bund* „Querbalken, auf denen die Sparren aufsitzen" Kottingwörth BEI.– **9g** Strebe od. schrägstehende Säule, °OB, °OP, °MF vereinz.: °*Bund* Kastl NM.– **9h** Firstbalken: °*Bund* „obere Verbindung der einzelnen Stühle" Essenbach LA.– **9i** Pfette: °*Bund* „Mauerpfette" Schönbichl FS; „parallel zum First ... *bint*" Schiltbg AIC nach SBS VIII,68.– **9j**: °*da Bund* „Seite des Balkens, mit Zimmererbeil bearbeitet, von der das Maß genommen wird" O'viechtach.

10 Abbund, ä.Spr., in heutiger Mda. nur in Phras.: *er ... versteht ... Bund, und Zaichnung, Maaß, und Riß, Halb so gut, als ich* Bucher Charfreytagsprocession 150.– Phras.: °*wi i no afn Bund gorbat hob* „im Zimmererhandwerk" O'viechtach.

11 Verbund von Mauerziegeln, NB vereinz.: *afn Bund mauan* Aicha PA; *Bound* „Zusammengebundenes (Mörtel)" Christl Aichacher Wb. 84.